北欧。

凛冽的世界尽头

马蜂窝 陈罡 吕刚 / 出品

王家敏 / 主编

中信出版集团 · 北京

图书在版编目（CIP）数据

北欧，凛冽的世界尽头 / 马蜂窝，陈罡，吕刚出品；
王家敏主编 . — 北京：中信出版社，2018.9（2024.2 重印）
（旅行美学）
ISBN 978-7-5086-9117-6

I.①北… II.①马… ②陈… ③吕… ④王… III.
①旅游指南 - 北欧 IV.① K953.09

中国版本图书馆 CIP 数据核字（2018）第 137330 号

北京蚂蜂窝网络科技有限公司作为"旅行美学"图书商标所有人
全权处理与本书版权相关的所有事宜
本书仅限中国大陆地区发行销售

北欧，凛冽的世界尽头

出　　品：马蜂窝　陈罡　吕刚
主　　编：王家敏
出版发行：中信出版集团股份有限公司
　　　　　（北京市朝阳区东三环北路27号嘉铭中心　邮编 100020）
承 印 者：北京盛通印刷股份有限公司

开　　本：787mm×1092mm　1/16　　印　张：17　　字　数：180 千字
版　　次：2018 年 9 月第 1 版　　印　次：2024 年 2 月第 8 次印刷
书　　号：ISBN 978-7-5086-9117-6
定　　价：88.00 元

版权所有·侵权必究
如有印刷、装订问题，本公司负责调换。
服务热线：400-600-8099
投稿邮箱：author@citicpub.com

在凛冬，

我们一度绝望，也放声歌唱。

目录

序言
北欧生活中的六个关键词 / 汉娜　　　　　　　　　016

PART 1

极北美学
画布上的峡湾、森林与罂粟花 / 许艳梅　　　　　　028
在冻土边缘，建造人的居所 / 赵亦周　　　　　　　038
电影是黑夜的伴侣 / 王凯梅　　　　　　　　　　　048
从小美人鱼到长袜子皮皮 / 亢舟　　　　　　　　　056
蒙克：挪威森林的隐喻 / 焦宁南　　　　　　　　　064

北欧荒原
极光是脾气暴躁的猎人 / 叶梓颐　　　　　　　　　076
"恶魔之舌"的诱惑 / 蒋立煌　　　　　　　　　　　084
75 岁去运动 / 张海律　　　　　　　　　　　　　　090
我和野生动物的相遇 / 尼罗兰（Nyrola） 叶子　　 098

城市之光
做一个有主见的城市 / 荆晶（JingJing）　　　　　 110
没有观众，城市艺术就无从成立 / 潘丽　　　　　　122
Fika 十年 / 李贤文　　　　　　　　　　　　　　　128
采蓝莓、越野滑雪与自由漫步权 / 武玉江　　　　　136

设计生活
从芬兰猎刀到二手家具店 / 张宁峰　　　　　　　　144
椅子们的故事 / 王馨月　　　　　　　　　　　　　154
北欧当代家居设计师对话 / 肖然　　　　　　　　　162
北欧当代家居设计品牌推荐 / 肖然　　　　　　　　170

PART 2

丹麦：Hygge / 维京飞鸟　　　　　　　　　　182
丹麦美食，开放三明治与新北欧料理 / 杜苏铁　190

瑞典：Lagom / 尼罗兰（Nyrola）　　　　　200
瑞典地铁，艺术观念大解放 / 荒梁　　　　　208

芬兰：Sisu / 张璇　　　　　　　　　　　　218
芬兰拉普兰，冰雪初体验 / 兔知知　　　　　228

挪威：Aldri Sur / 土豆（Tord）　　　　　　238
挪威景观，列车途经的山海 / 盛崖余　　　　248

冰岛：Thedda Reddast / 嘉倩　　　　　　　256
冰岛自驾，不期而遇的欧若拉 / 张三　　　　266

旅行美学
马蜂窝

出品方
北京蚂蜂窝网络科技有限公司

出品人
陈罡　吕刚

主编 / 王家敏
编辑 / 李晨　左左
攻略编辑 / 王硕嫣　叶彦君
设计 / 庄岩
插画 / 赵航　桃姐
封面装帧 / 陈忱
封面摄影 / 飘飘
图编 / 王璐　张文翔

营销 / 田璐熙

策划编辑 / 杨爽　刘晴
责任编辑 / 杨心怡　刘晴
营销编辑 / 毛海燕　刘晴

请关注旅行美学公众号

品牌变更声明
自 2018 年 2 月起，北京蚂蜂窝网络科技有限公司旗下"蚂蜂窝"品牌相关产品，品牌名称变更为"马蜂窝"，特此声明。

凛冽北境

地壳的时间。

银河星团的时间。

鹅鸽的时间。

从前：

一次海洋的迁徙，

一个该仿效的浪头。

现在：无数颗

阳光照亮的尘埃震颤

在每扇打开的窗户里。

《隐藏的乐曲》（节选），厄斯顿·绥斯特兰特
北岛 / 译

空白之页

厌倦了所有带来词的人,
词并不是语言。

我走到那白雪覆盖的岛屿。
荒野没有词,
空白之页向四面八方展开!

我发现鹿的偶蹄在白雪上的印迹,
是语言而不是词。

《自1979年3月》,托马斯·特朗斯特罗姆
北岛/译

珍贵夏天

遗弃在森林中的路等待着,
你轻盈的脚步。

黑暗中的风静静地等待着,
你亚麻色的头发。

小溪默默地等待着,
你热切的嘴唇。

被露水打湿的小草等待着,
而鸟儿在林中沉默不语。

《遗弃的路等待着》(节选),斯诺里·夏扎逊
北岛 / 译

城市之光

地点与季节:

从一个房间走到隔壁的

房间——多么简单容易。

我的手在你的手里。

无所渴望,无所惦念

在虚无的湖边

我无所期待。

那再好不过。

渡口离生存与死亡

有相等的

距离。——生活:

生存在你所生存的地方。

《地点与季节》,雅尔马尔·古尔贝里
北岛/译

序 言

北欧生活中的六个关键词

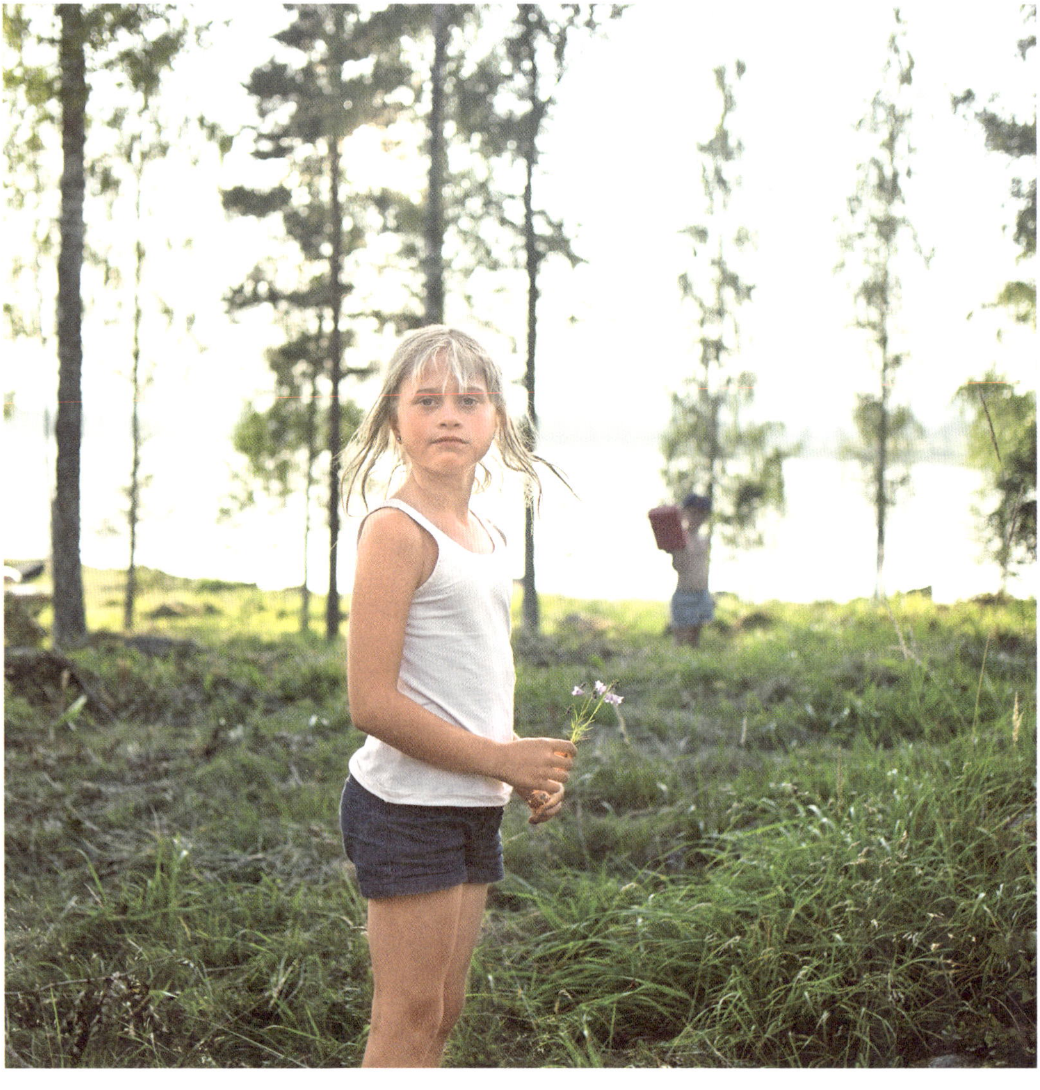

汉 娜

瑞典国家广播电台驻华记者,出生于瑞典,长期工作生活于北京,关注中瑞间文化交流的话题。

我是一个出生于瑞典的"北京人"——我在北京工作和生活了很多年,孩子们也出生在北京。在高中毕业后的间隔年,我从瑞典搬到了巴勒斯坦地区,想用自己的眼睛去看看这个常在媒体报道里出现的地方。我在一座农场的食堂里做了几个月的志愿者,负责给几百人准备早餐,后来又在一所巴勒斯坦盲人小学里当教师助理。那时我学了些希伯来语和阿拉伯语,又对汉语产生了兴趣——因此我搬到了中国昆明,一边在画廊工作一边学习汉语。间隔年之后,我回到瑞典读大学,毕业后来到北京定居。每年七到八月,我和家庭成员会回到瑞典度假,享受北欧短暂又明媚的夏天。

裸 泳

有关北欧,我要说的第一件事是游泳——我所说的游泳,是指在户外,比如湖泊或大海里游泳。

北欧是个人烟稀少,有很多自然风光的地方。在这里,每个人都可以找到户外游泳的地方。我小时候住在瑞典中部的小镇温特鲁萨(Vintrosa),这里离厄勒布鲁市(Örebro)不远。夏天的每个晚上,我都会出去游泳,如果吃完晚饭不想出门的话,妈妈还会把我们赶出去,因为她觉得小孩子就应该好好享受如此短暂的北欧夏天。

我家附近有一片森林,我在那里发现了一个小小的湖,把它作为我的"私有领地"。在那里,我可以放心地脱掉衣服,让湖水把我的身体包裹住。周围都是静默的树木,说不准哪棵树后就刚好有一两只小鹿路过。现在回

想起来，这感觉真是太完美了。

后来我住在一座稍大点儿的城市乌普萨拉（Uppsala），也会在夏天带着孩子们去附近的森林里游泳。在北欧，享受自然是件很平常的事，并不需要做特别准备。周末的早晨，我们通常会带着咖啡壶和点心，先爬到山上发呆看看风景，到了午后，下山去寻找属于自己的湖泊。

到了北欧，你没能找个地方裸泳，那真是件很可惜的事。为什么要裸泳？我想是因为这可以让你与大自然更亲密。当然了，你也可以通过其他方式找到这种亲密感。如果你真想尝试裸泳，可以多花一些时间寻找适合的地方，比如城市周边的森林湖泊、海岸边的小岛周围。预祝你在北欧找到自己的"私有领地"！

Fika

简单来说，Fika就是瑞典语中"上午茶"或者"下午茶"的意思，但又不完全是。说得直接些，如果没有Fika，我感觉自己会在漫长的冬天死掉。

因为对我而言，冬天的Fika尤为重要，已经成为我生物钟的一部分。在早上或午后，大概一刻钟到半小时的时间里，大家各自捧着一杯咖啡，窝在沙发里闲聊，就像是在互相鼓励："撑住啊！冬天就快过去了。"

北欧的夏天短暂，很是珍贵，我们要让每一天都过得快乐。夏天也意味着有充足的白天，可以用来享受户外生活，所以夏天的Fika，大都设在庭院或是开放空间中。Fika时除了喝咖啡，还可以吃一些点心。较冬天而言，夏天的点心清淡些，会配上新鲜的浆果，比如自己从森林里采回来的蓝莓或树莓之类；而冬天的点心更甜腻，有很多糖和奶油，比如一种带杏仁泥的豆蔻面包（Semla buns），美味可口，需要增重的朋友可以多吃些。

不过话说回来，喝什么吃什么并不是最重要的，大家有机会坐在一起聊聊天，讨论一下关心的话题才是关键。因此，Fika更像是一种社交方式。通常情况下，Fika多是在亲密关系圈里进行，比如家人、朋友、同事之间，我们不会跟陌生人说："来Fika吧！"不过，你也许可以试着在斯德哥尔摩老城的街边咖啡馆里，和陌生人来一次"邻桌Fika"，闲聊几句，说不定也会是有趣的体验。

仲夏节

在整个北欧，大家对待夏天的方式，几乎都可以用"狂欢"来形容。越是生活在高纬度的人们，越是期待太阳升得最高的那一天。

仲夏节是一个古老的节日，很久以前人们就会关注太阳的高度，为庆祝夏至而尽情狂欢了。现在为了方便，瑞典和芬兰把庆典改到了离仲夏节最近的周末。

记忆里，在我从小到大经历的仲夏节庆典中，人们都会围着一根花柱（五月花柱）开心地跳舞——自家花园里可能会有一根小花柱，社区的公共空间中会立起一根大花柱。通常，很多退休的老人会带着各种乐器来为大家伴奏，我尤其喜欢听他们拉小提琴。

如果想体验仲夏节庆典，你去北欧旅行时可以试着走访住处附近的博物馆或其他一些有年头的 Hembygdsgård（此词在瑞典文化中指有特色的小花园等开放空间），这些地方通常有年代久远的建筑，门口有宽阔的草坪。仲夏节当天，志愿者会在花柱周围招待大家，带领大家跳圆圈舞。比如坐落在斯德哥尔摩的斯堪森露天博物馆（Skansen），这里的员工除了会演奏音乐、带领大家跳舞外，还会分享一些与仲夏节有关的故事。

红房子

如果你没有见过红房子，那一定是去了"假北欧"。为什么呢？因为我们北欧是一个"大农村"，城市的面积很小，乡野广布，最能代表北欧的就是乡野间的红房子。为什么是红色的呢？北欧有广阔的森林，很早以前，大家就都喜欢建造木房子。但木头容易腐烂，所以人们从铜矿里找到了一种矿物质，它会浸入木头里有效防腐，同时让木头变成红色。这种红色涂料叫作"Falu Rödfärg"，是由来自法伦铜矿的赭石颜料与油混合而成的，大家都喜欢使用。因此，北欧乡村最典型的风景，就是树林旁、湖边、海岸附近以及原野上分散着大大小小的红房子。当然，现在刷过防腐漆后，也可以再把外墙木头漆成别的颜色，但人们还是普遍喜欢标志性的红色。

我父母都出生在 20 世纪 50 年代，亲手建造一所木房子是他们那一代人毕生的梦想。他们现在已陆续退休，而很多人退休后的计划，就是在森林里买一块土地，花上几年的时间，一点点建造自己的木房子。

100 年前，瑞典的城市里也能见到很多红色的木房子。但是由于房屋建造得过于密集，消防安全隐患很大，到了 20 世纪 60 年代，随着瑞典的经济高速发展，城市里的红房子被大量拆除。时至今日，很多瑞典人都对 50 多年前红房子的大规模拆除表示了遗憾，这类城市改建问题在很多国家都发生过，或是正在发生。

鲱鱼

作为一名在北京生活了很多年的瑞典人，我的中国朋友们除了客套地对宜家的瑞典肉丸表达过喜爱之外，几乎没有讨论过所谓的"北欧美食"。不过最近，我听说有一种产自瑞典的罐头在中国成了"网红"——酸鲱鱼罐头（Surströmming）——这种罐头里装的是自然发酵的鲱鱼。每年 4–6 月，渔民将打捞起来的鲱鱼放进浓盐水中煮熟，再装入罐头让其自然发酵，8 月左右就可以上市了。酸鲱鱼罐头的味道很臭，与臭豆腐的气味相似，不过远比臭豆腐刺鼻，所以强烈建议大家不要在室内开罐。

发酵的酸鲱鱼罐头作为一种传统食物，在瑞典北部会更流行一点儿，像我这种瑞典南方人也很少吃。每年 8 月份，会有人专门为品尝酸鲱鱼罐头举行派对，据说这时的酸鲱鱼罐头味道是最好的，品尝时一般会配上脆面包（Knäckebröd）和新鲜洋葱。

需要注意的是，酸鲱鱼罐头有微弱的毒性，并不属于日常食品，即便在瑞典，普通的超市一般也不会销售。所以，我很愿意为大家推荐北欧人经常食用的另一种鲱鱼制品——腌鲱鱼（Sill）。腌鲱鱼在瑞典自助餐中必不可缺，你可以在所有的普通超市中找到。腌鲱鱼的味道和中国普通的腌菜差不多，有各种口味，比如芥末、香葱、醋汁、蒜香、莳萝，吃的时候可以搭配黑面包、酸奶或者土豆。腌鲱鱼也是瑞典圣诞节、仲夏节聚会时必备的菜品。

Lagom

我相信你一定听说过一些词汇，它们代表了北欧各国典型的生活方式，比如丹麦的 Hygge（幸福感）、芬兰的 Sauna（桑拿）。我相信有很多瑞典人会告诉你，最能代表瑞典人生活方式的词是 Lagom（发音接近"拉弓"），

它有多种含义，有时它可以被解释为"适量"，比如倒啤酒的时候，当在场的每个人都分到足够喝一点儿的量时，就是Lagom。倘若某个人倒得太多，啤酒不够分给每个人，或是某几个人倒得太少，这就不是Lagom了。除了"适量"之外，Lagom还有"恰当"的意思。比如，在不同的场景下，你说话的声音都要Lagom，不能让人听不清或觉得太吵。

这类判断总会根据具体情况不断变化，没有一个明确的标准，正因如此，Lagom还有"具备协调或平衡各方的能力"的意思，所以，它有时也可以被解释为"随机应变"。

给你一个好建议：当你在瑞典旅行，拿不准某件事时，你可以问问瑞典人："Är det lagom så？"（较接近汉语"挨莱拉弓嗦"的发音，意思是：这样是不是Lagom？）这句话的潜台词是：我很在乎对方的感受和意见。我想你会因此受到当地人的欢迎。☺

RT1

极 北 美 学

凛冽自然与社会生活的辉映

忧郁与光明，在北欧碰撞得淋漓尽致。

在这片传奇的北境，有着极寒的磨砺、倔强的生长与隐含的孤独，给予人反思的空间与理性之光。数百年里，北欧人从他们生活的土地中获取灵感，创作出带有显著北欧印记的绘画、文学、电影与建筑作品。作品中，极北的严寒，冷峻的地貌，海岸边的昼夜轮回给了这片土地永恒的悲观底色和求索精神。

北大西洋暖流为斯堪的纳维亚半岛带来了广阔的森林，这是大自然慈悲的另一面。北欧人在每年3月期待第一棵绿草从地面钻出，5月跳进解冻的湖水中翻腾，6月于仲夏节尽情狂欢。这里的居民从不掩藏自己对自然的依赖与热爱："希望一年有几个月住在海边，这样我的心灵会得到净化。"

画布上的峡湾、森林与罂粟花

北欧百年画作中的自然风光

许艳梅

北欧爱好者，从事艺术行业，协助举办过 NOTCH（北欧＋中国）艺术节、上海双年展、上海设计展、上海当代艺术展等。在过去三年游历了 30 多个国家，断断续续地在北欧生活过一年多。

北欧壮美的冰川峡谷、纯澈的森林湖泊，投射在北欧人的日常生活和艺术形式中。

2016 年的圣诞节前夕，我在挪威盖朗厄尔峡湾（Grøtfjord）的游船上，目睹群山积雪，海水冲打悬崖，再汇入内陆变为温柔的水流。幸运的是，我们还遇见了几年来离岸最近、最庞大的鲸群，而且是非常罕见的虎鲸，又名杀人鲸（Killer Whale）。带领我们追鲸的一对苏格兰老夫妻难掩兴奋之情，不断欢呼着，挥舞着手臂指着鲸鱼多的方向。当一头鲸鱼跃出水面喷水时，就会博得众人的尖叫及掌声，它们仿佛是天生的演员。因为是极夜，我们只能在微光下观看鲸鱼猎食小鱼，成群的海鸟在空中盘旋，试图从鲸鱼的牙缝里捡漏。

回想当时所见，惊觉陌生，因为它离我们日复一日的平常生活有些遥远。我在北欧断断续续地生活了一年多，其间游历诸国，深感北欧生活中的一切都离不开当地特有的地理环境和气候——峡湾、极光、反差极大的日照强度。这些奇幻场景，不仅触动了短暂停留的旅人，更在数百年间塑造了北欧人，他们将北境的冷冽与温情，悉数映照在日常生活和艺术形式中。

来自冷峻地貌的凝视

北欧的海岸，越往北越是一派清冷，如果你追逐阳光、沙滩、比基尼，那你一定会对这里失望。北欧人对 20 多摄氏度的"盛夏"就非常满意了。我体验过一场瑟瑟发抖的日光浴，只有孩子们兴奋地往海浪里冲。斯堪的纳维亚半岛偏偏有着绵长曲折的海岸线，沿岸的峡湾、海岛倒是成了数代北欧艺术家们创作的题材。无论是早期绘画还是后来的表现主义，他们或多或少借着冷峻风光表达内心所求。

我想提到一度被忽视的佩德·博克（Peder Balke），他是最早一批描绘挪威中北部海岸风景的北欧画家。博克二十出头时，开始了一场两千多公里的旅行，从此就以旅行的姿态展开创作，足迹遍布挪威的泰勒马克（Telemark）、卑尔根（Bergen）、侯林达（Hallingdal）、宾达尔（Bindal）等地，沿途目睹不同寻常的自然景观后，他说：

"丰富的自然之美灌进了我的眼睛及心灵。"

冷峻的色调、坚毅果断的笔触，博克的画带有显著的北欧印记——现代社会的人很难想象，极寒气候与陡峭地貌在当时带给人类的磨砺有多么深刻。

我从博克的画里看到了 100 多年前挪威沿海的独特风景，广阔的暮色与潮汐，明光乍现的灯塔与帆船。创作于 1860 年的《海岸》（Seascape），画的是挪威中北部宾达尔的海岸与帆船，这里最有名的是制船业，人们还会在 6 月的最后一个周末举行划船比赛。他的另一幅画《巨魔峰》（The Mountain Range Trolltindene）中，沉静的海水和云层之间，有一座魔幻般的巨山。这座山位于盖朗厄尔峡湾，其中一侧被称作"巨魔墙"，是欧洲

最高的垂直岩石，垂直高度1100米，如今很多冒险者慕名前往，从峰顶跳伞滑翔。

挪威海岸风光中最著名的就是峡湾了。挪威语中，Fjord的意思就是深入内陆的海湾，这些山与海交错的地貌，是来自第四纪冰川期冰川运动的馈赠。从挪威南部的奥斯陆峡湾到北部的瓦伦格峡湾，它们延绵不绝给人以广阔的视觉冲击。当你乘坐峡湾游船，目睹水面平静，山峰积雪，不经意间还能在峡湾中遇见北极光，那时难免产生"此地仅一日，世上已千年"的遗世独立感吧。

挪威人以拥有峡湾为荣，还让它做了一次艺术浪潮的主角。挪威曾被丹麦王国统治了近400年，又在1814年归属于瑞典王国。为争取独立，挪威于1840年开始了"浪漫民族主义"（Romantic Nationalism）的浪潮，主张"各民族有自决建国之权"。当时的艺术、文学及流行文化都在传播挪威特有的自然之美，以此来加强挪威人的国家认同感。

这种自豪感可以在汉斯·古德（Hans Gude）的画中看到，他创作的《在哈当厄尔峡中的婚礼游行》（*Bridal Procession on the Hardangerfjord*），场景一片欣喜、祥和。画作取景于哈当厄尔峡湾，位于霍达兰（Hordaland），峡湾中的"恶魔之舌"（Trolltunga），如今被称作挪威三大奇石之一，惊

险而壮观，是峡湾徒步的著名地标。另外两处奇石是位于吕瑟峡湾的布道岩 (Preikestolen) 和位于谢拉格山的奇迹岩 (Kjeragbolten)。

北欧的冷峻不止于此，你还可以继续往北，前往冰岛。作为美剧《权力的游戏》的取景地之一，冰岛地貌丰富，苔原广布，充满了奇幻的魔力。百年前苦寒的居住地，如今吸引着无数猎奇的游客前往，拉基火山、黑沙滩、蓝湖、瓦特那冰川、施托克间歇泉……冰岛的东部山海对比强烈，色彩层次丰富，受到许多当地艺术家的推崇。

基亚瓦尔（Jóhannes Sveinsson Kjarval）是冰岛重要的画家之一，你可以在雷克雅未克艺术博物馆中找到他的画作。虽然在冰岛不费吹灰之力就可以拍到好看的照片，但在表现主义及立体主义盛行的时代，基亚瓦尔用奇幻的线条及颜色，描绘了更为惊艳的熔岩、冰河与火山。他喜欢为一些在神话故事中出现过的景色作画，《平顶山》（*Lómagnúpur Mountain*）绘于 1944 年，这座山位于斯凯乌阿拉桑杜尔（Skeiðarársandur）冰河上，山顶几乎水平，是冰岛的自然奇迹，关于它的神话流传已久。冰岛诗人乔恩·赫尔加森（Jón Helgason）写有诗句：

神山上站立着守护南部的巨人，用低沉忧郁的声音召唤着你我。

（The giant stands iron staff in hand by Lómagnúpur mountain. He calls to me and calls to you in a deep and sombre voice.）

森 林 是 生 命 的 寓 所

  北欧的冷峻地貌有着威慑人类涉足的气势，森林和湖泊又展现了温情的一面——葱郁的树木、碧蓝的湖泊，长满繁花的草地是北欧夏秋典型的日常景色，这些景色对我而言更为熟悉与亲切。毫不夸张地说，在我居住的地方，每一片森林中都能找到湖泊。我们在树下采完浆果，再跳到湖里游泳，看着太阳在地平线上迟迟不肯落下，散发着多一点儿、再多一点儿的暖意，我想，这就是极北土地上最大的慈悲吧。

  芬兰的森林覆盖率非常高，森林与城市交错着，据说平均下来每个芬兰人能拥有 20 棵树！如果逛城市公园不尽兴，你还可以前往大大小小的国家公园。芬兰中部的科里（Koli）拥有知名的国家级风景区，蓝色的皮耶利斯湖非常著名，四周云杉层叠，远处是乌科-科里山峰。1899 年，芬兰画家艾罗·耶内费尔特（Eero Järnefelt）据此创作了名画《皮耶利斯湖的秋色》（*Syysmaisema Pielisjärveltä*），此画还曾出现在芬兰邮票上——仔细想来，它不仅展现了芬兰典型的自然风光，画中平静柔和的色调与节奏，也恰好契合了芬兰人谦和内敛的个性。

  在北欧当代艺术中，自然元素也没有缺席。卡琳·玛玛·安德森（Karin Mamma Andersson）是屈指可数的具有国际影响力的北欧当代画家。她 1962 年出生于瑞典北部的海港城镇吕勒奥（Luleå），这里靠近北极圈，被连绵的森林包裹，有着魔幻又残酷的极昼与极夜。

安德森的家中没有其他人从事艺术，但她自小就喜欢画画。最开始她画了很多自然景象，据她自己说，这仅仅因为那是她每天所见。她最著名的一些作品如《死路》(*Deadend*)、《她》(*She*)、《星期一，星期一》(*Monday, Monday*)等，描绘了瑞典北部典型的自然景象——路上积着厚厚的白雪，一排排松树静立在延伸的路两旁，画中明朗流畅的线条碰撞着大面积的低明度色块，如同人们在长久的黑夜中不愿止息地思索。

据说日本画家、散文家东山魁夷也一度沉迷于在瑞典写生，记录寒冬光秃的树干与月下的小鹿。他写出了《北欧纪行》，惊诧也欣喜于在一个自认为本该是异乡的地方，却找到了精神故乡——那些不可言说的情绪通过无言的风景得以倾诉。他说："没有对人的感动，也就不会有对自然的感动。"

从裸泳到院子里的罂粟花

我在北欧生活期间，能从很多方面感受到北欧人的"可持续理念"——这也是北欧五国不约而同树立的招牌，我想这或多或少根源于他们长久以来喜爱自然、重视人与自然共存的理念。

19世纪末北欧兴起了"自然主义"（Naturism），画作中出现了人物裸体享受大自然的场景。对瑞典人而言，找一个"属于自己的湖泊"裸泳太正常了。这一流派在瑞典最为兴盛，强调真正地、毫无束缚地、自然轻松地享受大自然赋予他们的森林、阳光与湖泊。其中有代表性的是瑞典画家安德斯·佐恩（Anders Zorn），他以风景画和风俗画描绘自己所熟悉的瑞典乡村生活。在《早晨的洗手间》(*The Morning Toilet*)中，一名光着身子的妇女带着孩子，走过湖边的砂石地入水，能感觉到画中的水是透明的，并在流动着。

还有著名的卡尔·拉森（Carl Larsson），他的自然主义展现在居住的日常中。《写明信片的模特》(*Model Writing Postcards*)中，裸体模特正专注地给友人写着明信片，房间布置成当时典型的自然风格。拉森启蒙了很多人以及设计公司，其中最为重要的也许是宜家——拉森的画册在宜家初创时常被设计师翻阅。所以他画中的桌子、椅子、地毯、花瓶、垃圾桶如果出现在宜家卖场，我并不会感到惊讶。

瑞典的纺织品也多以自然为设计灵感。瑞典籍设计师约瑟夫·弗兰克（Josef Frank）创作了上百幅经典的纺织图案，取材自色彩斑斓的鸟、蝴蝶、植物及花卉。这些令人振奋的图案在北欧从未过时，几乎每一个瑞典家庭中都至少有一件弗兰克的作品。

有一次我在瑞典友人家中做客，他戴着有弗兰克设计图案的烘焙手套，身后是同款窗帘，窗外即是自家大大的庭院，种有三棵苹果树、两棵杏树，还有玫瑰、百合、茉莉、罂粟、向日葵、铃兰、野草莓、树莓、葡萄、番茄……是的，每到夏季，瑞典的庭院和田野中到处都是花草，而且这时每天的日照时长都超过了20小时，人们有更多与自然相处的时光了。瑞典北部的萨勒克国家公园中有无尽的花海，东海岸的哥特兰岛（Gotland）有35种兰花，南部的文岛（Ven）风景清新，特别是油菜花开的时节，最好的旅行方式就是在花海边迎风骑行。

我想，如果这还不足以让你体会到北欧自然风光的奇妙以及当地人对此的自豪与热爱，那么顺便告诉你，瑞典人甚至试图推举《我最爱郊外》(*Jag trivs bäst i öppna landskap*）成为他们的新国歌，歌里唱道：

我希望一年有几个月住在海边，这样我的心灵会得到净化。

我最爱郊外，那里的风可以刮得很大，把落叶松高高吹起直到天上。

在冻土边缘，建造人的居所

北欧建筑，自然环境与肉身感知的交互

赵亦周

芬兰阿尔托大学空间设计硕士、建筑设计硕士，现居芬兰，任职于芬兰PES建筑事务所。求学期间，曾游历北欧多国，喜爱北欧建筑空间结构及光影变化。

北欧人在冻土边缘，建造了人的居所。这些建筑外表冷峻、刚硬、简洁，而室内通常温暖、透亮，空间中光与影的变化，是永恒的主题。

北欧是一个笼统的概念，北欧五国的关系也很微妙。丹麦、瑞典和挪威的语言非常接近，冰岛由于远离大陆，就像是斯堪的纳维亚先民的遗迹，而芬兰和其余几国的差别就更大了。2014年我去丹麦一家建筑事务所实习的时候，同事就认为我是"从遥远芬兰来的实习生"。其间，我们参加了瑞典斯德哥尔摩建筑之旅，在旅行大巴上，身兼司机和导游的瑞典大叔得知我们是一群"丹麦建筑师"后，通过车载扬声器愉快地说道："大家看，那是斯德哥尔摩市政厅，它比哥本哈根市政厅长了整整一米。"好吧，就算我们输了。

从2011年到芬兰阿尔托大学读空间设计专业算起，我已经在北欧生活了7年。如果你也喜爱建筑，可以在凉爽的夏日来到北欧，漫步街头，体验一段难忘的视觉旅行。北欧有着独特的设计文化，历史上建筑师群星璀璨，时至今日，仍有相当数量的建筑设计事务所活跃在设计潮流的第一线。眼下在北欧范围内完工的每一座重大公共建筑，不仅是旅行时值得一去的地标，更可以作为设计行业参考的标杆。

北欧的建筑风格和北欧人的个性有着相似之处，外表冷峻、刚硬、简洁，而室内通常温暖、透亮，空间中光与影的变化，是永恒的主题。北欧建筑也极为注重功能性和实用性，简洁但绝不简陋，处处注意人性化的设计，很多公共场所会特意留出儿童玩耍的空间，更不用说落实到细枝末节的无障碍设计了。在北欧住久了,我还慢慢发现,就其现代建筑而言,在看似统一的风格之中,几国之间有着细微的区别:瑞典素净,丹麦张扬,而芬兰有种淡淡的东方味道。

赫尔辛基的东方味道

我住在芬兰首都赫尔辛基,这座城市的主城区并不大,Kamppi(康比)广场是比较靠近市中心的地方,在这熙熙攘攘的广场一角,有一座木质小教堂,名为静默教堂(Chapel of Silence)。它近似于椭圆柱体,上粗下细,浑然一体,被人亲切地称作"大木桶"。当你穿过一侧的入口,用力拉开厚重的木门,步入祈祷室后,好像有人在你的耳边按下了静音按钮,万物都在瞬间凝固,只有温暖的天光从屋顶的缝隙间弥漫开来,充盈在这一方小小的空间里。人们常常在此驻足良久,方才起身返回喧嚣的尘世中。

赫尔辛基中央火车站位于市区的正中心,此处是当代建筑作品集中的区域。火车站附近,是由美国建筑师斯蒂文·霍尔设计的当代艺术馆Kiasma(奇亚斯玛);沿着曼纳海姆大街往前走,绿色的玻璃房子是赫尔辛基音乐厅;在Töölö(蝶略)广场的另一侧,有座建筑的曲线挑檐伸向广场,那是刚刚建成的城市图书馆;沿大街继续前行,在树木的掩映中,可见一座白色建筑沿着街道展开,那便是阿尔瓦·阿尔托的经典建筑作品芬兰宫,其中的音乐厅是核心部分,像一座骤然突起的冰山。

如果看完市中心的建筑还不过瘾,可在赫尔辛基中央火车站坐地铁,向西六站,便可抵达阿尔托大学校园。在这座以建筑师阿尔托命名的大学校园内,有三处建筑值得一去:阿尔托亲自设计的主教学楼、Dipoli(迪帕力)学生会议中心,以及Otaniemi(奥塔涅米)小教堂。这几处建筑作品相隔不过百米,但是建筑的形式与材质却迥然不同。主教学楼似乎是永恒的经典,在此你会惊叹于大师是如何纯熟地运用着几何的语言。细看之下,阿尔托带给你的感受,是一种天才般的平凡:低调的入口,温暖的红砖,精致的灯具,如此恰到好处。这座建筑和地景环境的关系非常细巧和温润,与当代建筑中常见的粗粝感形成了鲜明对比。在这一建筑的背后,隐现的是阿尔托脑中那些经典的希腊广场,他多次在作品中重现、呼应古典风格,念念不忘地用建筑表述神性的光明。如果你是一名建筑师,还在思考如何

在秩序中寻找变化，如何制造对比与悬念，那一定要来参观阿尔托的作品。

在主教学楼一侧的高地上，坐落着学生食堂与会议中心 Dipoli。当这座建筑在你眼前亮相的那一刻，你就会意识到，这很可能是你此行的意外收获。Dipoli 由建筑师 Reima（瑞玛）和 Raili Pietilä（瑞利·皮尔特拉）夫妇设计，是一个真正充满建筑幻想的作品。Dipoli 的创意始于一场 20 世纪 60 年代举行的建筑竞赛，基于场地的特殊性，建筑将建造在裸露花岗岩山丘的顶部。在第一轮评比中，没有一件作品让竞赛评委会完全满意，只评出了两个第二名。在进一步设计之后，Reima 和 Raili 的方案才获胜并得以实现。

在今天看来，Diopli 依然惊世骇俗，它似乎抛弃了应有的节制：直觉式的几何造型，粗粝的花岗岩，裸露的素面混凝土，青绿色的铜质外立面，这一切让 Dipoli 成了一支建筑的狂想曲。Reima 在谈到这件作品时，将其与爱尔兰荒诞派戏剧作家萨缪尔·贝克特的作品相比，并提到建筑最初的概念来自纷乱的岩石，而传统建筑审美中注重平衡的观点在此并不适用。Dipoli 是这样一个特殊的反例，让建筑师得到一个张扬自己个性的机会同时，又有精雕细刻的细部设计。藉由种种尺度上的安排，建筑形式隐喻了洞穴等自然空间，因此，整座建筑不仅不会让人觉得怪异，反而对人的身体产生了一种特殊的包裹，让人有身处自家客厅般的安全感。Dipoli 是如此浪漫，仿佛是北欧森林里精灵的居所，它展示了芬兰建筑一个独特的侧面。

在与 Dipoli 相隔数百米的树林中，藏着 Otaniemi 小教堂。教堂初建于 20 世纪 50 年代，在 70 年代不幸毁于火灾，所以人们现在看到的小教堂实际上是原样重建的版本。这座教堂和很多经典的北欧建筑一样，试图在空间与人的身体之间建立联系，通过空间的变化，让人获得特殊的体验。陶渊明在《桃花源记》中写道："初极狭，才通人。复行数十步，豁然开朗。"在这一点上，小教堂颇有异曲同工之妙。教堂的地板与墙面都使用红砖材料，材质的延续性会让人感觉到一种压制，而巨大的玻璃外便是开阔的山野景色，在林中空地上，矗立着白色钢质的十字架。教堂的空间虽小，却突出了有限的人造空间与无限的自然空间的对比，仿佛把人放置在人工与自然的分界线上，而十字架成了一种对神性的提示。

Otaniemi 小教堂 赵西安 / 摄

城 市 空 间 的 思 考

当代北欧建筑界中，丹麦在商业上最为成功。在这个仅有500万人口的国家中，诞生了众多知名的国际一线建筑设计公司。与其他北欧国家森林、湖泊遍布的地貌不同，丹麦地势平坦，人口密度高，是自行车的王国。若是来到哥本哈根旅行，骑车是最为便捷的通行方式。我数年前在哥本哈根实习时，每日处于自行车的洪流中，那感觉极像穿越回了国内。

城市空间在丹麦显得颇为珍贵，除了具有代表性的公共建筑，丹麦的集合住宅设计也是建筑之旅的看点。这些建筑令我们思考，怎样才能让设计更好地参与普通人的生活，在不同的层面提升一个城市的空间价值，从而避免千城一面的尴尬。

集合住宅的代表作品是有"丹麦土楼"之称的Tietgen（切特）学生公寓、知名事务所BIG（比雅克团队）设计的"8"字形住宅和山形住宅等。建造在同样平坦开阔的地面上，这些建筑却各具特色。山形住宅的设计者Bjarke Ingels（比雅克·英格斯）在一次演讲中提到，丹麦的地势实在是太平坦了，因此他很想在家乡放一座"山"。这看似玩笑的想法在实践中获得了特别的效果：山形住宅把居住空间放置在停车场之上，这种充满实验性的设计避免了"停车场中的城市"的尴尬。而且由于欧洲不存在类似于国内"住宅小区"的概念，住宅楼可以与城市的路网相连，因此释放了大量的城市景观空间。

在哥本哈根港口边，有几座重要的公共建筑一字排开，相隔数百米，可步行参观。哥本哈根皇家图书馆是一座黑色的多面几何形建筑，也是原来老图书馆的加建部分，与之相连。这是一座与城市肌理相结合的地标性建筑。城市快车道横穿建筑而过，将建筑切为两部分，通过廊桥连接。在棱角分明的建筑内部，曲线造型的巨大中庭伸向水边，使得看似封闭的空间，拥有了独特的公共属性。走出图书馆，远远就能看见公路继续穿过了一座由方形体块累积起来的建筑，这是刚刚建成的丹麦建筑博物馆BLOX（方块），由知名建筑事务所OMA（荷兰大都会建筑事务所）设计，该事务所最为人熟知的作品便是位于北京的央视大楼。荷兰与丹麦有相似的设计观念，两者都擅长用讲故事的方式去阐述概念，而两者的不同之处在于，与大海搏斗了数百年的荷兰人做起建筑来，极爱挑战万有引力定律，大跨

度的钢结构随处可见；而丹麦人更关注空间的品质，室内空间温暖而透亮。北欧人习惯于不紧不慢，一步步打磨出精良的建筑细部。

要欣赏建筑的内部细节，我会推荐你去斯德哥尔摩公共图书馆，那是瑞典建筑师 Erik Gunnar Asplund（艾瑞克·古纳尔·阿斯普隆德）的经典之作，也是古典与现代主义建筑转型时期的标志性作品之一。图书馆外立面朴实无华，在斯德哥尔摩这样漂亮的都市中，甚至显得有些笨拙；当你步入建筑内部，则立刻被置入三层书架所环绕的空间内，天光从建筑上部环绕的开窗洒下，整个建筑好像一座由书本垒成的圣殿。读者可由细巧的钢楼梯拾级而上，所有书本也都在双手可触及的范围内。在北欧，图书馆往往不设门禁，任何人皆可随意出入，或翻阅图书，或品味建筑。可以说，博尔赫斯心心念念的天堂般的图书馆，在北欧得到了一次又一次的诠释。

自 然 景 观 的 融 合

斯堪的纳维亚半岛上有丰富的自然景观，一些北欧建筑也体现了建筑与自然景观互相融合的特质。但是，与自然景观的融合并不是简单意义上的让建筑消失，使其成为某种"看不见的房子"。这类设计实际上映照出了北欧人观念中的自然，是他们对自然的一种模仿。

斯德哥尔摩市区有一个特别的地方，是由 Erik Gunnar Asplund 与

Sigurd Lewerentz（西格尔·劳伦兹）合作设计的林间墓地（Woodland Cemetery）。与其说是墓地，不如说是公园更为恰当，一般墓地中常见的墓碑在这里并不突出。建筑师通过设置轴线、林荫道、景观符号等一系列手法，创造出了充满仪式感的开阔空间，使之成为属于大地的艺术作品，而西方墓地中常见的宗教元素也被抽象化，成了地景雕塑的一部分。其空间观念，对日后的景观设计产生了深远的影响，可以说，林间墓地是现代景观设计的开山之作。

挪威的奥斯陆歌剧院，也是建筑与景观结合的代表作品。歌剧院的立面材质采用了大理石和花岗岩，建筑外形就像一座出水的冰山，从奥斯陆峡湾的水边延伸向陆地，并在屋顶处转化为一个观景平台，人们可以在此聚集，一览峡湾景色。

冰岛是自然景观的圣地，让人感觉置身于异星世界。而在开启魔幻的环岛之旅前，雷克雅未克大教堂不可不看。这座教堂以冰岛著名诗人哈尔格林姆斯命名，本身便带有浓厚的表现主义色彩。建筑依然呈某种十字平面造型，但是与传统的拉丁十字建筑恰恰相反，入口处便是耸立的高塔，而祭坛上方的穹顶，反倒显得十分谦和。某种意义上说，这首先是一座民族的纪念碑，其次才是一座教堂。在教堂的入口正立面，采用了由两侧向中间外墙高度逐步上升的形式，形似管风琴的风管，而在冬日的漫漫长夜中，这更像是升腾的火焰，同时也让人联想起岩浆在海水中冷却后形成的柱状节理。教堂有种根植于大地的稳重感，而进入室内之后，一排排由竖窗洒落进室内的光线，清晰的拱券结构，将教堂原本庞大的体量分解开来，让人感到建筑分外轻盈。在哥本哈根，也有一座因造型而得名管风琴教堂的 Grundtvigs Kirke（格伦特维教堂）。这两座教堂虽然分处异地，但是风格与样式非常接近，好像同胞兄弟一般，若有机会，不妨对比着参观。

北欧各地值得一看的建筑很多，文中提到的这些仅仅是位于各国首都区域内的几个知名建筑，不免挂一漏万。有大量杰作散落在北欧各地，例如挪威建筑师 Sverre Fehn（斯维勒·费恩）、设计悉尼歌剧院的丹麦建筑师 Jørn Utzon（约翰·伍重）的作品等。建筑是空间的艺术，感受建筑的美需要实地体验，从基本的建筑形式到每一处细部，像一层又一层的音符交织在一起，这是任何图片与文字都无法替代的。

电影是黑夜的伴侣

北欧电影,不再寂静的世界尽头

王凯梅

毕业于北京师范大学，30年前移民瑞典，长期从事中外文化交流工作，翻译了大量瑞典儿童文学。2010年起在上海从事当代艺术写作和策展工作。2015年创办"极地光影"电影节，在国内多个城市放映北欧电影。2017年为瑞典摄影美术馆策划中国摄影师陈漫个展。

> 正因为有了死亡，
> 我们才能永远不断地找到新生命。
> ——英格玛·伯格曼

1月，正是挪威一年当中最黑暗漫长的时节。飞机飞过北极圈，在荒蛮的山海上空一路向北。我靠在机窗边，俯视北方的土地，这片山海是北欧神话中诸神诞生的地方，也是维京人探险世界时走过的地方。

漂浮在北冰洋上的大陆和岛屿，被地平线下太阳散发的光晕笼罩在一种糅合着淡紫的红色中，天和海在寒冷清冽的空气中变幻着颜色，再把各种色泽捉摸不定的光反射到起伏的雪山上来。

下午两点钟，飞机降落到北纬69度的北极城市特罗姆瑟。天空被夕阳的最后一抹亮光点燃后，黑夜就骤然降落在了大片旷野及海湾间的城市中。光线和颜色，这两个构成视觉艺术不可缺少的元素，在北极圈表现出极致的美。

我走出机舱，在暗夜中呼吸了一口清冷凛冽的北极空气，试图去体会瑞典人安德烈即将面临漫长极夜时的心情。

1897年8月，瑞典人安德烈带领着三人探险队从挪威最北部的斯瓦尔巴群岛出发，试图乘坐热气球飞越北极点。他们英雄而浪漫的壮举在热气球升空仅仅三天后就夭折在了北冰洋的浮冰上。在孤独的世界尽头，安德烈把每一天的观察都详尽地记录在探险日志中，包括日照时间的长短，冰层颜色的变化。夏至后，随着太阳南移，北极地区的白昼越来越短，气温也急剧下降。不到半个月，每天的日照时间就从8小时降至1小时。1897年10月20日，安德烈在日志中写道："日照时间0，下一次日出时间为1898年2月20日。"

遗憾的是，安德烈并没有等到下一个日出，写下那篇日志的30年后，探险队员们的遗骸才被偶然经过的捕鲸船发现。日志保存完好，世界知晓了三位北欧年轻人面对极地冰雪、刺骨寒风、无涯黑暗和不时出现在帐篷周围的北极熊的探险经历，以及他们最终被北极吞噬生命的悲壮命运。

征服和控制一直是人类对待大自然的方式，人类自视为至高无上的存在，自信在技术和工具的协助下，可以解答所有存在于自然之中的奥秘，可以涉足所有难以抵达的疆域。但日出日落、漫漫极夜依然在不折不扣地藐视人类。

北极圈内有长达三个月的黑暗冬夜，这里的人们如何面对？

黑 夜 的 伴 侣

我们习惯性地认为，北极代表着遥远寒冷的荒凉之地，是寂寞萧索的世界尽头。挪威领土有一半都在北极圈以北，大约有50万人居住在这片被叫作"上北方"的土地上。这里有每年长达三个月的极昼和极夜，有一年300天都在下雨的北大西洋西海岸，还有被北欧原住民萨米人（Sámi）称为"灵魂在天空跳舞"的北极光华丽闪过夜空时发出的噼啪声。

在寒冷之地最黑暗的季节里，还有什么比看电影更能让人逃避现实中的黑暗，获得心灵的慰藉呢？艺术具有救赎人类、治愈孤独的功能，这对居住在极地、经受着极端天气的北欧人来说尤为重要。如果说自然塑造了北欧人坚忍沉默的性格，那么北欧的电影就聚焦和放大了这个北方民族的集体性格。

说到北欧电影，人们首先想到的当然就是深受国际赞誉的瑞典导演英格玛·伯格曼。20世纪90年代，我在一个阳光明媚的夏日抵达瑞典，第一次沐浴着白夜的亮光在森林中散步，第一次在长满蓝莓的草甸上与带着幼崽的母鹿相视——那一刻，我真的以为自己掉进了北欧童话的世界。那时我正值青春，字典里还找不到孤独、焦虑、抑郁、悲凉这样的词汇，即使远离家乡，第一次独自在海外漂泊，也是不识愁滋味的少年心性。

可就是那一年的初秋，我第一次接触了伯格曼的电影，短短的90分钟里，我重新认识了北欧生活，体会到了北欧人的黑暗情绪。《沉默》是我看的第一部伯格曼的影片，我至今都记得自己坐在观众席上，看着银幕上的两姐妹在精神崩溃边缘相互折磨，看着孤独无助的小男孩游荡在酒店走廊上，连同画面中收音机里传出的陌生语言的播音，都是那么让人困惑不安。当时我完全不知晓伯格曼是怎样一位导演，就已被影片中的忧郁情绪笼罩了。伯格曼的电影为我打开了一扇认识北欧人内心的窗户。

那时候，《瑞典日报》做了一个外国移民如何看待瑞典文化的专题，一名记者在电影院门口拦住了我，问我为何学习瑞典语——这种总共只有800万人使用的语言。记得当时我几乎是脱口而出：可以看原版的伯格曼电影啊！其实，那时我才刚到瑞典，还没有经历过下午两点就进入黑夜的北欧冬天，对这位瑞典电影大师也没有全面的了解。为什么在一个和平人道的国家，在一群知书达理的国民中，会出现一位用电影刻画人类生存危机和精神困惑的大师？所有被伯格曼电影所吸引的人都一直在试图解答这个问题，而问题的答案又悉数蕴藏在他每一部充满个人风格的影片中。

被日照时间左右情感的北欧人，常常将"地理和气候因素"作为问题的答案。瑞典社会学家奥科·丹（Ake Daun）教授在1989年出版的著作《瑞典性格》一书中以大量数据证明，光照时长直接影响着瑞典人的心理状态。

众多临床病例证明，11月是瑞典人心情最沮丧的一个月，容易出现"神经官能和性格分裂综合征"。几年前的春天，我在斯德哥尔摩市中心的皇家剧院门口观察到的一幕，算是北欧人对于漫长冬日走到尽头的欢庆：初春的阳光将光亮和温暖带回，剧院的台阶上坐满了沐浴阳光的瑞典人。他们坐在这里，不只是为了打发时间、喝杯咖啡，沐浴阳光对于经历了漫长冬日的瑞典人来说是一件严肃认真的事。他们表情专注，尽可能地裸露出皮肤，将身体交给阳光；他们的神态又带着庄重的意味，以对待宗教般的崇敬心情闭目仰颈，感恩太阳，面对这番情景，你简直可以称他们是"拜日民族"了。伯格曼是皇家剧院的御用导演，他一定也曾坐在台阶上晒过太阳，说不定边晒边构思着电影的情节。

因为知晓了伯格曼，看电影成了我生活的重要组成部分，甚至在冥冥中影响了我的命运。那时候，位于斯德哥尔摩东城的电影俱乐部是我每周必去的场所，办一张年卡，就可以花很少的钱把电影看个够。电影俱乐部的排片丰富，常常有著名导演作品回顾展或是类型片展映，在没有"网络下载"的年代里，那些影史上的经典老片我差不多都是在电影俱乐部观看的。

然后，就有了一场电影院中的邂逅。1997年，在斯德哥尔摩电影节上，我刚看完一部描述几个纽约单身青年迫切寻找爱情的纪实性故事片《凌乱的床》，在原位等待下一部影片——描写住在政府租屋里普通人故事的新加坡电影《12楼》。这时，我与一个独自坐在电影院中的年轻人四目相遇了。这个后来成为我丈夫和孩子爸爸的高个子瑞典人，是我结识的北欧人中第一个没有学过中文，却看过陈凯歌和张艺谋电影的人。若干年后，我们一家人从瑞典搬到了新加坡，住在市中心一栋公寓的22层。有一次，在朋友的聚会上，我们竟然遇到了《12楼》的导演邱金海！我忍不住把我与丈夫相遇的经过描述给他。好玩的是，邱导演在得知我们来自瑞典后，第一个问题就是关于伯格曼的。

北方和北方的相遇

我的人生，从北极到赤道，再到今天上海的里弄，总是无可逃避地与电影牵连在一起。三年前，我开启了与世界最北端的电影节——挪威特罗姆瑟电影节的合作项目。

每年1月，当北极圈内的冻土完全被黑夜笼罩，天空不时闪过北极光时，北极地区最大的电影节就在特罗姆瑟开幕了。窗外是极地雪景，室内却温暖如春，在黑暗的电影院中和众多同你一样寻求慰藉的人坐在一起，分享银幕上发生在另外一个时空的其他人的生活故事，这就是电影艺术的魅力。

2016年1月，我与另外三位中国电影人，作为特罗姆瑟电影节的特约嘉宾，经两次转机，飞过了半个地球，在北极的暗夜中来到了特罗姆瑟。在电影节的开幕式上，我与600多名挪威观众一起观看了挪威纪录片《来自思诺萨的神人》。影片讲述了一位"来自思诺萨的神人"用双手抚摸病者，让他们得到身体解脱和精神救赎的神迹，影片中出现了获救的金发少女展开双臂拥抱大自然的唯美场景。在这个与自然最接近的地方，人们对所谓的"超自然现象"表现出了极大的理解和认可。世界存在着，以自身的花开花落揭示着其存在的神秘性。在世界尽头的极地暗夜中，电影的光影将这种存在的神秘性化作了燃亮黑暗的能量。

"来自北方的故事"是特罗姆瑟电影节上最具北方特色的放映单元，其中放映的都是来自北极和巴伦支海地区的电影人创作的短片和纪录片，让人们看到蕴藏在这片辽阔冻土上的强大艺术创造力。这一单元的开幕片

《北极圈的超级英雄》讲述了一个用萨米语说唱的年轻歌手的励志故事，赢得了现场观众的热烈掌声。

  如今大约有7万多萨米人生活在挪威、瑞典、芬兰北部以及俄罗斯的克拉半岛。学者认为萨米人是和其他民族同化的欧洲原住民族，约在一万年前冰河时期完结后迁徙到北极地区。早期他们聚集于大西洋、北冰洋与波的尼亚湾一带，后来才逐渐移入内陆。萨米人是游牧民族，他们狩猎野鹿，在荒原间捕鱼、采集野果。暖和的季节，他们则贩卖肉类、皮衣与自制的工艺品。萨米人身穿带有红蓝花纹的传统服饰，能够用传统技艺搭建锥形帐篷，在饲养驯鹿方面有着优良的技术，而最具影响力的传统是被称为萨米人诗歌的悠依克（Yoik），也称吟唱。悠依克用特殊的歌唱方式咏唱造物神话和古老传说，用歌声诉说族人在孤独放牧的日子里的情感故事，也表达了古老文明在步入新时代时的彷徨与欣喜。

  特罗姆瑟国际电影节将这座北极城市带入了国际视野中。电影节的主席玛莎是一位移居挪威的美国加州人，她对我说起20多年前她初到特罗姆瑟时，冬天的街道上几乎是看不到外出的人的；而今，电影把人们从温暖的家中召唤出来，他们一起分享的快乐让这座城市在一年中最黑暗的季节里热闹了起来。特罗姆瑟国际电影节是挪威最受欢迎的电影节，在为期一周的展映中能售出6万多张门票，这对于一座总共只有7万居民的城市来说，近乎是倾城出动。户外电影活动更是吸引了有孩子的家庭，广场上到处都是骑在爸爸肩上，一边举着鹿肉热狗一边看电影的小朋友。看着这些在雪天里享受户外电影的当地人，玛莎高兴地对我说：虽说戛纳电影节可以在沙滩上看电影，但在特罗姆瑟的雪景中看电影，可比那酷多了啊！

在"另一个北方"的主题单元中，中国独立制片人李姗姗为电影节带来了中国的"北方电影"。内蒙古导演顾桃的影片《犴达罕》记录了生活在大兴安岭林区中最后一代鄂温克猎人的故事。鄂温克人同北极的萨米人一样，饲养驯鹿为生，在现代化进程中，游牧民族被迫离开他们祖先生活的村落，移居到城镇生活。这样的变迁在北极萨米人的生活中也无可避免地发生着，这让顾桃的影片在特罗姆瑟电影节上格外有意义。李睿珺导演的《家在水草丰茂的地方》呈现给北极观众一个壮阔苍凉的河西走廊，那里丰富的民族文化、两位骑着骆驼穿行沙漠的裕固族男孩给观众留下了深刻印象。几天后当我和同行的几位中国导演走在特罗姆瑟的大街上时，竟然有位看上去很腼腆的挪威中年人主动走到我们面前，问我们有没有在电影节上看过一部讲两个孩子骑骆驼的中国电影。当我们告诉他那部电影就是由我们带来的时候，他诚恳的脸上露出了惊喜又幸福的笑意，连连对我们说："那是本届电影节上我看过的最好的电影！"

我们还带来了中国东北导演耿军的《锤子镰刀都休息》，这是一部获得了金马奖最佳短片奖的影片。首映时间定在一个星期三的中午，耿军惊诧地看到，竟然有人在电影院门口排队等着放票。原来那些在网上被预订但尚未被取走的票，在电影开演前10分钟会当场发售。耿军忍不住和等票的观众聊了起来："你们不去上班，就是为了来看我的电影吗？"影片讲的是东北大地上一代中国人的荒诞生活与理想，画面中昏黄的午后斜阳，烘托出东北冬日寒冷肃杀的场景。中国的北方和挪威的北方，因为寒冷和人们在寒冷中寻求庇护的心灵渴望，被紧紧地连在一起。

有意思的时代产生有意思的艺术，我们无疑正处在这样一个有意思的时代。我们在特罗姆瑟的那些天，正有上百名叙利亚难民从北冰洋岸边的国境线上由俄罗斯步入挪威，这里必定会发生更多精彩的故事。变化是这个世界无可阻挡的发展趋势，电影用影像的语言记录这些变化，无论是宏大叙事，还是个体自述，能牵动人心的一定是人的命运。☺

从小美人鱼到长袜子皮皮

北欧儿童文学中的平民社会

亢 舟

儿童教育一线从业者，在阅读领域致力于分享推广有温度的儿童文学，多次参加国际童书展。偏爱北欧童话，在尼尔斯与长袜子皮皮的故事中体验到生命的自由和深度。

每次读北欧童话，自然的气息扑面而来，我很容易被带入那片广袤、荒凉、寒冷的故事发生地，仿佛可以触摸到世界的尽头——

白雪皇后的大厅是空洞、广阔和寒冷的。
宫殿的墙是由积雪筑成的，刺骨的寒风就是它的窗和门。
强烈的北极光把它们照亮。
它们非常大、非常空，非常寒冷，非常光亮。

人们对北欧童话的第一印象，毫无疑问来自安徒生。位于哥本哈根海边的美人鱼雕像前通常聚满了前来合影的游客。在今天的丹麦，无论是哥本哈根还是奥登塞，随处可见安徒生和他的童话的踪迹。

《小美人鱼》的影响是世界性的，但北欧童话不只有美人鱼。不同于欧洲大陆主流的"王子与公主"，北欧童话风格多样，流露着对大自然的热爱，对平凡生活的热忱，对不同境遇人物的悲悯，带给孩子们生活的智慧。对初次前往北欧的人而言，这些童话能让我们触碰到更为真实的北欧社会。

自然的童话

北欧五国几乎都处在北纬 55 度以北，绝大多数土地处在严寒的北极圈内，有终年积雪的高山、茂密的原始森林和泛着银光的湖泊，相传那里生活着淘气的精灵、侏儒和巨人。这一独特的地理环境，成为北欧童话重要的底色。童话作家长时间居住在最接近大自然的地方，其作品中有大量对自然的描写，以一种天然的笔法将幻想与现实融合在一起。

芬兰儿童作家托佩柳斯的童话充满浪漫主义色彩，作品《星星的眼睛》《睡莲》《巴尔台尔历险记》中饱含着对寒带广原的热爱。在他的笔下，森林、湖泊、山峦都有生命和灵性，神奇的森林之王、海妖、霜之精、山之王，那些司空见惯的树、花、虫、鸟都能与孩子聊天，这使得芬兰的孩子们对大自然备感亲切，对本土的情感也从幼年时代起就浸透在他们的血液中。

我最喜欢的北欧童话，是获得了诺贝尔文学奖的《尼尔斯骑鹅旅行记》。故事中尼尔斯骑在鹅背上随大雁旅行，看遍了瑞典特有的山川景色、风物人情。童话中描述了山川、工厂、学校等实景实物，又穿插了许多优美的神话传说及历史典故，读起来就像置身于虚实相生的童话幻境。

《尼尔斯骑鹅旅行记》还通过孩子的视角探讨了工业文明对自然的影响。"那座大钢铁厂坐落在一道瀑布边上，厂区里高大的建筑林立，直冲云霄的烟囱突突地吐出黑色的浓烟，高炉里火光冲天，所有的窗户都灯火通明。厂房里锻压机和轧钢机正在工作，它们运作起来威力那么强大，整个天空都回荡着轰隆隆的巨响。"但是，故事没有对工业社会做出完全否定的评价，而是留给主人公自己做选择——"他决计不肯下手纵火焚烧钢铁厂，因为钢铁为所有的人带来了莫大的好处，无论他们贫富如何，铁为这个国家中成千上万的人带来了面包和生计"。

为了写这个故事，作者塞尔玛·拉格洛夫跋山涉水前往瑞典各地实地考察，搜集了瑞典动植物方面的资料，甚至研究了鸟类的生活习性。拉格洛夫童年生活在乡村的庄园里，她在《尼尔斯骑鹅旅行记》里对瑞典人民在农业区的劳动生活等描写，是相当真实的记录。从前，人们必须胼手胝足，制作日常生活用具：一家人在耕耘之余，父亲勤于木工活计，打造桌椅板凳，母亲则纺织、缝纫衣服。在冬季农闲时间围聚在一起做手工活计，是人们莫大的乐趣。

平 民 的 童 话

北欧童话故事，立足于现实生活，展示出丰富的日常生活图景，让我们看到了一个更真实更深刻的北欧社会。

北欧国家的森林覆盖率高，拥有大量的铁矿、水力、石油、地热和渔

THE WONDERFUL ADVENTURES OF NILS
SELMA LAGERLÖF

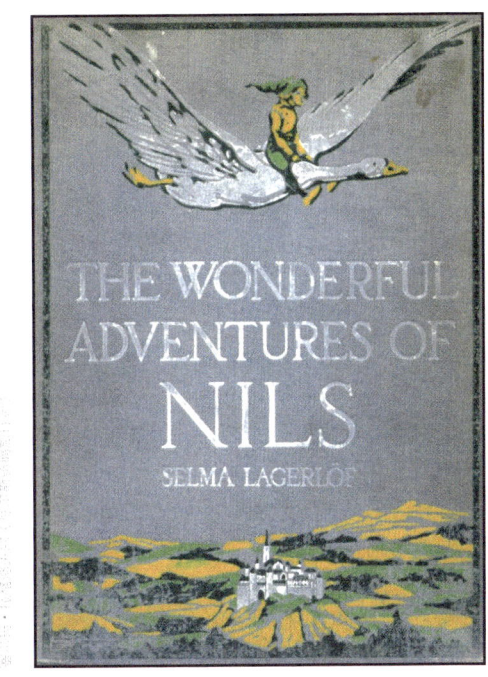

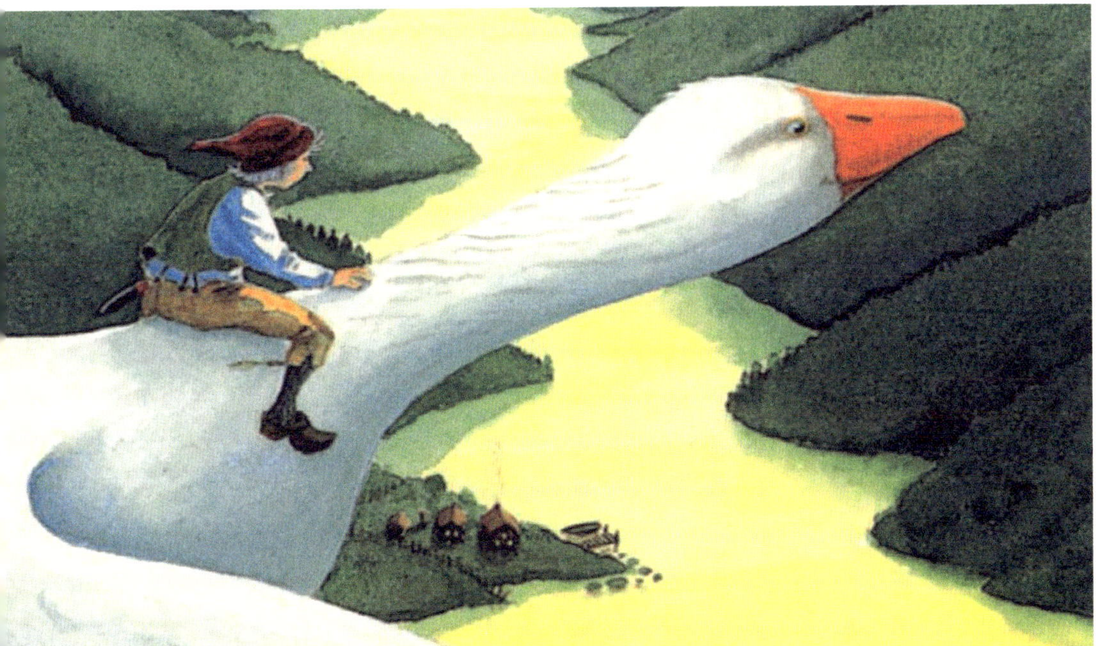

业资源、林业、矿业、捕鱼业发达，我们在北欧童话里很少见到公主和王子，主人公多数是放鹅娃、佃农、木匠、裁缝、园丁、矿工、钢铁工人等普通劳动人民，他们也少有童话主人公必备的"超能力"。极夜的晚上，围着火炉唠嗑讲故事，成了民间广受欢迎的消遣方式。童话作者不自觉地将自身情感和经历融入到故事中去，也使得他们的童话延续着平民化的风格。随着城市的发展和人们生活方式的改变，北欧童话里描写的乡村生活，不仅散发着生活气息和民间幽默，也表达了对过往诗意生活的怀念——

> 他们有过繁忙的日月，但是他们享受节日的快乐；白天他们进行紧张艰苦的劳动，晚上他们就聚在灯下阅读泰格奈和鲁内贝格的诗，读莱恩格伦夫人和老处女布雷默尔的作品；他们种植五谷，也种玫瑰花和茉莉花；他们纺过麻线，边纺线边唱民歌；他们钻研过历史和文法，也演过戏、写过诗；他们站在火炉边做过饭，也学会了拉手风琴、吹笛子、弹吉他、拉小提琴和弹钢琴；他们在菜园里种过卷心菜、芜菁、豌豆和菜豆，也有过一个长满了苹果、梨和各种浆果的果园；他们曾经寂寞地生活，但是正因如此，他们的脑子里装着那么多故事和传说；他们穿过自己家里做的衣服，也正因如此，他们才过着一种无忧无虑、自给自足的生活。

艾莎·贝斯蔻在《派乐的新衣》中，讲述了小男孩派乐制作衣服的故事，他帮奶奶种地、放牛，用劳动换取别人的帮助，最后，他终于靠着自己的努力做成了一身新衣服。故事用清新的图画、质朴的文字向孩子们展示了一身新衣服自然传统的制作过程，也让我们体会到隐藏在衣服背后的珍贵价值和劳动创造的喜悦。

挪威儿童作家托尔边·埃格纳在《豆蔻镇的居民和强盗》里描写了北欧的日常生活图景，比如盛大的夏季游艺会。"举行伟大夏季游艺会的日子终于到来了。一大清早，人们就开始兴奋起来，这时，镇上乐队的成员都戴着时髦的白帽子，衣扣里插着花朵，已经在市集广场上准备停当，奏起了新版的《豆蔻镇进行曲》。"故事进行到这时发生了令人忍俊不禁的一幕，强盗到香肠店行窃时，遭了到香肠店老板、面包师的伏击。

托比扬·埃格纳的《豆蔻镇的居民和强盗》（When the Robbers Came to Cardamom Town）

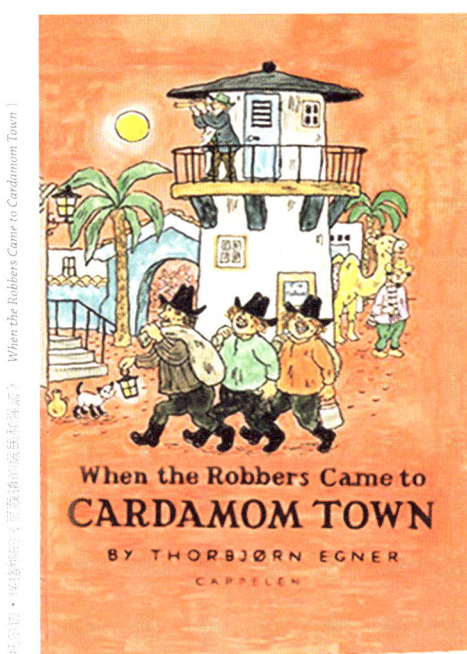

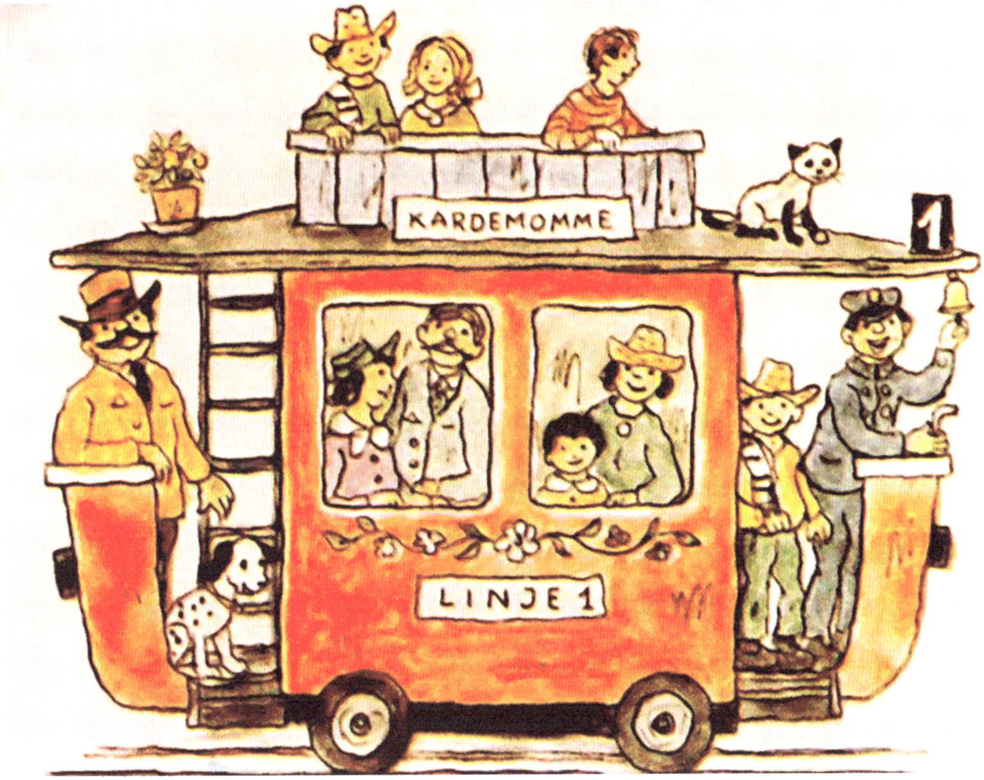

"你们投不投降？"香肠店老板问。

强盗们考虑了一会儿。

"我们投降吗？"贾斯佩说。

"假如你们再给我三块姜糖面包，我们就投降。"乐纳丹说。

埃格纳笔下的一切社会活动都带有浓厚的儿童游戏特征，强盗只像是淘气的孩子而已。他将现实生活理想化、游戏化，创造出了一个亦真亦幻的乌托邦似的豆蔻镇。

既然立足于现实生活，北欧童话也不吝展现这个世界悲惨的一面。在安徒生著名的童话中，卖火柴的小女孩最终还是带着美好的愿望，冻死在了雪夜的街头。

安徒生出生在小镇上的一个贫苦家庭，父亲是鞋匠，母亲是洗衣女工。他在早期作品里塑造了许多正面的小人物，歌颂他们的勤劳、勇敢、坚强的毅力、克服困难的决心，比如那个令人印象深刻的"变成一颗小小的锡心"的深情小锡兵。

安徒生的中后期作品，转而描写普鲁士和丹麦的战争带给广大下层人民的灾难，大团圆的结局被频繁的死亡景象取代，主人公是生活在社会底层的小人物，他们丧失希望，最后孤独寂寞地悲惨死去，比如《柳树下的梦》中的鞋匠克努得、《单身汉的睡帽》中的老单身汉。

自由的童话

到了现代，瑞典在"二战"后对历史进行了反思，开始批判瑞典当局曾经推行的绝对服从权威的教育思想，指出这种教育侵犯了儿童的独立人格，容易使他们产生压抑和自卑感。这一时期，林格伦写出了《长袜子皮皮》，这部带有革命性意义的作品，为战后瑞典"自由儿童教育思想"的形成创造了良好的社会环境。

林格伦生于瑞典斯莫兰省的一个贫穷农民家庭，年轻时远离家乡到斯德哥尔摩谋生。她笔下的长袜子皮皮，不像古典童话中的女主角那样端庄美丽，甚至没有男权社会中"女孩子"的人设。皮皮一点儿也不漂亮，她长着一张大嘴巴，满脸雀斑，衣着邋遢，古怪淘气，但这个胆子大、崇尚自由、神勇无比的女孩"可以举起一匹马，打败强壮的大力士，教训凶狠

的强盗，还可以毫不费力地把鲨鱼抛向远处。她有花不完的金币，买糖果分给大家，她十分善良，对人热情……"。这样的皮皮不是现实世界中的小姑娘，然而她又是真实的。这部作品鼓励了很多孩子做真实的自己，所以当你遇到不那么循规蹈矩的北欧孩子，可能就遇到了一个真实的"皮皮"。

当代北欧童话作家还努力给孩子们更广阔的视角。挪威作家艾米·萨默菲尔德的作品多描写各国儿童及挪威外来移民儿童的困境。《通往阿格拉的路》是一个贫穷的印度男孩的冒险故事，男孩带着年幼的盲妹妹到阿格拉旅行，希望能在那里治好妹妹的眼疾。《恐怖的夜晚》讲的是意大利移民家庭试图融入挪威某居民社区时遇到的困难，小主人公内心与环境的冲突被细腻地描绘了出来。

随着北欧逐渐成为一个多元化的移民社会，"皮皮"们必将结交更多不同的朋友。如果你带着孩子去北欧旅行，不如去社区游乐场，让他们也做一天"皮皮"的朋友吧。

蒙克：挪威森林的隐喻

北欧人血液中最深层的忧虑

焦宁南

焦宁南，青年艺术家，主要创作媒介为摄影，曾多次参加国内外艺术展。
随机旅行，不走寻常路。

生命在向我召唤，

夏夜就在两个月后。

——摘自蒙克私人笔记

2017年，我在蒙克美术馆正好遇到了"面朝森林"（*Towards The Forest*）特别展览。我站在这幅同名版画前，仿佛时间定格了几分钟，感觉自己就是这两个互相搀扶着的人中的一个，又好像这两个人原本就是同一个人。我就这样一边看着，一边慢慢地走进了画中的静谧森林。

这就是挪威的森林，是爱德华·蒙克笔下看似冷酷的外部世界，而他的内心世界从未平静。他曾说："我要描绘的是那种触动我心灵之眼的线条和色彩。我不是画我所见到的东西，而是画我所经历的东西。"

通往北方之路

挪威的森林，是我对北欧这片遥远土地的最初幻想，而挪威的松恩峡湾成了实现这份幻想的第一站。这是世界上最长最深的峡湾，群山中森林茂密，瀑布壮美，河水在峡谷间川流不息，不时还能看见小木屋散落在山林间，如同童话世界。

"挪威"（Norway）一词意为"通往北方之路"。挪威国土南北狭长，西部海岸线曲折。从南部的奥斯陆峡湾，到北部的瓦伦格峡湾，其中有数不清的曲折峡湾、冰河遗迹和点缀其间的大片森林，构成了挪威的壮阔风光。

挪威首都奥斯陆被大海和层层森林包围，森林和山间镶嵌着大小湖泊。

奥斯陆虽然是一座现代化城市，却少见摩天大楼，街区建筑和公共场所中的雕塑都极具特色，各类艺术馆、博物馆众多，街上的行人看起来也十分悠闲自得。

2015年我初到奥斯陆时，感觉大街上的人"面色冷漠"。一位在奥斯陆建筑与设计学院留学的朋友说，挪威人性格含蓄，不擅言谈，更不会主动与人交流，除非你表达了自己需要帮助。他带我参观学校，虽然已经是晚上，但教学楼里所有人都在埋头制作自己的建筑模型，几乎没有同学跟他打招呼，甚至没人对我们这些不速之客多看一眼。

不知是否因为每年冬季的日照时间太短，又或是北欧人际关系疏离，这个高福利、低生存压力的国家却有着高自杀率，居民带给人沉闷抑郁的印象。在表现精神痛苦方面，可能没别的艺术家能像蒙克这样淋漓尽致了。在他的作品里，有着北欧人血液中最深层的忧虑。

冷漠是蒙克笔下人物的招牌表情，其中比较著名的有他1888年的画作《坐在摇椅上的凯伦姑姑》（Karen Bjølstad），画中人整理得一丝不乱的头发和含蓄内敛的神情，是典型的"挪威式仪态"。而另一幅创作于1892年的油画《卡尔·约翰大街的夜晚》（Evening on Karl John），则呈现出一种集体的冷漠。昏暗的傍晚，暗蓝色的天空上挂着稀疏的血红色云彩，街道四周的房屋也被染红，一条看不见尽头的路，近处只有黑压压的人群和他们面无表情的苍白面孔。

我曾在画中的卡尔·约翰大街散步，这是奥斯陆的一条主干道，连接中央火车站和王宫，街道两侧集中了许多挪威的重要机构，如国会大厦、国家大剧院以及奥斯陆大学等。自19世纪后半叶起，艺术家和画廊也开始聚集到了这条街道上，挪威国家美术馆也在附近。蒙克生活在城市的核心街道上，创作出的却是冷漠压抑的画作。在这幅画中，人群右边，有个形单影只、孤独离去的背影，很有可能就是蒙克的自身写照。

呐 喊

蒙克的生活里充满了孤独和不幸。他5岁时母亲因肺结核去世，14岁时他最喜欢的姐姐苏菲也去世了，妹妹劳拉则常年饱受精神疾病的折磨。蒙克的父亲是虔诚的基督徒，丧妻后患上了抑郁症，不断向子女灌输对地

狱的恐惧——如果生前犯有罪孽，死后就注定会下地狱。蒙克 26 岁时，父亲也离开了人世。亲人的相继去世，使蒙克变得忧郁和绝望，他说"疾病与发疯是守护我摇篮的黑天使"，称自己是"被死亡和疯癫追随的人"。

画笔成了蒙克内心情感的出口。在 1893 至 1910 年间，他创作了自己最重要的代表作《呐喊》（*Skrik*）：一个站在桥上的男人惊恐地大张着嘴，仿佛看到了什么可怕的事情，远处是像红色波浪一样的天空，与纠结在一起的海峡和道路。

蒙克曾在 1892 年 1 月 22 日的笔记中写道："我和两个朋友沿路走着，夕阳要落下了，我感到一丝忧伤的气息，天空突然变得如血液一样鲜红。我停下脚步，倚靠在栏杆上，极度的疲劳让我快要死去，焰火似的天空仿佛是一把血红的剑，峡湾和城市是蓝黑色的。朋友们继续走着，我被留了下来，站在原地，恐惧得战栗，我感到自然中传来一声可怕的永恒的呐喊。"

《呐喊》共有四个版本，其中 1895 年的纸板粉彩画被私人收藏，我在奥斯陆找到了其余三个版本：1893 年的蜡笔画版本和 1910 年的蛋彩画版本被藏于蒙克美术馆，1893 年的纸板蛋彩画版本最为著名，被藏于奥斯陆国家美术馆。

如果你在美术馆里欣赏完《呐喊》后还意犹未尽，可以乘电车前往蒙克当年描绘这幅画的地点——埃克贝格（Ekeberg），画中的桥可能是埃克

《呐喊》，爱德华·蒙克，蛋彩画·蜡笔·画板，1893年

  贝格山上的一条名为威尔豪韦恩（Valhallveien）的路。蒙克当时住在北滩岛（Nordstrand），他一定曾路过这里很多次。埃克贝格位于奥斯陆东南方的一个山丘上，由于地势较高，从这里可以向西俯瞰奥斯陆峡湾。埃克贝格多次出现在18世纪末的画作里，在19世纪90年代又被印在了明信片上。

  如果足够幸运，你还能在那里看到十分罕见的自然景象——"珠母云"。奥斯陆的地理学家莫瑞认为，蒙克当年很可能目睹了这种天气现象，从中得到创作灵感。这种云彩只出现在黄昏，且需要极低温、高海拔以及有一定湿度的条件，呈现为稀薄的、蠕动的、颜色绚丽的波浪状云朵。如果你有幸遇到，千万别忘了用手堵住耳朵摆个"呐喊"的造型留影。

挪 威 森 林

蒙克充满不幸的一生,如同他的绘画,有着对外无声的疯狂呐喊,也有着静谧幽暗的内心森林。

1908年,蒙克结束精神治疗回到挪威。他开始沿着南部海岸旅行,并继续绘画创作。在治疗期间,他曾思考过存在主义的哲学问题:通过身体和灵魂的净化,能否证明他已经"把自己抹去了",并成为一个真正的画家?

次年夏天,蒙克在距离奥斯陆194千米的南部小镇克拉格勒(Kragerø)租了一处叫斯克鲁本(Skrubben)的房产。这是座美丽的临海小镇,有森林、峡湾和岛屿,虽然没有什么沙滩,却有着湛蓝的水面。蒙克一下就爱上了这里,并称这里为"沿海小镇中的珍珠"。

自那以后,蒙克的绘画更多地表现出对大自然的兴趣,作品变得更富有色彩。1910至1911年间他为奥斯陆大学礼堂创作的现实主义壁画《太阳》(The Sun,又名"晨曦")明显受到了克拉格勒峡湾美景的启发,画面中展现的是一派明亮的海湾景观。开阔的画面上,耀眼的太阳绽放出明媚的光芒。他在这一时期创作的其他风景作品中也运用了相似的表现方式,创作素材也往往取自克拉格勒和维兹顿(Hvitsten)周边的海滨与森林。

森林，是蒙克绘画中反复出现的元素。他在1897年创作了《面朝森林》，画面中描绘的是一对相互搀扶的男女背影，女子裸体，两人一起面对着幽谧的森林。1915年，蒙克又创作了一幅《面朝森林2》，女人身着白色连衣裙，头发火红，而身旁的男人则漆黑得像个阴影，他们的面前仍旧是一片巨大无边的森林，让人备感压抑——也许这是因为蒙克的爱情都充满了争执和绝望，没有一次能开花结果。

不知是不是受到了蒙克绘画的启发，甲壳虫乐队（The Beatles）创作了一首歌曲《挪威的森林》（Norwegian Wood），这首歌因其静谧、忧伤、又令人沉醉的旋律传遍了世界。歌词大意是：男孩在梦中感觉女朋友的房间像挪威的森林一样神秘、无边无际，醒来却发现房间空空的，不见了女友的身影，房间像森林一样孤寂，男孩在茂密的森林深处彷徨。

随后日本小说家村上春树在旅欧期间写下了长篇小说《挪威的森林》，讲述了一个发生在日本的爱情故事，描绘了城市中一群失去了精神家园而陷入绝望虚无的人。他提出了一个永恒的话题：个人如何在自我与外部环境间达成一种平衡。

挪威的森林究竟在哪里？是在奥斯陆的城外，是在松恩峡湾，还是在文学作品里？或许对我们而言，到处都是挪威的森林——即使身处城市和人群之中，我们的精神依然迷失在森林里。

也许受这种"内心森林"意象的影响，蒙克美术馆特别邀请挪威著名小说家克瑙斯高（Knausgård）策划了"面朝森林"2017特别展。展览展出了100多幅油画和30件图像作品，许多作品是首次公开展示。克瑙斯高在展览前言里写道："对于蒙克，森林不仅意味着结束，同时也是一个开始，蒙克的艺术一直是关于人际关系的，关注的是自己与他人的关系。"

我走进了这场展览。展览的第一个部分是关于外部世界的，画中充满了阳光，人物出现在公园和花园中。随着观众在展厅中移动，人物从画面中消失，徒留下空白的风景。从这部分开始，观众随着画作从外部世界进入了内部世界，展示的画面也开始变得混乱和不完整，布满了划痕。展览的最后一部分再次回到外部世界，整个展厅里充满了人物的肖像。

克瑙斯高这样说："我想通过展览的布局和作品的挑选向人们展现这些蒙克不为人知的作品，因为我相信这种新的观看经历会让观众重新认知蒙克，这位画家从未找到内心的平静，而且永不过时。"

对蒙克而言，他者就是外部世界，他始终在试图融入又逃离人群，就像一个无止境的循环。但无论如何他从来没有放弃过绘画、放弃过表达。他在自己的私人笔记中这样写道：

我的艺术必须被当成与我沉重的遗传背景相悖的东西来看——
我从母亲那儿遗传了肺结核，从父亲那儿遗传了精神病，
我的艺术是一种自我坦白或表露。
通过它我试图证明整个世界与我自己是基于一个关键词——
ego（自我），一种自我主义。
然而与此同时，我也一向认为，
我的艺术可能有助于别人理解对心智健全的求索。Ⓜ

北欧荒原

山巅缝隙里，周而复始的生命

极光是脾气暴躁的猎人

北极圈内的天鹅、星痕与萨米人

叶梓颐

天文摄影师，多次前往北欧拍摄日全食、极光等天文现象。TWAN（夜晚世界）国际摄影大赛一等奖得主，格林尼治天文台年度摄影师。

在这里，你可以感受午夜12点的阳光，也可以在中午12点的一片漆黑中欣赏漫天繁星。关于时间的概念在这里被打碎扭曲，如此魔幻的奇怪场景大概只有身处北极圈内的居民才能感受到。

第一次去挪威是在2015年3月，起初并不是缘于我对这个国家的憧憬，而是一种冥冥之中的巧合——作为一位天文爱好者，2015年在北极斯瓦尔巴群岛的日全食对我具有相当的诱惑力。

踌躇再三，我终于下定决心，经过挪威大陆去往这深处北极圈内、地球最北端的人类居住地。在出发前，我已经做好了最坏的打算：多变的天气可能会让我所有计划和努力泡汤。好在这片土地似乎和我特别投缘，从第一次踏上它开始，我就被幸运之神眷顾：不仅看到了北极圈50万年一次的发生在春分点的日全食，还赶上了十年一遇的极光大爆发。

清新凛冽的空气是北欧给我们的第一声问候，越靠近北极圈你越会发现，那看似永无止境的黑夜与头顶的极光让这里的天空无比绚烂。在"没有夜晚"的仲夏里人们肆意地狂欢嬉笑着，破碎的海岸线和北大西洋暖流为这里带来了世界上最好的水产，这些不寻常的地理因素也造就了当地人与外界迥异的文化和生活习惯。

大熊星座的海洋

与南极大陆不同，北极地区是一片汪洋。所以只要是进入北极圈内，就算是进入北极了。北冰洋在希腊语中意为"大熊星座的海洋"，这是多么贴切又浪漫的名字。我们熟知的北斗七星就是大熊星座的一部分，把北斗七星"斗"前的两颗星连接起来，顺着"斗口"方向延长"斗柄"五倍的距离就可以找到北极星了。北极星的高度与观测地的纬度成正比，也就是说如果你从低纬度地区向高纬度行进，就会发现北极星在夜空中的位置会慢慢由靠近地平线处升到头顶。

北极一直只是个存在于地理课本中的区域，我从没有想过有一天自己会亲身前往。除了课本，关于北极的零星信息来自我在挪威留学的朋友。他说在每年寒冷黑暗的极夜，人们都会凑在一起玩各种游戏，输了的人会喝很多酒直到不省人事，醒来时会发现窗外漆黑的光景和睡前没什么差别。

我也听说过很多传闻：北欧人民在没有阳光的日子里会心情抑郁，甚至需要去别的国家接受日光治疗。在第二次前往北极地区的时候，我特地问了租车公司的工作人员有关极夜的事。这位新员工说着带浓重口音的英语，攀谈后我知道她来自罗马尼亚，三年前随着丈夫移居冰岛。"那你在极夜的环境下不会觉得不开心或抑郁吗？"10月的冰岛，下午5点天就黑了，整个租车公司里只有我一个人，我捧着一杯热水和这位女士聊了起来。她摇了摇头说："那些觉得抑郁的人可能本身就比较孤独吧。我觉得极夜很好，我们有电灯，还可以跟我的孩子们在一起。"她顿了顿，"反而是极昼，那才叫难受。天那么亮，不拉窗帘的话根本就睡不着觉啊。"

2015年3月20日这一天，北极点迎来了漫长极夜后第一个昼夜平分的春分日。这一天似乎有点儿不同，至少对于当时的我来说，是个改变人生轨迹的大日子。在3月20日上午9点，我在地球上离北极点最近的城市朗伊尔城第一次成功观测了日全食——在此之前我已经有过两次因为阴天观测日全食失败的经历了。

2015年的"日全食带"只穿过了北极的两片小岛：斯瓦尔巴群岛和法罗群岛。想要看到日全食，必须亲自前往极圈内才有可能。像此前两次日全食之旅一样，为了这两分钟的黑日奇观，我跟着月球的影子来到了这里。原本游客寥寥的小岛上一下子挤满了前来看日全食的人，酒店和机票早在一年前就十分紧张。我也是偶然间才订到了一家评价不怎么样的青年旅舍中的床位，这间平日无人问津的旅社在日全食期间住宿费用竟然达到了一万人民币一晚。如果不是斯瓦尔巴群岛上的北极熊比人还要多，我可

能真的要考虑在野外露营了。就在日全食发生的几天前,还有一位露营地的游客受到了北极熊的攻击险些丧命。

每天都有飞机往返于挪威首都奥斯陆和斯瓦尔巴群岛的首府朗伊尔城。与其说这里是个城,不如说是一个小村庄。朗伊尔城内的核心区域远没有我想象的寂寥,餐馆超市里必需品应有尽有,还有博物馆和研究所。然而一旦出了城,北极圈就还原了它的真实面目。站在逐渐融化的冰壳上面,你能听到脚下的冰逐渐开裂的声音,仿佛悬浮在了北冰洋之上。除了冰裂和刮风的声音外,是一片可怖的寂静,仿佛这苍茫的世界上只有你一个人,身处在这地球的最顶点。

此时的朗伊尔城逐渐脱离了极夜的笼罩,但日照高度依旧很低,哪怕是正午时分,太阳的高度也像是北京黄昏时的样子,这样温和的阳光给这里的一切都附上了一层金光。无论是远处乘坐狗拉雪橇的游客还是近处自己脚底掀起的飞雪,都是那么神圣而美丽。到了真正的日落时分,远处的

云变成了我从来没见过的粉红色，持续了好久才消失。

真正特别的就是日全食那一天，在这样不同寻常的自然环境下目睹宇宙的奇迹。在太阳系中，地球是唯一能看到日全食的行星，虽然其他行星上也有日食，月球将太阳完全遮挡住的情况，只在地球上才会出现。相信我，这一刻与教科书上的描述都不同，只有你亲身体验了才会明白。

我曾经梦见过很多次日全食，但当我真正看到它的时候，才发现自己对于自然界的所有幻想都不足以还原这一奇妙的瞬间。我站在那片冰原上，阳光慢慢暗淡了下来，天像被撕开了一个洞，又像上帝睁开了眼在注视着我。太阳完全被侵蚀的那一刹那，一束日冕怒流迸裂而出，日珥在不停地涌动，它们是太阳猩红色的舌头，像怪兽一样贪婪地舔舐着天空。

万年冰雪覆盖的山尖染上了金色的暮光，群星重现。在日全食的两分半钟里，周围的一切仿佛都消失了，对宇宙而言，人类社会中的一切都显得渺小。然后一瞬间，天空再度亮起，就像什么都没有发生过。

那两分半钟的时间像是凝固了，我好像只度过了一秒。

极光是脾气暴躁的猎人

当你抵达高纬度地区时，头顶上等待你的除了高悬的北斗七星和北极星，还有曼妙的"天空之火"——极光。

极光是太阳活动喷发的高能粒子束受到地磁场吸引，进入大气层内与各元素发生电离反应时的一种现象。极光的特征为只在夜间出现，绝不在白天发生，天空越黑，其光亮越强。在北欧神话故事中，关于极光的传说有很多种，《北欧神话》认为极光是冬神乌勒尔发出的，《埃达》称极光是女神吉尔达的容光，照亮北方天空。

最近"极光游"突然变得格外火热，关于极光的奇怪新闻也频频出现：中国游客因为没看到极光把芬兰导游打了，在漠河甚至是山西也能看到极光了……虽然是小道消息或无稽之谈，但也足以证明人们是多么喜欢极光这种神奇的天文现象。

作为看过好几次极光大爆发的幸运儿，我能看到极光除了运气好外，也凭借着一点儿计划和科学知识。首先，只有高磁纬地区才能看到极光，不幸的是，即便漠河是中国领土的最北端，但纬度仍位于俄罗斯以南。而且，

地球的磁极和地轴两极并不重合，磁极更偏向于西半球，所以漠河的磁纬比西半球相同纬度的地区还要低一些，看到极光的概率更小，肉眼看到极光更是难上加难。

这里给大家推荐几个适合观测极光的地方：挪威的特罗姆瑟，瑞典的阿比斯库，冰岛全境，俄罗斯的摩尔曼斯克，加拿大的黄刀等。

那么，极光到底是什么样子的呢？不在爆发期的极光看起来像是一片静止不动的绿云，但是如果赶上了中等强度的极光，便会是漫天飞霞的极致美景。我有一次在冰岛遇到了极光大爆发，旁边的人有的惊叫有的跪在地上祈祷，那是超乎想象的、来自太阳的问候。

爆发的极光类似远处的火焰，有时还能看到喷至空中移动着的"尖头"。当"火焰"在极高处达到最亮状态时，户外活动十分方便，甚至可以在夜间捕猎。居住在拉普兰地区的萨米人曾靠狩猎和养殖驯鹿为生，他们认为极光是"脾气暴躁的猎人"，携带斧头飞越天空，如果有人嘲笑就会杀了他。

因此，萨米老人经常嘱咐后辈，不得在明亮的极光下拉动雪橇的钟铃，或发出不必要的声音。

　　说到萨米人，他们与中国的鄂温克族人有几分相似，都以养殖驯鹿为生，且有一部分人信奉萨满教。作为北欧地区的原住民，他们的长相中有一丝亚洲人的影子。这支由俄罗斯、欧洲大陆迁移至此的冰雪民族主要居住于挪威的北部，他们有自己的服饰传统、自己的歌谣和民族认同感。

　　我的第二次挪威之旅是应海达路德邮轮的邀请，因为有当地人的陪同，这趟旅程让我有更多的机会解决心中的疑问。其中有一位工作人员的祖母是萨米人，另一位则是维京人的后裔。在自我介绍时他们特地"现身说法"比较了两个民族的不同点。相比起来，有萨米血统的工作人员个子稍矮一些，颧骨更高，亚洲人的特点更为突出……这让我想起了一部电影《萨米人》（也译作《萨米之血》）里的情节。电影讲述了"二战"期间欧洲种族论盛行，生活方式较为原始落后的萨米人被认为是劣等民族。甚至有"科学研究"表明萨米人的脑子不够发达，只能生活在高纬度地区，否则就会死。在电影中，以女主角为代表的萨米族孩子被送去学习瑞典语，代表优势文化的瑞典白人用尺子丈量他们的脸、鼻子和嘴，最后还强迫萨米孩子脱光衣服照相存档。萨米人的歌谣被称为"为了召唤牲口而编成的吵闹噪声"，瑞典人形容他们为"浑身散发着驯鹿臭味的拉普兰人"，这不禁让我想起纳粹对犹太人的种族隔离和歧视。

　　好在现在各个国家越来越重视土著的利益和现状，无论是美国的印第安人还是新西兰的毛利人，各国政府都在保护这些土著的文化和族群。现在，拉普兰地区还有一些手工艺人，坚持用萨米人和维京人最传统的手艺制作民族服装，这些当地人的文化也被开发成了北欧独特的旅游资源。

　　那次日全食之旅后，我前往北欧的次数越来越多，北极地区在我脑中的形象更加丰满起来。在冰岛，可以在黑沙滩海岸边冲浪；在挪威，百年建筑和现代商铺完美结合。每当有朋友让我推荐旅行地时，我一般会首先推荐北极地区的几个国家，因为那里最能颠覆你的固有认知。我认为这才是旅行的意义，是一次颠覆、重建、接纳的过程，不是走马观花买买东西那么简单。☺

"恶魔之舌"的诱惑

挪威峡湾徒步之旅

蒋立煌

户外爱好者，曾旅居过丹麦、瑞典、挪威，目前的身份是北欧跨足球、与挪威小伙唠着流畅的发展史，最有趣的经历是翻山越岭登上挪威的"恶魔之舌"。

听向导说，挪威人小时候就经常跟着父辈去户外探险，父辈鼓励他们勇敢去山野面对挑战——不是来自大自然的挑战，而是来自内心的挑战。

我们一行四人本来是冲着生蚝、三文鱼来的北欧，然而在见识了挪威的神奇风貌，特别是峡湾中的"恶魔之舌"后，"腐败"之旅最终变成了"自虐"之行。

"恶魔之舌"的挪威语叫"Trolltunga"，"tunga"是挪威语中"舌头"的意思，"Troll"则是斯堪的纳维亚神话中有名的巨怪，在挪威当地更多被称为山妖，所以"恶魔之舌"也叫"山妖之舌"。这块独一无二的岩石成形于冰河时期，位于哈当厄尔峡湾的悬崖上，由冰川腐蚀、山体断裂而成，远远望去就像山上的狰狞巨怪伸出了长长的舌头，加之观景路程险峻艰难，"恶魔之舌"由此得名。置身其上可以眺览挪威峡湾的壮美山海景色，感觉惊险又富有视觉冲击力。但这种惊心动魄的美并非轻易就可以获得，来访者需要往返徒步23公里，翻越几个山头，经历身心的极限挑战。

我们探访的时机正值5月，山上竟然还有积雪，一路非常艰辛，但最后踏上岩石那一刻，不由得血脉偾张，情绪澎涌，让人忍不住想摆出豪迈姿势指点江山。那一刻，长达12个小时的雪山徒步之行所带来的疲惫绝望瞬间被一扫而空，觉得就算再来一遍也是值得的。

自驾者的天堂

探访"恶魔之舌"，是从卑尔根出发的。卑尔根位于北欧西海岸峡湾线上,是斯堪的纳维亚半岛历史上著名的港口和贸易中心。卑尔根还是挪威的第二大城市,但实际面积并不大,加之中世纪文化沉淀,使之更像一个充满北欧历史风情的港口小镇。

我们抵达卑尔根时已经是深夜12点多,纵使我对卑尔根厚重的中世纪文化历史十分有兴趣,但本次行程旨在探访"恶魔之舌",没有太多时间在此流连。在机场酒店住了一晚之后,第二天早晨9点我们便匆匆驾车前往"恶魔之舌"附近的小镇:奥达。

挪威的公路由于地理原因,车道很窄,多为双向两车道,而且弯道多、隧道也多,看起来不利于驾车。出发前与酒店的一个挪威小伙闲聊,他听了我的担心,以老司机的口气跟我说:"在挪威开车,除了要注意可能会

窜出的野生动物外，其他的只需要敞开享受。"真正出发后，我发现确实如他所述，道路平整，几乎没有干扰因素，路上车辆不多并且行驶有序，难怪挪威被称为自驾者的天堂。

当然，这里能被称为自驾天堂不只是因为路况好。挪威的公路干道很多都建在峡湾边，沿途的峡湾景色不仅宏伟壮美还十分多样：有壮阔神奇的海峡峭壁，也有广袤神秘的挪威森林；有时会有瀑布在身边突现，倾泻而下，有时则是傍海而建的北欧五彩木屋，连绵于侧。似乎前方道路的拐角处，有北欧诸神在悄悄为你布置重重美景，而你永远猜不到下一个惊喜是什么。老派的文人可能会用长篇辞藻把这种美妙感受形容为与一位曼妙而羞涩的姑娘共处时的探索过程，而作为互联网时代新青年的我，此刻只想说：文人们说得真对啊！

登山是来自内心的挑战

从卑尔根到奥达的路程并不长，只有 190 千米，但是由于途中景色实在太撩人，我们兜兜转转花了近 4 个小时才到达奥达。由于突降阵雨，我们临时在奥达休整了一晚，第二天一早才赶往行程的起点 Skjeggedal（谢格达尔）访客中心：这里是游客的集散地，也是去往"恶魔之舌"的出发地。

我们原本的计划是选择最刺激的"骑行 + 攀岩 + 徒步"线路，但到达时发现，攀岩线路已经被停用。通过与营地的店员交流得知，因为攀岩相关设备会破坏当地的自然环境，并且还有危险性，所以已经被拆除了。为了保护自然而减少收费项目，这一点儿都不令我们感到意外——当你身处挪威，完全能够真切体会到人们对大自然的尊重。政府尽量减少开发，让自然保持原生态，甚至建立一个官方的旅游指导机构，去教会人们在旅途中尊重自然、尊重周围的一切，大家也会自觉遵守规则。正是有这种全民性的自律支撑，挪威的环境竞争力才在世界排名靠前。青山绿水、蓝天碧海就是大自然给予人们自律的慷慨回馈。

既然不能攀岩，我们的行程就改为了最经典的全程徒步。据当地人说，五月的气候并不适宜单独徒步上山，因为此时山上的冰川没有完全融化，还有不少积雪，徒步存在一定危险。考虑到安全问题，我们听从建议雇用了向导带队。实际体验后，我觉得这个季节恰能让人体验到峡湾山脉更多的风情,因为此时气候由冷转暖,山上气温有层次的转变,景色也随之变化。上山之路因此也可以分为三段:第一段是1千米的树林陡坡,坡度很大,海拔快速升高,徒步大约需要花费一个小时,个人感觉这段是最消耗体能和意志的,我们的向导说在这一段放弃的人是最多的;第二段是大约4千米的乱石山路,这里积雪已化,流水潺潺,山峦起伏,行进难度不大,但积水很多;第三段是冰川路段,温度下降,积雪皑皑,湿滑的山路比较难走,对意志力是考验,但此时山下的峡湾已经从若隐若现变成一览无遗,是美丽与惊险兼具的经典路段。

这样的三段行程对于没有徒步经验的游人是具有一定挑战性的,需要你对肌肉耐力、意志力有准确的预判,并做好行前准备。这时必须递上最诚恳而实际的小建议:上山时一定要记得带两根登山杖,另外山上紫外线强,防晒必须到位。最近,第一段爬坡路段已经被开发成平整的U型道,距离变长,但是行走坡度变缓,减少了你中途放弃的可能性。

在徒步方面,欧美人显然比我们更有经验。我们在返程下山时膝盖疼得厉害,同行的一个小胖子从一开始就喊着要放弃,还有一位因为食物没带足,饿得头昏眼花,而在同行的欧美人中,我没看到有一个出现状况的。

早就听闻了北欧人对户外徒步的喜爱,但途中所见还是震撼到了我。除了背着大行囊上山野营的标准户外族,我们还碰到抱着小婴儿的年轻夫妻,互相扶持的老先生老太太,还有溜着小狗的姑娘……户外徒步仿佛已经是他们生活中的日常。我们的向导小伙子说他挪威人小时候就经常跟着父辈去户外野营、探险,父辈鼓励他们勇敢去户外山野面对挑战——不是来自大自然的挑战,而是来自内心的挑战。他们就是这样被父辈教育、培养、引导着,去成为一个个独立、勇敢、乐观的个体。行至一处乱石块搭建成的废弃营地时,向导骄傲地介绍说他曾经来这里挑战,一连住了好几天。另外一位向导"拆台"笑道:"嗯,是的,但你忘了说,是和姑娘一起。"

"恶魔之舌"

终于到了!

行进大约6个小时,翻过一座山头后,便来到了位于峡湾拐角处的一片相对平整的山崖,海拔大约1100米。一块巨大、尖锐的神奇岩石从山崖

延伸而出，毫无预兆地出现在我们眼前。

  一路上多次想象过亲历"恶魔之舌"的感觉，场面会是酷炫、浪漫，还是魔幻？我会不会不敢站上岩石？就像赴约的路上憧憬未曾谋面的相亲对象那样激动而忐忑。但当我真正登上岩石之后，发现画风其实很清奇——原来这位"相亲对象"不但俊美，还是个谐星。我看到全球各地的旅行者，竭尽想象地在这个海拔一千多米的露天摄影棚上，拗出或搞笑或惊险的造型，男女老少千姿百态，让人忍俊不禁，似乎他们都忘记了自己所站之处是一块毫无防护的险峻山岩！

  天公作美，前一天还是阴雨天，当天却变得十分晴朗，能见度高，是赏景的最佳天气，连向导小哥都说我们的运气非常好。遗憾的是考虑到徒步负重，我没有带广角镜头和三脚架上山，没能把这里"一览众山小"的景色定格成全景高清相片保存，但能亲眼看过、切身感受，已是此生难忘。

  由于回程还有11千米的路途，目睹了"恶魔之舌"的风采后，我们没有过久地停留，很快就动身下山。老话说上山容易下山难，下雪山则是难上加难。我们的下山过程简直是连滚带爬，窘态频显，但好在天黑之前安全到达了山脚，"恶魔之舌"探访之旅就此结束。

75 岁去运动

北欧户外运动精神

张海律

环球旅行者、户外运动爱好者，足迹遍布各大国际电影节、音乐节、滑雪场、潜水点。曾在丹麦过圣诞节，在芬兰越野滑雪，接下来的计划是在挪威峡湾徒步旅行。

在北欧这片土地上，除了冰岛冻土上的苔原，最有生命力的，恐怕就是生生不息、运动不止的北欧人了。

在我的印象中，北欧人是沉默而高冷的，对个人空间有着强烈的防卫欲。如果想撬开他们的金口，就得和他们一起去蒸桑拿或是去重金属音乐现场，若是还想进一步接触，就得同去户外运动了。原本极度害怕与人接触的他们，在越野滑雪时会对你穷追不舍，到了真正的比赛现场，在好胜心支配下，他们巴不得把你直接按趴在地——哪怕是 75 岁以上的老人。可以说，运动是北欧人的终身信仰，用以对抗年复一年漫长而沉闷的冬季，并以此不遗余力地享受短暂而珍贵的夏天。

越老越想赢

我第一次到北欧，是为了看一场"业余运动会"。

Axel（阿克塞尔）以 0.04 厘米的差距输掉了跳远比赛，他背着包跟跄地走到积雪未融的公交站前。1.76 米，这与他的报名成绩 2.5 米相差太多。不过，这个"糟糕成绩"的制造者是一位 91 岁的挪威老头，击败他的那位对手，则是主场作战的 94 岁芬兰选手 Ilmari（伊尔马里）。

我现在还能记起站在 Axel 身边的感觉，我们在公交车站等了一会儿，有些冷，有些沉默。芬兰的 4 月还算不上是春天，积雪未融，湖面也没有解冻，不过这并没有影响人们从各国赶来参赛的热情。我也是跨越了半个地球，专程来到芬兰中部城市于韦斯屈莱（Jyväskylä），观看这场 2012 年世界大

师田径锦标赛（World Master Athletes，以下简称 WMA）的。

WMA 是一场针对业余运动员举办的田径赛事，报名年龄的下限为 35 岁，上不封顶，每年在全球城市轮换举办，一年室内一年室外。说起来，我也是一时兴起来看了这样一场"业余"的赛事。2011 年，我看了一部纪录片《金秋：与时间赛跑》（*Herbstgold*），讲述了 5 位 80 岁以上的老人积极备战 WMA 的故事。那些在观众看来能够参赛已属精神可嘉的高龄选手，内心深处却也和年轻人一样争强好斗，哪怕对手只有一两个，也会彼此不服。颁奖台上颤颤巍巍地站着两个百岁老人，输家恶狠狠地瞪了一眼第一名的领奖台，赢家却在感慨："我 3 年没有女人了。"

这部猎奇又励志的纪录片让人兴奋不已，我当时就决定去看看这场被我命名为"世界老年田径锦标赛"的赛事。

比赛头几天，在赛事主办方组织的一场民俗故事分享晚宴上，我就留意到了这位挪威老头 Axel。故事是用英语讲述的，耳背或不懂英语的老人，有陪同的子女帮忙传译，而 Axel 孤零零地坐在椅子上，炯炯放光的眼神说明他已沉浸在故事里，看来英文水平不错。后来他跟我说，75 岁那年，自

已开始了规律的体育生活，每早 7 点 30 分起床，在住所 3 千米的范围内骑车。而针对 WMA 的项目，他给自己定下了每周两次的训练任务——铅球、铁饼、跳高、标枪、链球、跳远。作为一名业余运动员，Axel 曾多次夺冠。

这次输掉比赛后，临近午饭时间，Axel 的牙齿疼了起来，他连忙吞下一颗止疼片："有时我牙疼得脑涨，但今天的失利并非因为这个啊。"

当天晚上，我在酒店的桑拿房里，碰到了战胜挪威老头 Axel 的芬兰老头 Ilmari。对于"冷漠"的芬兰人而言，桑拿房是和陌生人聊天的最佳场所。不等我去套近乎，芬兰人已经从对你家乡的好奇聊到自己的感情史了。经另一位芬兰年轻人翻译，我又收获了一个积极的人生故事。

主场作战的 Ilmari 刚给自己的三个孩子打了电话，告诉他们自己赢得了 60 米短跑和跳远金牌的喜讯，又迫不及待地跟朋友们分享。这位 94 岁的老人，仅比他 1917 年底建国独立的祖国年轻一个月。他 22 岁那年，苏芬战争爆发，几乎在所有兵种服过役的 Ilmari 踩着滑雪板，在密林中神出鬼没，让敌人吃尽了苦头。"二战"后，他成了一名地理测绘员，继续在林海雪原中飞驰，练就了一副好身板。直至 70 岁那年，他才开始成为一名真正的业余运动员，首次参赛就在意大利维罗纳夺得十项全能冠军。90岁过后，Ilmari 有了这样的日常生活：6点半起床，在卧室里原地跳一会儿，尽可能高地抬腿若干次，持6千克重的哑铃做上举；接着出门骑车到处转，保持着不错的平衡能力；傍晚时，他会跑去老战士合唱团，"合唱能减缓肺部衰老，保持气息平衡"。

其实 Ilmari 能阅读英文材料，甚至可以看一些简单的英文小说，但因为战场上的大炮损害了他的耳朵，严重影响了听说能力，跟外国人交谈时他就得借助翻译。或许是因为赢得比赛十分喜悦，这名老战士莫名说了一句："啊，就是现在，于世界于我个人，都是最好的时候。"

锻炼还是训练？

WMA 赛事期间，于韦斯屈莱正沉浸在复活节的氛围中，这个家庭团聚的节日，让街上颇为冷清。但不分早晚，我在街上遇见的10个人里，有8个都在跑步。他们普遍穿着轻薄却耐寒的运动衣，戴着毛线帽，手腕上绑着一个计步器。这些跑步的人并非参赛运动员，而是生活在这座城市里，热爱运动的普通芬兰人。

此前，我在去往于韦斯屈莱的火车上认识了51岁的荷兰人 Theo（西奥），他改变了我对这场锦标赛的最初印象。Theo 在家乡小镇上经营着一家田径俱乐部，他在备战时充满斗志，但也认识到竞技体育的残酷本质。"你们千万别相信什么重在参与的奥林匹克精神，只要你真正开始训练（Training）而非锻炼（Practice），就会想要比赛，想要赢得胜利。"

很多时候，我们并不容易分辨训练和锻炼的区别。就拿如今风靡全球的马拉松赛事来说，每天坚持慢跑的人，显然是为了强身健体而"锻炼"，可一旦有了参赛的目的甚至有了获得一定成绩的简单愿望，是不是就会把日常慢跑视为一种"训练"了呢？北欧城市的街道非常适合慢跑，全民赛事也众多，这样一来，那些随时锻炼着的国民，就成了随时训练备战的选手。当你投入了大量时间，职业和业余运动员的界限就变得模糊了——普通人多豁出一些时间，通过科学训练，也可以成为拿到奖牌的运动员。我查阅了往届 WMA35 至 40 岁这一"低龄组"的赛事记录，惊讶地发现男子60米短跑的最好成绩 6.51 秒，不比明星选手格林跑出的 6.39 秒差多少；女子

跳高的 1.97 米纪录，也仅比博格奎斯特的世界纪录少了 0.11 米。

纯粹的运动乐趣

在不看比赛的时间里，我跟着一大群背着滑雪板的年轻人，乘坐公交车前往城北巨大的越野滑雪场。斯堪的纳维亚漫长的冬日让雪季也变得无比漫长。这里少有阿尔卑斯山上那种高山速降雪道，但遍布的森林造就了充满趣味的越野滑雪道。相较于既追求刺激又得控制速度的阿尔卑斯式滑雪，北欧越野滑雪上手容易却过程辛苦，脚上得踩着两块狭长的雪板，呼哧呼哧地喘着粗气在林海雪原里艰难跋涉。当然对于熟手而言，滑雪时背枪在林间"飞行"，打只狐狸兔子也并不是什么难事。但当年的我还是一枚雪场上危险的"鱼雷"（新手），只会在国内京郊雪场的中级道上疾速俯冲，没有学会控制速度。到了于韦斯屈莱北郊的坡道上，我仍然是一次又一次不管不顾地冲下来，吓得芬兰孩子们连忙加速拐弯，钻到爸爸妈妈怀中，估计口中正哭喊着："啊，那个叔叔又来了！"

根据欧盟委员会 2010 年的一份调查报告，芬兰稳坐欧洲最爱运动国度的头把交椅。运动是孩子们的第一喜好，芬兰 18 岁以下的青少年中，有 90% 的人都热爱运动。90% 以上的成年人每周至少运动两次，50% 以上的成年人每周至少运动四次。全国有大约 9000 家运动俱乐部，为会员们组织休闲活动以及运动竞赛。俱乐部主要由志愿者们组织运营，属非营利组织。

不过，在国际闻名的职业化赛事中，芬兰体育明星的曝光率却并不高。在滑雪领域，芬兰人有着一位让他们又爱又恨的天才，马蒂·尼凯宁。他是历史上唯一一位在 5 项跳台滑雪重大比赛中都获得过金牌的人，其中 4 枚冬季奥运会跳台滑雪项目的金牌最为瞩目。而事业辉煌期过后，在 20 世纪 90 年代，他因各种负面新闻屡屡登上媒体头条——酗酒抢劫、家庭暴力，做过歌手又顺便转型为脱衣舞明星，他的每条大新闻几乎都和酒精相关。和摆地摊的中国长跑冠军艾冬梅一样，马蒂企图把那些世锦赛、冬奥会的金牌拿出来变卖糊口，但最终还是将其捐赠给了芬兰国家体育博物馆。捐赠仪式结束后，他手里拿着一张 100 马克的钞票，这是马蒂整个辉煌运动生涯的最终定价。

高台跳雪这项"让肉身离地飞翔"的运动，普通爱好者无法参与，但

在长达半年雪季中的广阔的山野里，各式各样的户外越野滑雪已经成为风靡北欧老小的国民运动。

　　滑雪和冰上运动是北欧人的拿手好戏，不过他们最期盼的，还是6月才会来临的短暂夏日，那时他们就能在解冻的湖里游泳了。融雪时节山丘地区的急流险滩漂流，芬兰萨塔昆塔地区的直立式桨板，芬兰拜亚奈湖、瑞典耶姆特兰的皮划艇探险，挪威沃斯的峡湾皮划艇运动，罗弗敦群岛的海岸冲浪……夏日实在太过短暂，人们必须充分、疯狂地利用每天20小时左右的白昼，别出心裁地做尽各种运动。

　　看过那场WMA赛事后，我再次前往北欧，和一群北欧人混在一起，对户外运动上瘾，成了一个滑雪高手和半个皮划艇高手。假如让我长居北欧，很难想象没有户外运动的生活会是什么样子。

　　若不是重新翻看了散落在各种社交媒体上的日志，我绝不会记起6年前春天在芬兰碰到的这些老人的名字。我总是想起那位牙疼难忍的挪威老人Axel，锦标赛结束后，他依然独自背着包，乘火车离开于韦斯屈莱。我向他点头致意，他却似乎不记得几天前和自己聊过天的这个东方面孔了。看上去他已经从比赛的疲劳中恢复了过来，步伐轻快地走上了回家的路。Ⓜ

我和野生动物的相遇

接触北欧野生动物

尼罗兰（Nyrola）

出生于中国新疆伊宁，就读于隆德大学经管学院，目前定居于瑞典。喜欢伊宁的一草一木，很幸运地在瑞典的赫尔辛堡找到了和故乡一样美丽的风景。

北欧诸国有数量众多的国家公园，在那里可以近距离接触野生动物。但是北欧最令人着迷之处在于，就算你生活在城市，也可以在城市公园或郊区森林中，与野生动物们不期而遇。

它闻到了花香

我知道瑞典人喜欢田园风光，很多人会选择住在郊区、乡下，或是海边，但直接住在森林深处，我是完全无法想象和理解的。因此，在知道朋友耶特茹曾在森林里住了10多年时，我简直难以控制自己的面部表情。2015年夏天，我跟着耶特茹一起回她的老家度假，那也是我第一次走进瑞典的森林深处。

耶特茹的小院和我见过的大多数瑞典人家里的花园一样，种着各种花花草草，家猫在草丛中忙着捕捉蝴蝶。不同的是，花园的周围不是街道，而是浓密的树林。

第二天，我和耶特茹一起走进了森林，沿途是一条小溪，水流清澈见底。除了偶尔传来的鸟叫声和溪水声，森林里真的很安静。我记得那天阳光非常明媚，却无法穿透浓密的树叶直接照射到我身上。除了野花之外，一路上随处可见颜色鲜艳的蘑菇。除了书本上见过的红色白点蘑菇外，我还见到了蓝色和紫色的蘑菇。

不知道是不是森林中太过安静的缘故，我始终无法彻底放松。习惯了城市生活的我，有些无法适应那种寂静。除此之外，我很害怕会踩到蛇，只要被地上的树枝绊一下，我就十分紧张。耶特茹笑我胆小，同时又善意地安抚我。她告诉我在这附近根本没有毒蛇。可即便如此，我还是无法克服自己的恐惧。不过这也是因为我在瑞典北雪平市的一个湖里游泳时，曾目睹一条水蛇从我面前游过。不过，在瑞典的湖面上，更常见的是天鹅，以至于我几乎忘掉它们是野生动物了。

我问耶特茹，附近森林里是否有熊出没？她说当然有，但是这里的熊害怕人，因此会躲着你。只要人不主动靠近并试图侵犯它的洞穴，它不会主动攻击。瑞典人和野生动物相处得非常融洽，一般而言没有人会刻意去伤害或者侵犯它们。

正在我们闲聊时，她突然问我是否见过啄木鸟，我摇摇头。她让我抬头看向前方右侧。果然，有一只啄木鸟停在树干上。但是小家伙实在是太机灵了，我们一靠近，它就开始绕着树干转圈，和我们玩起了捉迷藏。

在耶特茹家住的那一周，很可惜，除了一些羽毛非常漂亮的小鸟外，我并没有在树林里见到其他动物。然而，就在要回城的那天，我在车库附近的草坪上见到了小松鼠。虽然我此前在城市的草坪上近距离地见过很多次野兔和刺猬，但从没有见过小松鼠。它们和动画片里的一样可爱。但是很遗憾，我的狗里昂实在太凶，居然一下子冲了上去咬住了松鼠。我们一齐惊呼，勒令里昂松口，但太迟了，可怜的松鼠挣扎了几下之后就断了气。

这只松鼠并不是那天我唯一见到的"小可怜"。在回去的路上，我在公路上看见了一只蜜獾发僵的尸体。这并不意外，瑞典的公路上不时就会有动物出没，其中最危险的是鹿。你在瑞典的公路上行驶时，一定要注意是否有"鹿出没"的警示牌，如果有，就意味着你得减速。野生鹿是瑞典公路车祸的常见原因。一头驼鹿至少有三四百公斤，飞速行驶的汽车一旦撞上去，结果极有可能是车毁人亡。

虽然这次去森林里度假时，我并没有看见很多小动物，但是在2017年再次前往时，我终于非常惊喜地看到了"小鹿斑比"。那天清晨，我被鸟叫声吵醒，当我起身准备去厨房时，看到窗外的院子里站着一只发呆的小鹿，它晃了晃头，似乎在闻草地上的野花。很快，它注意到了我，因为距离非常近，我甚至可以感受到它眼神里的警惕。我真的是又惊又喜，立即转身去拿手机准备拍照，它却一溜烟地飞奔离去了。那一刻我非常沮丧，不过就算没有拍照，我也不会忘记这个美好的瞬间。

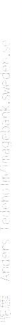

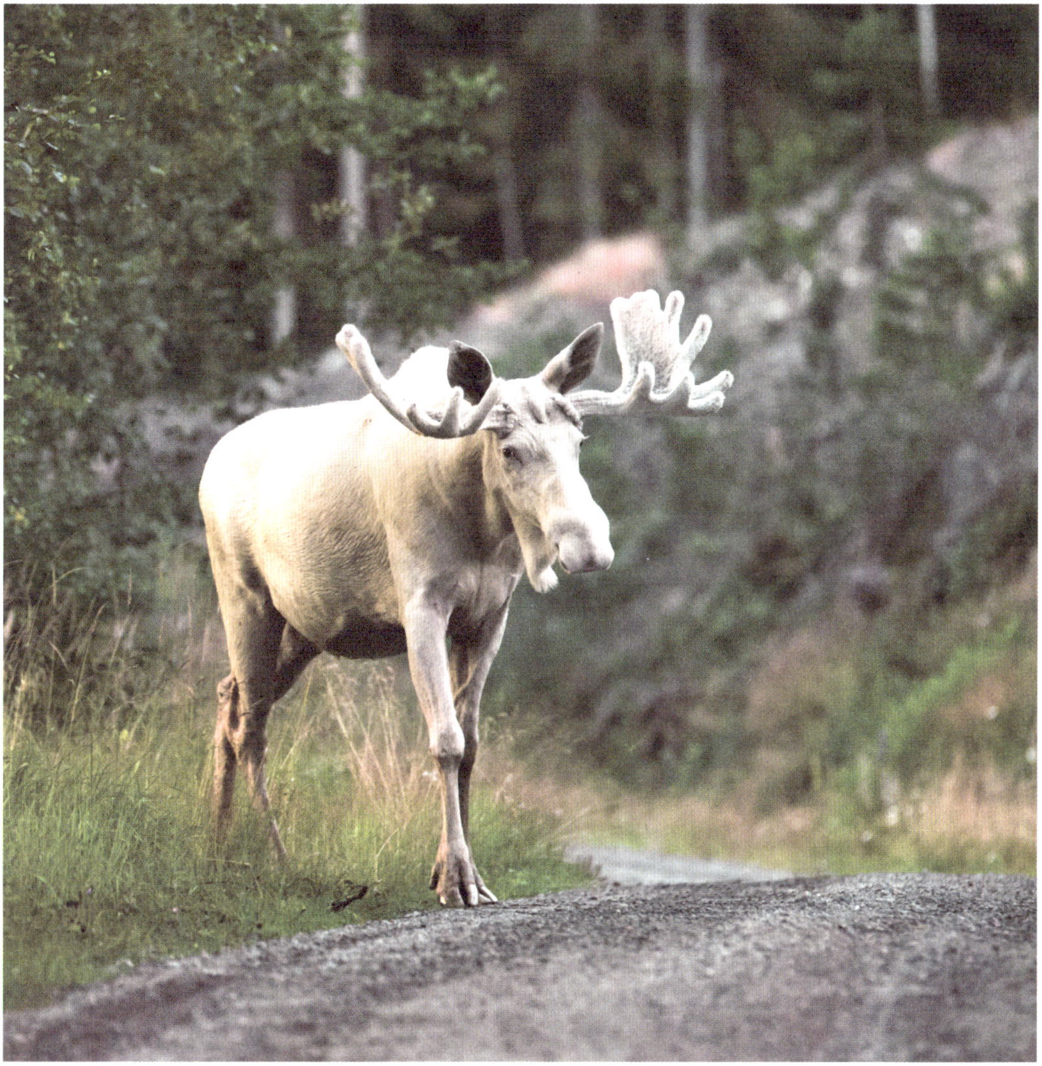

Anders Tedeholm/imagebank.sweden.se

户外旅行爱好者，喜欢各种小众目的地，足迹遍布东亚、北欧、东欧等。同时也是一名北欧音乐狂热爱好者，在北欧地区和纽约生活时，不遗余力地参加各种北欧音乐现场活动。

叶　子

它就在我面前

一路向北，我们的目的地是北方的观鲸之都——冰岛的港口小镇胡萨维克（Húsavík）。

既然被称为观鲸之都，这里自然少不了各种与鲸鱼相关的设施。趁着船还没开，我们决定逛逛鲸鱼博物馆。卖门票的姑娘十分懒散，这种"你爱来不来"的自信，让人确信这座博物馆一定值得花时间参观。

然而失算了，展品还是很普通，一起出游的朋友也没能买到心爱的鲸鱼模型。展厅中只有一副巨大的鲸鱼骨架让我感受到了《海贼王》中，海盗们在伟大的航海之路上被海王类阻拦时的恐惧。

虽然带着小小的遗憾出海，但当我站在船前看着桅杆时，内心已经开始躁动——航海就像是少年的追梦之路。

稍微提一下，胡萨维克有众多提供观鲸服务的公司，最有名的是North Sailing（北航）和Gentle Giants（巨人绅士）这两家，前者是黄色旗帜，后者是蓝色旗帜，帆船均匀分布在港口岸边。据说这两家的服务都差不多，如何选择主要看你喜欢什么颜色了。我那么喜欢黄色，当然选择了North Sailing。

以我在游戏《大航海时代2》中了解到的航海知识，无法判断这艘船是多桅小型帆船、多桅纵帆船还是多桅平底船，反正肯定不是西班牙大帆船、武装快船或者铁甲船。

我们一船十几人，负责"掌控大家生命"的，是船长和一位领航员姐姐。

领航员姐姐为大家介绍了注意事项，并说道：

"从现在开始，请大家全神贯注关注海面鲸踪。以船头为0点钟方向，如果有人发现鲸鱼，请喊出方位。"

然而开船后的一个小时，都是漫长的等待，甲板上升起沉闷绝望的气息。没有看到鲸，而且好冷。

领航员姐姐看出了我们的失落，于是和我聊了几句。

"第一次吗？很快就会有鲸出现了。"

"嗯，好的，顺便问问参加这个行程的中国人多吗？"

"其实挺少的，但也有一些。日本人比较多。"

她一路与旅客们寒暄，气氛缓和了许多。

似乎受到了她温暖气息的感召，我们的帆船周围开始出现了生物，不过不是鲸——是据说在冰岛以外很难看到的 Atlantic Puffin（大西洋海鹦）。这种鸟长着橙红的尖嘴，面相呆萌，有点儿像水鸟，又有点儿像企鹅，所以广受游客喜爱，很多人以为它是冰岛国鸟，其实并不是。

我们购买的行程项目是"观鲸、海鹦和航海"，但出发前我们一心期待观鲸，几乎忘掉了还有观海鹦这回事，此时看到，自然非常惊喜。

先是一只一只的海鹦飞过船边，大家纷纷拍照（可惜很难拍清楚），然后我们看到海里也有几只海鹦在划水玩。

这时，领航员姐姐说，我们进入海鹦的领地了，它们的聚居地——一座无人岛就在前面不远处。

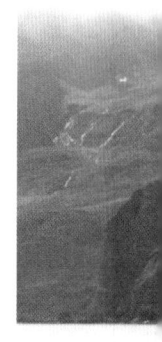

果然，在右舷附近的海平面上出现了一座小岛，但由于有一块阴影遮挡，不太能看清岛的全貌。船逐渐靠近，我们终于看清了那块阴影就是在天空自由飞翔的一大群海鹦。

奇怪的是，四周飞着这么多的鸟，却没有听到嘈杂的声音。海鹦似乎不太爱叫，它们的声音比较低沉，有点儿像伸懒腰的人发出的呻吟。

船绕着鸟岛环行了一周，我们看到了各种姿态的海鹦。它们有的随波逐流漂在海面，有的在空中追逐嬉戏，有些做着少儿不宜的事，有的瘫在岩石上不顾睡相……如果你想近距离接触海鹦，可以购买另一个专门登岛观鸟的项目。

岛绕完了，我们很快就戒掉了这短暂的"鸟瘾"。是的，海鹦很萌，但它们依然无法缓和我们期待看到鲸鱼的焦灼心情。

就在这时，领航员姐姐说话了。

"我们即将进入鲸鱼活动频繁的区域，请睁大你们的眼睛吧。"

此时天色忽然阴沉起来，远处的船只仿佛幽灵。

"出现了！3点钟方向，小须鲸！"

人潮涌向右舷，纷纷掏出相机、手机"咔嚓咔嚓"。

"0点钟方向，座头鲸！啊，旁边还有一头小须鲸！"

人潮迅速涌向船头，船长打了个踉跄。

"7点钟方向小须鲸！"

"10点钟方向座头鲸！"

"2点钟方向，又是一头座头鲸！"

"还是2点钟方向，小须鲸！"

幸福来得太突然，片刻间我们就看到了不下20头小须鲸和座头鲸，但它们只在水面上停留了数秒，就消失不见了。

我正在四处寻觅，忽然听到了领航员姐姐兴奋的声音。

"9点钟方向！就在船左舷旁边，不到10米！"

全船的人都沸腾了，这是鲸鱼离我们最近的一次，然而我站在右舷！等我挤到左舷时，只看到了鲸鱼离去的一瞬间。

等回过神才发现朋友就在我旁边，她转过头对我说：

"它就在我面前！我正看着海面，它就突然出现在我面前了，离我只有几米！太神奇了！"

我由衷地为她高兴。在茫茫大海上相遇，就像曾经交换过眼睛。

"它只浮上来了几秒，又马上潜下去了。"

它听见了你的声音，也藏着颗不敢见的心。你是看着它，还是按下快门，只能选择其一。

后来我们又远远地望到了数头小须鲸，可惜却再也没有像刚才那样亲密的接触了。

北欧风光与野生动物

旅行美学 北欧

斯堪的纳维亚半岛有着令人惊叹的丰富地貌，群山起伏，冰蚀湖群，山海交错。在这片纯净的土地上，植物、野生动物和人类相惜共存。

❶ 极地冰川

冰岛位于北极圈内，其国土的八分之一被冰川覆盖，岛上冰川的面积仅次于南极冰川与格陵兰冰川。冰岛充分利用了冰川资源，开发了四大冰川景区——瓦特纳冰川、米达冰川、朗格冰川和雪山冰川。旅行者可以冰川徒步，也可以在湖上乘坐游艇观赏形态各异的浮冰。米达冰川位于冰岛南部，以其各具特色的瀑布及邻近迷人的海滩风景而著名。

❷ 极地岛屿

斯堪的纳维亚半岛西北部有着破碎连绵的海岸线，造就了众多风情各异的极地岛屿。冰岛有着神奇地貌和独特文化，挪威北部的罗弗敦群岛可以观赏绝美极光，被誉为世界最美群岛之一；丹麦的海外自治领地法罗群岛上则生活着大西洋海鹦等众多海鸟。

❸ 挪威峡湾

挪威国土狭长，西南海岸线蜿蜒，有着无数知名的峡湾，其中最知名的，莫过于四大峡湾——松恩峡湾、盖朗厄尔峡湾、哈当厄尔峡湾和吕瑟峡湾。松恩峡湾被森林覆盖，景观层次丰富；盖朗厄尔峡湾有着挪威西海岸最蜿蜒曲折的公路——精灵之路和老鹰之路，是自驾者的天堂；哈当厄尔峡湾是挪威第二长的峡湾，有着著名的"恶魔之舌"；吕瑟峡湾有海拔600米的断崖布道石和悬空于峡湾1000米之上的奇迹石。

❹ 北极光

与阿拉斯加黄刀寂静无声的极致不同，北欧有另一番冰雪王国的气氛，极光在山巅、冰川、城市上空飞舞。这里游玩项目多，设施完备，性价比高，适合第一次去观赏极光的人群。芬兰萨利色尔卡、挪威特罗姆瑟、瑞典阿比斯库、冰岛全境都是北欧观测极光的最佳地点。

❺ 森林湖泊

葱郁的树木、碧蓝的湖泊、长满繁花的草地是北欧夏秋典型的景色。北欧诸国有大量国家公园,城市周边也有很多生态的森林。在清爽的夏日,最惬意的休闲方式就是到森林采摘、跳进湖里游泳,说不定还能和野生动物不期而遇。

○ 森林小动物

在北欧广袤的寒温带针叶林中,生活着很多棕熊,但它们会躲着人类,旅行者也不要去打搅它们的住所。森林中最常见的是狐狸、小鹿、小松鼠等小型野生动物,能在树林中追寻小鹿的踪迹是非常美妙的体验。初夏,当湖泊刚刚解冻的时候,几乎是在一夜之间,经过长途迁徙的大天鹅会成群结队地降落在恬静的湖面上,翩翩起舞,千姿百态。

○ 驼鹿

驼鹿是世界上体形最大的鹿,高大的身躯很像骆驼。雄驼鹿头上的角是鹿类中最大的,形状也很特殊,呈扁平的铲子状,很像仙人掌。驼鹿角也成了北欧设计中的典型元素。驼鹿多在林中平坦低洼地带、沼泽地活动,它们全天都在觅食饮水,食物包括草、树叶、嫩枝以及水生植物等。如果你在森林附近的公路自驾,要特别留意穿行公路的驼鹿。

○ 海鹦

海鹦的喙呈三角形,背部羽毛呈黑色,腹部呈白色,鸟爪呈橘红色,面部羽毛艳色鲜艳。海鹦在繁殖期会回到岸边的岛屿或陆地上。它们通常成群结队,冰岛、丹麦的法罗群岛和挪威海岸是这种呆萌小鸟的最佳观赏地。

○ 鲸

近年来,冰岛逐渐成了欧洲最佳的观鲸目的地之一,这里有体型巨大的抹香鲸,常见的小须鲸及娇小的鼠海豚,还能见到会技术高超地跃出水面的座头鲸。在挪威的峡湾游船上,观看鲸鱼跃出水面又别有一番趣味。

城市之光

北境居民和他们的理想国度

做一个有主见的城市

北欧城市设计理念

荆晶（JingJing）

瑞典注册建筑师，城市设计师，瑞典皇家理工学院研究员，在瑞典生活了近10年。出版了研究型著作《童之境——斯德哥尔摩体验》，将斯德哥尔摩作为可持续型城市和儿童友好型城市的研究范本，深入解析儿童在城市中的日常生活，及其映射出的城市规划思想和设计理念。

初见北欧城市，那些包裹行人的绿荫步行道、触手可及的住宅建筑，以及遍布河流水文的生活社区，满足了人们对美好居住环境的一切想象。城市与建筑，是展现社会生活的窗口。"观念"在设计和利用城市空间中有着重要的作用，人们逐渐认识到，只有重新回归身体、回归感觉，才能真正重获被现代城市文明所排挤掉的肉身。

北欧国家的城市化进程，相比欧洲大陆主要国家开始得较晚且发展较慢。但如今，随着欧洲大陆的经济滞胀和政治分歧升级，北欧城市成了热门的移居之地，就业市场相当活跃。从宜居的角度，"亲近自然"和"以人为本"是北欧城市规划的共识，斯德哥尔摩和哥本哈根也名列世界一流宜居城市。就算是暂居北欧城市数日的游客，也不免沉浸于田园与都市融合的居住理想中。

我在瑞典生活了近10年，主要从事城市设计的建筑实践和研究。求学和工作期间，参加了欧洲城市建筑的相关课程，还参与了北欧一些城市的设计项目。作为居住者和研究者，我将从最熟悉的斯德哥尔摩开始，以人的身心感受为线索，从建筑尺度和居住体验的视角，分享瑞典的城市往事。

北欧城市的建筑风格还是受到了欧洲大陆的影响，但由于气候、地理和历史原因，北欧建筑的民族传统和地域性特色明显，整体上更为简约朴素，每个城市基于居山或临水的地理环境，风格也各有不同。

北欧城市中没有太多摩天大厦，除了教堂以及少数新区中的个别高楼，均以低层建筑为主，城市天际线平整，看上去不够"现代"。然而，正是

这样的城市，给人们的生活带来了别样的可能性和机遇，比如人居友好性（People Friendly）、民生幸福感（Happiness）、城市创造力（Creativity）等。

一座步行的城市

瑞典首都斯德哥尔摩约位于北纬59度，地处瑞典中南海岸。虽然这里冬季长、春夏秋短，但是四季分明，气候温和。让人意外的是，这里的年均日照时间竟高于巴黎和伦敦，为1800小时。六七月间，每天平均日照时间最长，约18小时；冬季每日平均日照约6小时。天气在这里不仅是个永恒的话题，也是个哲学命题：瑞典乃至整个北欧遵循着"天人合一"的理念，重视并珍惜户外活动和社会交往，这一观念对城市布局、建筑设计和居民的生活社交产生了偌大的影响。

在斯德哥尔摩的街头，身边有许多和我一样行走着的人。年轻人脚步轻盈，小孩子活蹦乱跳，老年人步履徐徐。人群中也不乏"轮子上的一族"——婴儿车中的幼儿、使用助步车的残障人士。步行让人们有时间交换目光，也有时间近距离观赏建筑和城市艺术景观。这样的场景，萦绕着一种令人放松的都市人情味。

城市空间向来是最理想的休闲与社交场所。斯德哥尔摩"老城"（Gamla Stan）建于13世纪中期，目前位于城市中间的小岛上。老城保留着中世纪的城市街道结构，在街与街的相交处有大小不一的广场，老城广场（Stortorget）至今仍是当地人与游客休闲的场所。老城交通以步行为主，除国事和物流需要，机动车辆非常少见。

如今的斯德哥尔摩现代都市，采用了优先公共交通、多中心的城市结构。有一位同事告诉我，他们虽然住在近城郊，但夫妻和孩子们基本都依赖公共交通、自行车或步行上班、上学。家里的小汽车只在家人偶尔"浪漫出游"时才用。一位住在城中心的年轻朋友，她和伴侣租住的是社会公共房（Public Housing），因为位置很好，生活和出行都很方便，所以他们不打算再花钱买房，而计划买艘船。斯德哥尔摩有得天独厚的畅通水系，只要天气合适，他们就可以坐船去"追寻远方"。这样潇洒的生活方式，着实让我羡慕！

斯德哥尔摩建在梅拉伦湖的入海口，濒临波罗的海，包含14座岛屿和一个半岛。人文景观与自然环境的融合，是这座城市的独有特色——城市面积中 30% 是河流湖泊，30% 是公园和绿地。这意味着，从斯德哥尔摩的任何一个街区，都能步行到达公园绿地和水环境。

斯德哥尔摩市政和规划局颁布了"城市绿色漫步规划导则"（Den Gröna Promenadstaden），以保证城市规划和设计能更有效地提高城市的"便利性"（Accessibility）。便利性越高的区域，在居住方面的吸引力和需求越高，房地产价值也随之越高。这一城市规划思路，体现了瑞典人亲近自然的居住理想和生活方式。

宏希图尔（Hornstull）和瓦萨斯坦（Vasastan）是斯德哥尔摩中心城区南北两个最潮的社区。宏希图尔位于南岛（Södermalm）的西南角，是连接四周岛屿的枢纽区域，地铁和公交车选择多且方便，不同年代的建筑融合成统一规划的街网。最可贵的是，这个社区包含了一个面积相当大的开放绿地，一半是公园，一半是出租花园。行走在这个社区，会发现很多有意思的小店，还有颇具艺术气质的市民（据说整个南岛上有 60% 的居民是艺术家）。

北边的瓦萨斯坦，是历史相对悠久的成熟社区，从视觉上来说，这里的建筑多为古典和新古典主义的欧陆风格。社区的生活方便且物资多样，高品质的创意咖啡店、饭馆、书店、发廊、中小型购物中心（包括超市）比比皆是。同时，还有很多公共建筑穿插其中，如图书馆、学校、美术馆、银行、税务局、养老院、公园、体育馆等。

这些热门的社区吸引着很多家庭，因为这里为有孩子的家庭提供了舒适生活的可能性。其实这一点在各种不同规模的城市中同样适用。而检验生活舒适性最简单的方法，就是带上孩子去体验，他们会说出最真实的感受！

人的身体是城市的尺度

历史上关于城市该如何设计的讨论、实验和实践从未间断。西方社会，尤其是欧洲，在城市历史和人文遗产的保护与翻新方面有着卓越的成就。在游客眼里，欧洲城市最让人流连忘返的是它们的历史感；而对我们这些城市设计师来说，更为幸运的是，城市保留了不同时期的规划理念和建筑层次。

　　有人说北欧的城市给人的整体感受像一个沉稳的中年人，这说的是城市的基调。的确，斯德哥尔摩的城市基调，主要成形于20世纪20至30年代，这也是人们公认的瑞典建筑（尤其斯德哥尔摩建筑）与城市发展的黄金时期，被称为"瑞典式优雅"时期。这一时期的经典作品有市政厅（亦称诺贝尔大厅）、市立图书馆和森林墓园等。

　　同时期的住宅建筑，至今也是最受当地人青睐的。值得参观的有南岛社区（Nytorget in Södermalm）、厄斯特曼姆（Karlaplan in Östermalm）、瓦萨斯坦等地的建筑。这些住宅建筑设计无论从人性尺度，还是建筑与城市及街道的关系上，都非常考究。街区设计以人的行走体验为线索，建筑和城市空间活跃在人的视平线上，许多有魅力的公共空间不自觉地吸引着人们，并能调动人与人之间互动的积极性——无论商用、住宅或公共建筑，沿街底层都设计成可用来做"公共服务"的店铺，且每个建筑单元尺度偏中小，可用作咖啡馆、餐厅、超市、理发店、书店、药店、玩具店、家居用品店等。这种做法，不仅增强了生活便利性，而且鼓励了当地业主，加强经济发展的多元性。更重要的是，这些"小店"（而非购物中心）营造了一种独特的都市社区感和人情感。

到了20世纪50年代，郊区开始出现。斯德哥尔摩饱受国际赞誉的第一座卫星城魏林碧（Vällingby）就是典型案例之一。那时的建城理念是ABC模式，即Arbete（工作）、Bostad（居住）和Centrum（社区中心）为一体。但是，后来同样以此理念开发的一些郊区，却由于体量上太大，设计上缺少人文关怀，受到诸多来自瑞典国内和国际上的批评。

同一时期，市中心的塞格尔广场（Sergels Torget）、文化宫（Kulturhuset）和国家银行（National Bank）等区域，虽然没有因为"二战"遭到破坏，但受当时欧洲大陆战后重建风潮的影响，被改造为当时流行的现代主义风格——以汽车交通为导向的交通规划，使得城市区块和建筑体量变大。混凝土、玻璃和钢等当时的新型材料，被大量运用于建筑设计中，比如赛格尔广场。效率和功能性成为许多建设项目的首要评价标准，公共空间明显减少，建筑与人的友好性明显降低。从这个角度而言，重建的街区反而成了"重灾区"。

直到20世纪80年代，人们开始反思、质疑和批判现代主义，于是出现了紧凑的立体型城市的规划概念，要求城市综合体具备多元且灵活的功能，建筑密度增加，集中供给能源并综合管理。这种理念延续到了90年代，且基于对后工业用地的转型开发，诞生了著名的哈马碧湖城（Hammarby Sjöstad）。这里原本是工业用地，属于棕色地带（Brown Field），社区建造的基础工作是整治清洁土壤和水体，随后引入能与主城已有的公共交通对接的公交设施，如轻轨和轮渡。社区的多层住宅户型多样，面貌各异，但整体和谐。重要的是，整个社区实现了能源的自给自足，并采用了领先的回收循环系统。如今的哈马碧湖城社区，已成为可持续发展城市街区设计方面的世界模范教科书。

后工业城市的新生

如果你曾耳闻有着传奇色彩的"哥德堡号",就不可错过它的根据地——瑞典西海港城市哥德堡。哥德堡是北欧最大的贸易港口之一,也是老牌工业城市,孕育了世界500强企业沃尔沃(VOLVO)、爱立信(Ericsson)、斯凯孚(SKF)、阿斯利康(Astra Zeneca)等,亦是哈苏相机公司的大本营。或许源于港口城市的开放精神,哥德堡人非常注重社会交往和文化活动,如哥德堡电影节(北欧最大的电影节)、哥德堡重金属音乐节、哥德堡书展、哥德堡交响乐团演出等,吸引着各地粉丝欢聚一堂。

哥德堡的城市设计类似于阿姆斯特丹,有自然水系淌过城市,大量公园、花园和绿地穿插在街区中,建筑层次和风格十分丰富。由于城市的工业历史,很多新的住宅区改建于工业区,保留了原有工业建筑的特色,更注重公共空间和公共生活。比如林德岛街区(Lindholmen)的建筑设计充满了开放和实验精神,给城市增添了许多活力。工业海港区弗利哈能(Frihamnen)改造后,汇集了多种文化活动,甚至有浴场等休闲空间。

与哥本哈根一桥相望的南部港湾城市马尔默(Malmö),也是典型的后工业城市。20世纪60年代前后被称为马尔默的"黑铁时代",吊车随处可见,钢铁和烟囱是主要景观。威廉·巴勒斯1959年出版的小说《裸体午餐》(*The Naked Lunch*)中这样描绘马尔默:"非常无趣,到处是绝望的灰色,早上没有提供酒精的地方。"

这个工业城市的转型发生在20世纪90年代中期,重心从原来的船业和制造业,转向了生物科技和信息科技业。马尔默也定下了转型为环保生态城市的目标,在西港区规划了著名的"明日之城"(City of Tomorrow),你可以在这里体会邻里间的亲切,找到田园与都市融合的感觉。2000年厄勒海峡大桥将马尔默与哥本哈根连接,使得许多丹麦人来此置业,也吸引了越来越多的游客和移民。马尔默脱胎为一座"年轻"的城市,几乎一半人口的年龄在35岁以下,且其中近一半居民有外国背景。足球明星伊布拉西(Zlatan Ibrahimović)就是这座城市的移民励志传奇。人口种族与文化的多元化,对未来马尔默的城市设计提出了"更高包容性"的要求。

如果你对城市设计感兴趣,不要错过瑞典北部最大的城市基律纳(Kiruna),这里近来的"城市平移"工程吸引了众多国际学术和工业界人士的关注。基律纳位于北极圈以北 145 公里处,历史上是萨米人的栖居之地。基律纳城的铁矿丰富,由于多年开采,城市底盘于 2003 年开始下陷。2007 年,讨论多年的"城市平移"工程正式开始,第一阶段将把老城中心向东移 3 公里。项目委托给瑞典 WHITE Arkitekter(纯白建筑师)建筑事务所和一家本地事务所合作设计,可持续发展、生态敏感和社会交往是新城市的设计思想。

值得一提的是,事务所在拆迁区域建立了工作营,倡导市民参与城市设计,鼓励市民与设计师之间的互动。随后,工作营的成果在国内外其他城市展出,增强了设计过程的开放性。这种创新的设计方式和设计过程,再次体现了民主设计的思想,为城市的未来开启了新的知识渠道。

北欧国家还有许多大城小镇,它们的人居理想和整体风貌大致相同,但因具体地理环境和当地文化倾向,城市和建筑设计存有小异。这就像位于柏林的北欧联合使馆:北欧五国的使馆建筑和谐地矗立在中央庭院四周,各国使馆间用浅浅的水池隔开,庭院象征着海洋,温柔地连接着五国。从外部看去,北欧联合使馆是一个整体,但随步移景,五国使馆在细节中展现出微妙的差异——北欧城市给人的感受亦是如此。☺

更多北欧城市推荐参见攻略别册 P8

没有观众，城市艺术就无从成立

北欧城市公共艺术

潘 丽

媒体人，近年专注于当代艺术及设计领域。北欧生活美学爱好者、推广者，多次受邀前往丹麦、芬兰与瑞典，热衷探访独立设计品牌，发掘新人设计师、艺术家。

我们逛美术馆时，总少不了那份步入艺术殿堂的严肃感，但互动、舒适、有趣，才是北欧公共艺术的标签。

亲民的美术馆

因为工作的关系，我已经去过北欧很多次了。作为每到一处必逛当地美术馆的人，北欧的美术馆给了我很棒的体验，这里比较特别的一点是，你在美术馆也不用正襟危坐。

芬兰赫尔辛基当代艺术博物馆的一楼，有一座长长的、斜面的楼梯，侧面被标上了身高数字，160、170、180……于是很自然地，我和朋友们在此留下了一张有趣的"身高合影"。在丹麦国立美术馆里，除了经典的艺术作品外，供游人歇脚的椅子也是亮点，没有一把重样的，从豪华宫廷风到现代简约风，俨然一场小型的椅子展览，我心里不禁赞叹，这真不愧是出了汉斯·韦格纳（Hans Wegner）、阿诺·雅各布森（Arne Jacobsen）这些椅子设计大师"天团"的地方。

在瑞典时，我最喜欢的是斯德哥尔摩市中心的船岛（Skeppsholmen），那里有不容错过的当代艺术馆（Moderna Museet）。我在斯德哥尔摩的一周，三天都去了岛上，倒不是因为对艺术狂热，而是因为方便。天晴时，在岛上溜达，海水平静，海鸥就像泡在澡堂里一样，闲适地漂浮着，随着波浪一起一伏。下雨时，我就躲进当代艺术馆，里面有咖啡厅、餐厅、洗手间、免费的无线网络，连门票都是免费的——可能这也是我一而再，再而三来这里的理由，不需要匆忙地、囫囵吞枣地看展。这里也成为民众的休闲处，常看到夫妇们推着婴儿车，一些留学生也会带着自制便当在这里待上半天。

斯德哥尔摩当代艺术馆并不囿于展示当地艺术家的作品，一层展区基本可算作对现当代艺术史的实体展示，展区被划分为三部分：现代艺术区、1945年后的战后艺术区以及当代艺术区。在这里能看到诸多教科书中提到过的大师作品，比如马蒂斯、克莱因、达利、安迪·沃霍尔等人的作品。这里也是收藏杜尚作品第二多的艺术馆。

这里更为人称道的，是艺术馆建筑外的14件户外作品，这些艺术品与起伏的草坪、蓝天、白云融合在一起。亚历山大·卡尔德和妮基·桑法勒的作品均有着明媚鲜亮的颜色，它们高低错落，以不同的形态与美术馆及自然对话。

说起艺术与自然的融合，丹麦的路易斯安那现代艺术博物馆是其中的典范，它被盛赞为"最美博物馆"。丹麦人说，这里是睡美人城堡的后花园，人们在这里或闲散步行，或奔跑嬉闹，或坐或躺，一切都是放松愉悦的，像一次郊游。路易斯安那现代艺术博物馆位于丹麦哥本哈根市弗雷登斯堡以北35公里的厄勒海峡，可以从哥本哈根坐火车去。从小镇步行到美术馆，视野豁然开朗：湛蓝平静的海水，空阔碧绿的草坪。考尔德、阿尔普、杜布菲等大师的雕塑作品置身于碧蓝葱绿中，与白云、朝霞、落日相伴；风、雨、雪，随四季更迭，每一道或明或暗的光线都成了作品最好的布景。好看的恋人在海边牵手散步，与风光、雕塑相映成趣，亦成为别人眼中的风景。

从美术馆到艺术街区

北欧公共艺术的普及度很高，不仅在美术馆，在嬉闹的广场、人来人往的地铁站、安静的街区拐角也能看到艺术的身影。我住过的北欧酒店，无一例外地有着良好的艺术品味，每件作品与空间相得益彰，不会胡乱弄些拙劣的抽象画或平庸的摄影作品来充数。在赫尔辛基时，我曾拜访过一家商业机构，大厦大堂的墙面装置令人愉悦，用天然稻草制作，远看像一幅巨大的抽象画，不由得赞同"与自然和谐统一的理念融入了北欧人的血液"这样的说法。

北欧公共艺术作品的类型以涂鸦、壁画、雕塑和各种装置艺术最为常见。

这些色彩绚丽、充满想象力的艺术作品装饰了单调空白的墙面，装点了或空阔或热闹的广场，给大众带来了免费的艺术课。瑞典斯德哥尔摩艺术地铁站、丹麦自由城中嬉皮风格的涂鸦、挪威维格兰公园内充满张力的人体雕塑、赫尔辛基大学主图书馆的墙面装置……都成了各国游客的签到点。

丹麦的超级线性公园（Superkilen Urban Park）是公共艺术的典范之作。这个狭长的、贯穿了几个街区的项目像个迷你版的世界公园，设计师把附近街区60多个种族、社群的代表性物品纳入其中，如洛杉矶海滩上的健身器材、以色列的排水道、俄罗斯的霓虹灯等。用红、黑、绿三种颜色标识公园中不同功能的空间，而红色又有粉红、西瓜红等近10种分类，高空俯瞰俨然一个漂亮的腮红盒。公园内的装置艺术品不单是装饰，也有实际功能，比如一只黑色的日本章鱼雕塑，其实是架滑梯，孩子们可以开心地爬上爬下。

丹麦艺术家托马斯·丹博（Thomas Dambo）还通过公共艺术装置，让人们从回收品中找到了美和快乐。托马斯收集各种废弃品，在哥本哈根国王新广场（Kongens Nytorv）立起了一面"快乐墙"（Happy Wall），墙面由不同颜色的木片组成，人们可以自由翻看，找到自己喜欢的图案和文字。

这些频繁出现在公共空间中的艺术作品，与色彩明亮的自然风光、简约现代的建筑交织在一起，一齐构建了北欧美学。

北欧城市公共艺术普及度之高不仅得益于美学积累，也是社会发展与政府管理的功劳。瑞典法律明确规定，每个公共场所必须拿出 1% 的面积作为当代艺术展示区，这不仅包括街道、广场、学校，也包括看守所和监狱。

在政府的主导下，瑞典斯德哥尔摩地铁站成为公共艺术作品的主要展示区域，许多游客慕名而来。而瑞典厄尔布鲁，则常年组织举办"Open Art"街区艺术展，不但展出了很多经典作品，新兴艺术家们也以此为舞台。参展艺术家曾在厄尔布鲁的商业街上空挂满了工人制作商品时所穿的防护服，引导观众思考流水线产品和消费者之间的关系。

"在地性"和"公共性"

如何迅速把握北欧公共艺术的气质呢？推荐你看看艺术家奥拉维尔·埃利亚松 (Olafur Eliasson) 的作品。埃利亚松是世界顶级的艺术家，2016 年在上海举办个展时，盛况空前。他的身份很"北欧"，一半丹麦血统，一半冰岛血统，出生在哥本哈根，后随父搬去冰岛生活；他的作品也很"北欧"，常取材自北欧的自然之景，石头、冰川、河流，北欧文化中人与自然的高度契合也是他作品的灵魂。

你可以去丹麦的第二大城市奥胡斯看他的"彩虹圈"。在奥胡斯艺术博物馆（ARoS Aarhus Art Museum），埃利亚松创作了永久装置作品《你的彩虹全景》（*Your Rainbow Panorama*）。这是一件非常梦幻浪漫的作品，当你穿行于彩虹圈中，可以在彩色玻璃中看到一个不一样的城市：随着光谱的过渡，它逐渐变得有一点点绿、一点点黄、一点点红。在这里，真实与虚幻模糊了界限，两个世界互为镜像、互为叠加。如今，这个彩虹圈已经成为奥胡斯市的地标性景观。

埃利亚松的另一件作品在哥本哈根的克里斯蒂安运河（Christianshavns）上，是一座桥。不是大家印象里那种笔直的桥，桥面由 5 个大小不一的圆盘组成，每个圆的圆心处都立有"桅杆"。你可以像当地人一样，骑车或步行穿过它、体验它，时间如桥上的圆弧一般优雅缓慢，毫不匆忙。

埃利亚松的作品突出"在地性"和"公共性"，这也正是北欧当代公共艺术的重要特征。"在地性"是指与环境的互动，以环境为创作的前提，

通过作品赋予空间新氛围。瑞典艺术家玛利亚·奥古斯特·基瓦尔（Maria Ängquist Klyvar）的作品也非常典型。在斯德哥尔摩南部的地铁站瓦尔贝里（Vårberg），从入口处走到站台，你能看到墙面上有一双双手，或是稚嫩孩童胖胖的手在轻轻叩击，或是成人厚重的手掌郑重地举起，行人匆匆而过，就算只是一瞥，也能泛起心中无限的温柔。玛利亚的作品类似像素画，画面细节由一个个小方块组成。除了地铁站，她的作品还出现在公园、儿童医院、大学等地。

"公共性"即强调大众参与，这与美术馆围墙内的艺术作品传递的理念截然不同。比如奥胡斯艺术博物馆顶上的"彩虹圈"，是需要你置身其中去感受的——通过你的眼睛去看，通过身体去感知。北欧公共艺术为人称道之处正在于"浑然一体"——与环境、与人浑然一体。作品在这里不是被观看的"他者"，也不仅仅是环境的点缀或附庸；观众没有被隔绝在作品之外，而是被邀请参与、进入其中。可以说，没有观众，作品也无从成立。我想，这就是"邀你加入"的北欧公共艺术。

Fika 十年

日常生活中的仪式感

李贤文

瑞典隆德大学科学硕士，四川大学思想史硕士，早稻田大学硕士交换生，国际游学专家，已带领数千位中国学子周游世界，著有《旅行不是一味药》。

我曾在瑞典南部的隆德（Lund）求学，并在那座城市住了两年。隆德紧挨着瑞典的第三大城市马尔默以及丹麦首都哥本哈根。因为铁路系统特别发达，往返哥本哈根市区只需要半个小时，所以有几位同学都是住在丹麦，每天坐火车来瑞典上课——这是我后来对朋友们讲起瑞典生活时最喜欢谈及的事，诸如"白色的尖头列车穿过波涛汹涌的波罗的海，海底隧道的另一头是小美人鱼的故乡……"

瑞典同时拥有令人毕生难忘的冬夜和夏日。只有经历过这两者，你才能理解为什么北欧会诞生那么多优美又绝望的音乐和诗歌，以及北欧人对美好的白昼、阳光及生命的热爱。

过去的人抵御黑夜的方法很直接，就是升起火炉，聚在一起，做一些好吃的，煮上咖啡。对，作为舶来品的咖啡很快就成了瑞典人生活中异常重要的必需品。

Fika 是什么

瑞典的官方网站称，Fika 大概是外国人来瑞典旅行后学会的第三个词——第一个词是 Hej（你好），第二个词是 Tack（谢谢）。

"从字面上讲，Fika 就是咖啡的意思，"我的瑞典朋友 Ida（伊达）说，"但是这个词现在指的不是咖啡，而是 Coffee Break（茶歇）。"她满脸自豪地说，"我猜这是瑞典人为英语世界贡献的第一个单词。"

"我觉得贡献的第一个词应该是 IKEA（宜家）……"

她翻了一个白眼，接着说："但是我觉得 Coffee Break 这个词还不足以描述 Fika 在我们生活中的重要性。因为，离开了 Fika，瑞典人就无法生活。"

Ida 是一位 22 岁的瑞典姑娘，长着可爱的娃娃脸和尖尖的翘鼻子。在长达 8 个月的宿舍生活里，她是我最常见到的人，因为她超级喜爱厨房，以至于我曾无数次看到她在烘焙的等待时间里在沙发上睡着了。这时，烤箱上总是摆着一杯浓浓的黑咖啡。她常常不无得意地说："我是对咖啡因完全免疫的人。"

谁也说不清 Fika 这个词的起源，最初是谁在使用，又是何时被所有瑞典人接受的——正如所有的草根行为一样。

接受度最广的说法是，这个词是咖啡最初进入瑞典时，人们对此的一种戏谑式称呼。大概在 19 世纪，也就是 150 多年前，有人开玩笑地将 Kaffi（瑞典语中的咖啡）叫作 Fika，不料这种叫法慢慢地传开了。另一种说法是，既然 Kaffi 指咖啡，偷懒的瑞典人就干脆用 Fika 来表达"喝咖啡"这个行为。

第一次 Fika

上课第一天，我就注意到了教室外的那台投币咖啡机。那是一台颇具现代风格的乳白色机器，大概一人（当然了，我指的是瑞典人）来高，咖啡色圆形按钮夸张地排列在简洁的面板上。一共有 8 种咖啡可选：特浓 1.5 克朗，拿铁 2 克朗，最贵的卡布奇诺也只要 3 克朗。这对于一碗意面 75 克朗的瑞典人来说，几乎就等于不要钱。我猜这是学校给我们的福利。

于是来自哥德堡的 Janz（詹兹）说，我们来 Fika 吧。

在他的邀请下，我们顺理成章地来到了咖啡机前。他娴熟地从口袋里掏出两个硬币，按下了"拿铁"的按钮。纸杯弹出，咖啡机发出嗡嗡响声，浓浓的如岩浆一般的咖啡被喷射进了纸杯。很快，咖啡的颜色变淡，Janz 迅猛地夺下了咖啡杯，躲过了最后 5 秒已稀得和水没有分别的液体。

Janz 一只胳膊撑着墙，另一只手端着咖啡，衬衣被他健硕的肌肉撑得紧紧的。我感觉自己整个人都站在他的影子里。他微笑地望着我，潇洒地抬了抬手指示意：轮到我了。我回过神来，也按了一杯拿铁。

紧接着，来自德国的 Hans（汉斯）和爱沙尼亚人 Urmas（乌玛斯）也满脸笑容地凑了过来，各点了一杯咖啡。

"所以说，瑞典人一到课间就要喝一杯咖啡？" Hans 问。

"就像德国人课间喝啤酒一样？" Urmas 开玩笑说。

的确，瑞典是全球人均咖啡消耗量最大的国家之一。应该说，北欧国家的咖啡消耗量都很高，包括挪威、芬兰和丹麦，每人每天平均两杯左右。这是个平均数，意味着要将儿童、老人、"我不能喝咖啡"和"我讨厌咖啡"的人都包含进去。所以，这个数字是相当惊人的。要知道，中国平均每人每天的咖啡消耗量大概只是瑞典的 1/25。

"我猜是因为这鬼天气，"美国人 John（约翰）手里端着一杯美式咖啡，"我研究过，比如在我们美国，越往南走，人们就越少喝咖啡，因为天气热，阳光好，人们喜欢喝软饮；西雅图这样的地方一年到头都在下雨，阴冷阴冷的，人们才喝咖啡。"

这话很有道理。9 月开始，瑞典告别夏季，阴雨密布，晴空不再，人们立刻换上了秋冬装。萧瑟的凉风里，最惬意的就是躲在暖和的屋里，在玻璃窗边捧着一杯热乎乎的咖啡。不过就算是夏天，瑞典也从没热过。海明威就曾说过：世界上最冷的地方，是夏天的瑞典。

"我觉得还有别的原因，"留着齐肩金发的瑞典姑娘 Marry（玛丽）走过来，手里拿着一块曲奇饼，"众所周知，我们瑞典的男生呢，出了名地闷，"她说着瞟了 Janz 一眼，"没有冒犯的意思，Janz，但是无法否认，大部分的瑞典男生都很害羞。所以 Fika 呢，算是不成文的规定，可以让大家每天都能聊几句，免得同学一场，最后可能连名字都记不住。"

"如果换成我们西班牙人，" Julian（胡里安）插进来说，"那恐怕一旦开始 Fika，就怎么都停不下来了，会一直聊到晚饭时间为止。"

上课铃响了。这就是我人生中的第一次 Fika。

可以用 Fika 约会吗？

我念书时所在的城市隆德，是一座拥有一千多年历史的大学城。这里有两座了不起的建筑，一座是隆德大教堂，坐落在城市中心，距今有接近一千年的历史了，线条简洁，白白净净，没有一点儿多余的装饰；另一座是建立于 1666 年的隆德大学，目前是世界百强大学之一。

隆德因此也是座颇具文艺气息的城市，市中心的街道动辄就有几百年的历史，每条小巷子中似乎都藏着故事。目之所及，无不是花店、服装店

和纪念品店,但最多的还是咖啡馆,走几步就是一家。刚来的时候,我好奇这么多咖啡馆,竞争如此激烈,它们该怎么养活自己呢?

仔细看看就会发现,每家咖啡馆里都不缺客人,尤其是冬天。有人捧着书和电脑,更多的则是三三两两坐着聊天。那时我还是穷学生,见到店里的一杯咖啡卖几十克朗,而教室门口就有 2 克朗的拿铁,所以很不理解咖啡馆里为什么有那么多人。

直到有次遇到 Janz 和 Marry(听说他俩后来约会过很长一段时间)邀请我 Fika,我们就近找了一家播放着优美爵士乐的咖啡馆,捧着热乎乎的咖啡,就着几块松饼和蛋糕,舒舒服服地聊了半个钟头:圣诞假期的计划、Marry 奶奶的手工肉丸、去冰岛泡温泉的几点注意事项,以及究竟是月饼好吃还是寿司更美味……那是一个寒冷又难忘的周末午后,Janz 讲到兴头上便恣意大笑起来,我觉得这是他最放松的一刻。

我们宿舍的 Johans(约翰斯)是一位身材高大、相貌英俊的 20 岁瑞典男孩,留着长长的金发。和我一起搬进宿舍的美国女孩第一天就惊呼:"我们宿舍有个超帅的瑞典男生!"

但就是这位超帅的 Johans,每次被人搭讪都会满脸通红、不知所措。有一回我们打完旱地冰球(Floor Ball),正巧遇到了一群过来打排球的女孩子。其中一个漂亮姑娘大大方方地走到Johans面前说："我们去Fika吧。"

结果Johans满脸无辜地回头望了一眼我们，睁大了漂亮的蓝眼睛对她说："我已经约了室友去看电影……"

这让我明白了Fika也可以是约会的代名词。

Fika时聊什么？

"如果你准备用Fika的时间来谈正经事，那么，我打赌，大家都会觉得不舒服，"Janz对我说，"上个星期我在实习的公司里，大家正在Fika，忽然经理过来了，他打断我们的闲聊说，各位，我们可以趁着这几分钟头脑风暴一下……"

"就是那个德国人？"我问。

"对！"他回答，"我看到所有人的脸色都变了，头脑风暴在尴尬的沉默中迅速结束了，垃圾桶里塞满了没有喝完的咖啡。"

"德国经理大概认为，工作时不应该有放松的时间吧？"

"没错，的确该好好工作，但在我们的字典里，Fika的权利不应该被侵犯，哪怕最忙的时候，一刻钟总是抽得出来的——何况，Fika是为了换换脑子，"Janz敲敲自己的太阳穴，"这样我们的效率可以更高。"

瑞典是全球人均拥有跨国公司数量最多的国家。因此，谁也不敢小瞧瑞典人的工作效率和职业态度。虽然瑞典人很少加班，但在办公室的8个小时里，他们总能全情投入到工作当中。正因为如此，短短的Fika时刻更是近乎神圣而不可侵犯的。

"所以，瑞典公司都有Fika？"我问。

"当然！我还没听说过哪个瑞典公司敢拒绝员工的Fika呢！"

"那么，究竟每天什么时候该Fika呢？"

"这是个神奇的问题，"Janz思考了一阵，"这与时机有关——每天都存在着这么一个时刻，大家会不约而同地听见脑子里有一个声音在呼唤我们，于是我们放下手中的鼠标或者键盘，抬起头来相视一笑，接着某个人会站起身，率先说一句：'我们Fika去吧……'这就是Fika时刻。"

"然后，就有人拿出自己带来的小点心，比如肉桂饼、曲奇、蛋糕，与所有人分享。就着咖啡吃些小点心，才是Fika的标准方式。"Janz说，"但

我们这代人常常只喝咖啡,老一辈会觉得过于寒碜。"

的确,瑞典的老一辈人会郑重其事地 Fika,冲好咖啡,再搭配几种美味的甜点。他们会呼唤你到客厅坐下来,将甜点在漂亮的红色花格桌布上摆得整整齐齐,好像一席盛宴。

"Fika 是一天当中,家庭里最重要的时刻之一。"一位瑞典老人告诉我,"我和太太尽管在忙着自己的事,但在某个时刻,我俩会心有灵犀地发现,是时候坐下来 Fika 一下了。"

说罢,他和太太脸上露出了羞涩但甜蜜的笑容。

最后一次 Fika

告别瑞典前,我最后一次见到 Janz,是在离学校不远的写字楼中,他在一家投资公司找了份实习的工作。

写字楼只是一栋低矮的两层建筑,地上一层,地下一层,内部却相当明亮简洁，现代主义的风格贯穿着每一个角落。

穿着修身西装、系着蓝色领带的 Janz 在公共区域的沙发上等我。公共区域夹在爱立信公司和瑞典银行中间，其中零零星星地站着几个端着咖啡聊天的西装革履的职业人士。我俩打过招呼，他问我，一起 Fika 吗？

于是我们来到咖啡机前。不同于学校里的咖啡机，这台要漂亮得多，咖啡机的外壳是平滑的不锈钢，几乎可以映出人脸。这里的咖啡是免费的，使用的也不再是纸杯，而是奶白色的瓷杯，还有配套的小圆碟和一次性勺子。

Janz 问我最难忘瑞典的什么，我脑子里第一个蹦出来的东西是肉丸。显然我本质上是个吃货。接着，我想起了盛夏的落日，接近凌晨的夜里，我和室友在漫无边际的灌木丛里散步，耳边满是踩在松脆树枝上发出的嘎吱嘎吱声，火红色的地平线上停着几座懒洋洋转动着的风车。我说，那样的落日，我真是一辈子也忘不了。

"还有呢？"他问。

"还有，我原本一个不怎么喝咖啡的人，现在没有 Fika 便活不下去。"

没想到，这个"很瑞典"的习惯，我后来保持了很多年。

每天上午，要是没有一杯咖啡，我便会情绪低落，无法工作；每天午后，要是没有一杯咖啡，我便会头晕脑涨，根本做不了事。

有时候，我端着咖啡站在 6 楼的落地玻璃窗前，冲着迎面走来的同事打招呼："嗨，昨天的客户聊得怎么样？"

那感觉就像是一下子回到了 10 年前，我冲背着书包的 John、正在捋袖子的 Janz、眉飞色舞的 Hans、永远面露羞怯神色的 Johans、从烤箱前转过身来的 Ida 打招呼……而他们各自端着一杯咖啡，朝我走来。

"嗨，李，怎么样？这 10 年来……"

如今的 Fika 也不一定是喝咖啡，你可以喝茶，可以喝果汁，甚至也不用搭配任何甜点，这些都不重要。

重要的是，你曾经感受过北欧漫无尽头的黑夜，你害怕寒冬里的孤独，你希望和喜欢的人——不管是亲人、朋友、同学、同事还是恋人——坐下来，听听他们心里的话，也告诉他们你的心事。即使 Fika 就那么一会儿，但这一会儿对你很重要。

所以下次面对自己喜欢的人，不妨说一句："一起 Fika 吧！"

采蓝莓、越野滑雪与自由漫步权

城市中的"野生"休闲方式

武玉江

日本立教大学政治学博士生，2013年定居瑞典，曾在瑞典乌普萨拉大学政治学系担任研究助理，是4个孩子的父亲，常作为家庭主夫照顾孩子起居，深感北欧的山水适合孩子玩耍与成长。

2013年夏天，我搬到了瑞典生活，此后妻子总是让我体验各种瑞典社交活动，希望我能早日融入瑞典社会。我们生活在城市里，除了Fika与桑拿，我还体验了更多"野生"休闲方式。

"坦诚相见"

妻子推荐我体验的第一项活动是蒸桑拿。

推开第三间桑拿室的木门时，我看到了一位上身丰盈的女士正赤身坐在最下排座位中间的位置。我十分慌张地带上了门，嘴里冒出了句"Sorry！"（对不起！），然后，我听到了屋里的人用英语对我说："No Problem，Come in！ Here is mixed sauna."（没事，进来吧！这里是混浴桑拿。）

我尴尬地站了片刻，便再次推开门。进门后冲她点头笑了笑，说了句"Oh，thank you！"（哦，谢谢！）然后顺着墙走到最上层座位的角落里坐了下来。蒸桑拿时，一定要带一块毛巾垫在座位上，没有人喜欢直接坐在别人的汗液上。

和其他几间桑拿室一样，座位的正对面是一扇大玻璃窗，透过玻璃，可以欣赏到窗外的厄勒海峡。此时窗外正下着小雨，屋里只有我们两个人，不一会儿，又有一位女性赤裸着推开另一侧的门走了进来。她坐到了先前这位女士的身边，两个人聊了起来。

过了一会儿，又进来了一位金发女郎，看相貌也就20岁出头。不过，她衣冠整齐，一副清洁工的打扮，一手拿着拖把，一手拿着水桶。她很有礼貌地告诉我们，闭馆的时间快到了，她需要打扫卫生，请我们移到其他的桑拿室。

一开始我以为这位清洁工只是在女宾部服务，没想到她后来也跑到了男宾部来打扫卫生。在中国，男浴室里也会有女清洁工工作，但一般都是上了年纪的阿姨。这么年轻的女孩在国内是断然不会如此淡定从容地在一群裸体男人中工作的。

窗外的厄勒海峡，最窄处只有 4 千米。海峡西边是丹麦的首都哥本哈根，东边是瑞典的第三大城市马尔默。我妻子是瑞典人，她的一位好朋友就住在马尔默，极力推荐我们体验这家"里伯斯堡海浴房"（Ribersborgs kallbadhus）——一座有着百年历史的海浴房。花上 70 克朗，你就可以享受到纯正的北欧桑拿：男女宾部各有一间木桑拿室和一间干桑拿室，还有一间男女混合的蒸汽桑拿室。蒸完桑拿，可以跳入冰冷的波罗的海，游上几分钟，体验北欧式的冰火两重天。

蒸桑拿是北欧人最喜欢的休闲方式，人们赤裸相见，不禁让人怀疑"北欧尴尬症"是否真的存在。如果你参与了这项活动，基本可以被北欧朋友当作"自己人"了。

采 蓝 莓

那次桑拿之后不久，2013 年夏天，我从日本搬到了瑞典，此后妻子总是让我体验各种瑞典社交活动。盛夏是瑞典人的休假期，我们最常做的事情就是约上朋友或邻居，带着孩子们到森林里采蓝莓——对大多数北欧城市而言，纯天然的森林触手可及。出门之前，两个女儿会准备好自己的小桶，穿上防水靴子和外套，方便在湿润的森林中穿行。野生蓝莓一般在树林中成片生长，两个孩子蹲在低矮的蓝莓丛里，寻找那些蓝色的、表面有白色粉末的果实。她们一边采一边提醒着大人："你们一定不要采那些还没有成熟的果实。"采够了蓝莓，时间尚早的话，我们会走到湖边，换上泳衣跳进水里。附近居民时常来湖边晒太阳，两个女儿就会和他们带来的金毛犬打成一片。除此之外，我们还会爬山、露营、野餐，或者到哥特兰岛租间乡间别墅小住几日。

在北欧的森林或原野里漫步或远足，最大的好处就是不用担心自己会不慎闯入私人土地，从而引来不必要的麻烦。这倒不是因为北欧的森林和原野是国有土地，恰恰相反，除了国家和省市级公园之外，北欧的多数森

林和原野都是私有的。真正的原因是，北欧国家有一项其他欧洲国家没有的公共权利——自由漫步权，也被称为自然享受权。

这项权利是指在不施加破坏的前提下，北欧人拥有自由进入他人所有的山野、森林等土地，采摘野生浆果、蘑菇、野花，以及搭帐篷宿营等行为的权利。我们夏天时常在其中游泳的一片森林湖区就属于私人土地，大家都自觉地把车停在领地标志外，步行走进森林。当然了，进入林地内的私人房屋和庭院、食用栽培农作物和砍树等行为是不被允许的。

北欧各国的法律对于"自由漫步权"的界定，是有些差别的。比如，有些国家会允许进入者生火，有些国家允许适度的钓鱼和打猎，有些国家甚至还允许贩售在他人土地上采摘的野生浆果。

在瑞典，徒步、骑自行车或者滑雪穿过他人土地的行为是被允许的。在可以步行的地方，还允许做短时间的滞留，包括休息、用水、洗浴、48小时以内搭帐篷露营等行为。同时，采摘野生浆果、蘑菇、野花（除了受保护的物种外）的行为是被允许的，贩售这些采摘物也都属于合法的行为。

但在丹麦，采摘浆果只能供自己食用，以贩卖为目的的采摘则会触犯刑法中与盗窃罪相关的法条。丹麦作为北欧国家里人口密度最高的国家，

关于"自由漫步权"的限制也是最多的。比如,在《自然保护法》第 54 条里就规定,露营和沐浴的地点,必须在附近的民居 50 米以外。私有林地中,在未被允许的情况下,只有在面积 5 公顷以上的林地中,进入者才可以在日出到日落之间,在距离最近民居 50 米以外的林道散步。

越野滑雪

正是因为"自由漫步权"这项社会权利的存在,很多北欧人可以在冬季享受一项传统的户外运动——越野滑雪(Cross-Country Skiing)。比如在挪威,就有一部《野外生活法》,规定有主的空地、耕地、人工林地,在每年 4 月 30 日以前及 10 月 14 日以后,在地表已冻结或者被雪覆盖的时候是可以进入的。在瑞典,很多私有牧场主会开放自己的土地,方便滑雪者穿越。我家附近的山谷里就有几个这样的牧场,每到冬季都会拆除部分栅栏,贯通几条约定俗成的滑雪路线。

越野滑雪在北欧各国的文化和历史中都占有着特殊地位,也是冬季最受人们青睐的休闲活动。北欧的孩子,一般四五岁时就开始接触滑雪,对他们而言,越野滑雪和骑自行车、登山一样,是最基本的户外技能之一。

越野滑雪的最大魅力莫过于穿梭在寂静的森林或空旷的原野中，享受北欧冬季的自然之美。当然，对于我这样的菜鸟，在地势起伏不大的牧场里滑雪，是最合适不过的了。虽说我总是滑雪道上速度最慢的那个，还经常莫名摔倒，但是越野滑雪已经成了我在漫长的北欧冬季里最为重要的一项休闲运动。

自由漫步权

北欧国家土地私有化的程度非常高，特别是在人口稠密地区。但与此同时，像"自由漫步权"这样的习惯法却延续了几百年。这其中很重要的原因是北欧各国公民对权利和义务之间的平衡感很重视。

在瑞典语中，"自由漫步权"被称为"Allemansrätten"。这个词是由三个词组成的："全部的"（alle）、"人的"（mans）、"权利"（rätten），直译过来就是"所有人的权利"或是"每个人的权利"。也就是说，在这项权利中，没有穷人和富人的区别，也没有本国人和外国人的区别。

在日本的很多地方，靠近河流和海岸的土地往往售价更低，因为这样的地方更容易受到洪灾或海啸的侵害。但在瑞典，水域不会带来那么多的自然灾害，附近的景色也更美。因此，能够在靠近海边或沙滩的地方建造房屋的，一般是相对富裕的家庭。既然是美丽的风景，那就更应该保证所有人都有能够接触它们的机会，这就是"自由漫步权"的现代价值理念。

因此，瑞典《自然保护法》第15条规定，水域附近100米以内的土地，不得修建影响野外活动的建筑物，在一些特殊的地方，受保护的范围甚至达到了附近300米。这样的规定，充分保护了普通人使用水域和沙滩、海滩的权利。在一些人口稠密的地区，地方政府会允许居民在靠近海边或沙滩的地方建造房屋，但这些土地的所有者不得禁止其他人靠近水域。

当然，每个人对于义务的履行，是让"自由漫步权"这一公共权利得以延续至今的重要原因。行使这一权利最基本的原则是"Inte Störa och inte förstöra"——不要打扰，也不要破坏。也就是说，享受自然是每个来到这片土地上的人的权利，但前提是履行自己的义务：不要打扰这片土地的所有者和使用者，不要破坏这片土地上的任何东西。我想这就是北欧，一个重视规则，又拥有最多自由的地方。☺

设计生活

卡尔·拉森温生所的家庭生活场景为人所知,他布置的小木屋 Lilla Hyttnäs 被列为瑞典家居设计的典范。

从芬兰猎刀到二手家具店

探访芬兰赫尔辛基设计区

张宁峰

芬兰阿尔托大学艺术设计与建筑学院平面设计硕士，艺术设计与建筑学院媒体学博士候选人。自2006年到芬兰求学，至今十余载，在日常生活中深感芬兰设计之美。

在寒冷和寂寞的映衬下，那些曾经参不透的设计符号，突然变得熟悉、生动、可爱起来。这些平凡的东西带来的舒适和温情，就是芬兰人心目中期盼的"家"的模样。

说来也是奇妙，我与芬兰设计结缘颇早。10岁生日时，家中一位长辈送了我一柄辗转带回国内的芬兰猎刀。那时年幼，父母说刀为凶器，少儿不宜，让我把玩了几下后便没收了。虽然未曾真正拥有，但那柄猎刀极为舒适温润的握持感、那闪着寒光的优雅刀身连同上面的"Finland"（芬兰）一词，牢牢地印在了我的脑子里，成为我对芬兰最初的记忆。我小时候喜欢的东西很多，但大部分都是三分钟热度，唯独忘不了这柄芬兰刀——它在我的脑中竟成了一种蛊惑，也成为我日后探究芬兰及其设计之美的原动力。

2012年，芬兰首都赫尔辛基被国际工业设计协会评为"世界设计之都"。这个北欧国家的首都以设计为名片，成为世界瞩目的焦点。同年，我也有幸被芬兰阿尔托大学艺术设计与建筑学院录取，在探究芬兰设计奥秘的道路上跋涉，从硕士到博士，迄今已有6个年头了。

偶遇设计区

自从来到赫尔辛基求学，"芬兰设计"、"极简美学"、"情感表现"等玄而又玄的抽象概念成了我极为感兴趣，却始终无法参透的部分。有一段时间，我总是求诸书本，妄图靠文字来理解芬兰设计背后的精髓。然而自芬兰设计进入学界视野以来，相关书籍虽不知凡几，但很多书籍一读下来，多是以抽象解释抽象，越读就越糊涂。理论家也好，艺术家也罢，各自的理念视角不同，对芬兰设计的理解也不尽相同。他们各执一词，真不知该信谁才好。直到三年前的一个冬天，我带着这些疑惑从赫尔辛基设计博物馆出来，下午4点时街上已是华灯初上，却四下冷清，空无一人，周遭只有冬夜的凛冽寒风和飞雪。我叫不到车，只好顶着风雪，沿着拉达大街踽踽而行，穿过弗雷德里克大街，走到红山街。这一路越走，异乡人的孤独感便越强。当我走到设计区中心时，看到街道两旁店铺的橱窗里，昏黄的灯光温润，那些陈列的锅碗瓢盆、桌椅床柜在灯光的映照下，透出亲切的质感和充满人情的气息。

我心里忽然升起一股强烈的愿望：想在这寂寞寒冷的冬夜里，去亲近这些平凡的器物——在壁炉里燃起木柴，坐在桦木香浓郁的实木靠椅上，腿上搭着暖色的织花毛毯，温润的陶瓷杯里溢满咖啡的浓香。不管外面风雪如何肆虐，这里是给我温暖、供我休憩的地方。

在这个冬夜，就在赫尔辛基设计区空无一人的街道上，那些曾经参不透的设计符号，在寒冷和寂寞的映衬下，突然变得熟悉、生动、可爱起来。这些平凡的东西带来的舒适和温情，就是芬兰人心目中期盼的"家"的模样。这一刻，我好像突然明白了芬兰人对温馨居所的渴望，也明白了"家"是芬兰设计中永不过时的主题。

自那之后，我抛开了书本，一有空便将自己投身于设计区这片方寸之地，走走看看。更多的时候，是进入那些不起眼的二手商店内，淘换些带着人情味的旧东西：锅碗瓢盆、日用穿戴、桌椅床柜，林林总总，不一而足。而今家中物品成箱，总觉得那些朴素老旧的设计品依旧带着灵气和人情。

这片设计区就是著名的"赫尔辛基设计区"。早在1999年，芬兰就把设计和创新作为"软实力"正式提升到了国家竞争的战略层面，启动了名为"设计2005"（Muotoilu 2005）的国家计划，将"设计"作为一种思维模式植入各行各业。赫尔辛基设计区，就是在这种形势下诞生的。与欧洲其他国家那些因为区位偏远、房价低廉而吸引了许多"潦倒"艺术家聚居的艺术区不同，赫尔辛基设计区以市区的红山街为中心，东傍赫尔辛基码头集市广场，西至僧侣岛区码头街临海一线，南至乌兰城堡区，北边则包含市中心康比区的大部分区域。因为在城市中央，设计区内街道干净整洁、

　　景色优美，区内住户大多也是受过良好教育的中产阶级。这片设计区能够成功，除了离不开一大批有志于创业、具有凝聚力的新兴设计师组成的网络外，更有创建于130多年前的芬兰设计论坛（Design Forum Finland）作为幕后的公共推手——其目的便是将"芬兰设计"推向世界，将之打造成这个北欧小国的大名片。

　　时至今日，赫尔辛基设计区还在不断发展，共有25条街道，聚集的设计商店与机构已逾200家，且还有增加之势。但我个人觉得美中不足的是，而今的芬兰，因为经济形势不佳，对设计的推崇少了些朴素的尊重，多了些急功近利的商贾气。一些传统的设计品牌，拼了命地刻意给自己贴上"芬兰设计"的标签，去迎合亚洲国家新兴中产阶级的需求。更有些年轻的芬兰设计师，对近几年流行的"社会责任"、"绿色设计"等理念过度解读，对老一辈芬兰设计师积淀下来的朴素情感和务实传统产生了认同危机。他们的作品，更多的是对实用主义尖酸刻薄的嘲讽。他们在所谓的"艺以载道"上花费了大量的精力，反而偏离了平凡生活的本真需求。

　　我还是喜欢在冬日的午后，伴着寒风，在设计区的街道中找寻那些老一辈芬兰设计师留下的遗产。因为他们的作品，不是为了辩证"艺以载道"或是"为设计而设计"等虚无概念，他们明白一件真正的作品，只要倾注了设计师对于普通大众需求的关切，和对平凡生活的细致体悟，便已经达到了"载道"的目的，成为永恒的经典。

这些芬兰设计巨匠们，他们的作品，大多是普通的杯盘瓶罐、灯箱桌椅，所用材料以纯粹的实木、黄铜、玻璃和陶瓷为主，造型也简单质朴。他们在设计中将"实用"和"简洁"完美结合，却并不粗浅：北欧的"极简主义"没有德国商品中浓烈的标准化气息，反而具有强烈的个人色彩。

很难将芬兰设计的传统气质追溯至单一的源头，我个人认为，它可能来自设计师对本国风土的体悟和对美好生活的热忱期盼——阿尔瓦·阿尔托创作的甘蓝叶（Savoy）花瓶，其圆润的线条和通透的质感脱胎于"千湖之国"那一泓春水的如镜粼光；伊尔玛里·塔皮奥瓦拉的多姆斯靠椅通体散发着芬兰夏日森林里那一棵棵高耸入云的桦木的浓香；蒂默·萨勒巴内瓦的铸铁煎锅（Spata）里盛满的，除了秋日的瓜果，更有芬兰乡村老铁匠的沉默和善良；透过塔皮奥·维勒卡拉的极冻酒杯（Ultra-Tuhle），可瞥见波罗的海在寒冷冬夜里，冰面上反射的清冷星光……我想这就是芬兰设计，源于自然，美于生活，难以模仿。这些芬兰设计大师的作品，连同阿尔泰克（Artek）家具、阿拉比亚（Arabia）陶瓷、伊塔拉（Iittala）玻璃器皿以及玛莉美歌（Marimekko）家居纺织等著名设计品牌一起，掺着芬兰森林里泥土的清香，混着质朴生活的烟火气，渗入到芬兰的家家户户。

来到赫尔辛基，一定要到设计区看一看，感知一下设计在芬兰人心中的地位。但需要说的是，芬兰设计历史悠久、城市中设计细节比比皆是，设计区只是一个相对集中的文化和地理概念，若觉得设计区外再无设计，便大错特错。设计区店铺繁多，初到此地，各种匠心独具、奇巧精致的设计单品绝对会让人目不暇接。但我个人感觉，真正能引人驻足的，却还是那些简单的锅碗瓢盆、桌椅床柜。芬兰设计以人为本、优雅质朴的精髓也通过这些简单却不粗浅的生活用品悄然散播开去。

阿尔泰克二手商店

要谈芬兰设计，"阿尔泰克"是一个绕不过去的名词。这一品牌创立

于 1935 年，背后的推手，是当年四个具有理想主义精神的年轻人。其中阿尔瓦·阿尔托和他同为设计师的妻子艾诺·阿尔托是最为人所知的两位。在阿尔泰克创立之初，阿尔托作为首席设计师，便立志通过芬兰的美学传统和实用精神，创造一种"能为普通大众所用"的家具。除此之外，通过展示和教育手段出售家具，并促进现代文化生活也是阿尔泰克的宗旨之一。

我每次从位于高山街 23 号的赫尔辛基设计博物馆出来，总要跑到旁边一街之隔的阿尔泰克二手店去看看坐坐。因为在博物馆里，隔着展柜看产品，总感觉云山雾罩，隔着一层。对于设计品的精髓，无法亲身体验，只能把握那隔着玻璃散发出的氤氲之气。而位于小罗伯特大街（Pieni Roobertinkatu）4 号地下室的阿尔泰克二手店便成了我实地体验的绝佳场所。若是第一次到这里，小店的门脸并不好找。因为处于地下，街面上只有一块不起眼的黑色标牌。但若步行下楼，里面却豁然开朗，别有洞天。整个店面占地面积约莫百十平方米，白墙白顶。墙面并没有刻意细化，有的地方还有原石裸露的痕迹。但就是这样一个近乎简陋的场所，却收藏着

阿尔瓦·阿尔托、于勒约·库卡布罗（Yyi Kukkapuro）、伊尔玛里·塔皮奥瓦拉（Ilmari Tapioraara）和塔皮奥·维勒卡拉（Tapio Wirkkala）等大师的几乎所有类型的设计作品。从木质家具到金属灯具，从玻璃器皿到手工艺品，林林总总，应有尽有。每次到店，店长安迪·德瓦雅勒维总是津津乐道于他和店铺的故事。

安迪为阿尔泰克公司工作十余年，掌管这家二手店也有三年的光景。年轻知性的安迪日复一日、乐此不疲地守着他心中的设计宝藏。因为从小到大，他最感兴趣的，便是在跳蚤市场收集那些外表陈旧但设计精良的老物件，这也使得他对于浸透了人情冷暖的旧物有一种近乎偏执的喜爱。用安迪自己的话说，他与阿尔泰克结缘于家中祖父辈传下来的那些旧家具，尽管表面的抛光已经陈旧、喷漆也已经泛黄，但是它们温润的触感和极简的造型，放到现在来看也绝不过时。除了对于阿尔泰克系列产品设计本身的喜爱，安迪对于阿尔泰克提倡的"实用"、"极简"、"贴近生活""反弃置主义"（anti-throwawaism）等理念也颇为认同，这也是他每天栖身于这间地下室却乐此不疲的原因了吧。

地址：赫尔辛基小罗伯特大街4-6号（Pieni Roobertinkatu 4-6, 00101, Helsinki）

大隐隐于市：普洛图设计咖啡馆

离红山街不远的"普洛图"（Plootu）可能是我在赫尔辛基设计区最喜爱的一家咖啡馆了。

开店以来，普洛图便成了我们这群设计学院学生经常聚会的地方。咖啡馆位于基伊索卢波约卡图32号，店不大，内部的装潢色彩深沉古朴，以黑、灰及深棕色为主，和店内陈设的实木设计作品相得益彰。在暖黄色灯光的映衬下，掺着咖啡的浓香，小店透出一股暖洋洋的温情气息。

无论何时，普洛图的店主萨米·马基宁（Sami Mäkinen）脸上总是挂着一抹盈盈的浅笑。他曾是诺基亚集团驻俄罗斯圣彼得堡分部的高管，前半生纵横商界，满世界游走，见惯了风云际会，也和各色人等交往无数。而在遇到了他温婉娴静的越南妻子后，萨米参悟到了平凡生活的细节之美，从此守着妻子大隐于市，在设计区中心开了这家小店。通常是萨米站在柜台后迎客，他的妻子在厨房专心打理美食。他们的苹果派和椰子蛋糕尤其棒。苹果是新鲜的青苹果，选材考究。椰子蛋糕基底松软可口，入口即化，椰蓉清香，却不过分甜腻。这里价钱也合适，学生们也去得起，并不像那些酒店楼下的沙龙，动辄几十近百块钱，令人却步。若是在设计区逛得累了，大可以走入普洛图，迎着萨米温和的微笑，要上一杯咖啡，切上一块蛋糕，坐在设计品周围，度过一个悠闲而艺术的下午。

除了美食和咖啡，设计也是小店的主题。两个年轻设计品牌"A&A Design"（A&A 设计）和"Sasu's playhouse"（苏萨的剧场）栖身店中，和萨米的咖啡美食互相照映，共生共赢。店内的设计产品以家具为主，也有不少充满情趣的生活用品。如若对芬兰设计大师们的作品产生了审美疲劳，这里的新鲜东西绝对会让你感到惊喜。Ⓜ

椅子们的故事

北欧家居设计的时代

中央美术学院设计学博士，致力于现当代视觉与物质文化的微观研究与实验性写作，并从事相关出版、展览等工作。曾参与中国首个致力于推广本土艺术家书籍和自出版物的展览 abC（art book in China，中国艺术书展），译有《设计人类学：转型中的客体文化》（Design Anthropology: Object Cultures in Transition）。

王馨月

北欧的家居设计理念和发源于德国的现代"极简主义"一样，也十分强调物的功能，但前者所创造的不仅是风格，更是一种对美好生活方式的愿景。

如果要让你说出一种家具类型，你首先会想到什么？我相信"椅子"一定是浮现在你脑海中的几种物品之一。因为"坐"对我们而言太重要了。在我们的基本行为活动中，"站立"和"走路"都是肌肉自主发力的结果；而"坐"就被动多了，坐具的设计好坏与否决定了我们坐时的肌肉是放松还是紧张。

多少年来，椅子的新设计层出不穷，因为人们想要更加舒适地坐。但一把真正意义上的好椅子，会让人完全放松，忘记"坐"的动作，成为我们身体的延伸。当舒适感萦绕着身体时，我们会真正体验到，好的设计是令人身心愉悦的。

在北欧的家居设计史中，有许多大师因设计椅子而闻名，这些经典的椅子兼具艺术美感和实用价值：它们在艺术展览中，在博物馆的橱窗里，更在任何一个可能的生活空间中。或许它们也曾见证过你的日常故事，即便你并没有去过北欧。

天鹅椅、蛋形椅、水滴椅

斯堪的纳维亚航空皇家酒店（SAS Royal Hotel）是哥本哈根的第一座摩天大楼，现已更名为哥本哈根丽笙豪华皇家酒店（Radisson Blu Royal

Hotel, Copenhagen）。在这座酒店的 259 间客房中，有一个特别的房间：606 号客房。这个房间内，每一个细节都保留着半个世纪之前的模样——由丹麦设计师阿诺·雅各布森亲自设计，从织物到地灯，再到未来主义风格的餐具，以及雕塑感十足的椅子，这些经典元素缔造了斯堪的纳维亚航空皇家酒店的神话。雅各布森是丹麦第一位把 20 世纪 20 年代以来流行的现代主义、功能主义设计精神注入产品设计的本土设计师。

在这些产品中，最为人所熟知的天鹅椅、蛋形椅和水滴椅，是由雅各布森设计、弗里茨·汉森（Fritz Hansen）亲手制作的。这三把椅子就像孪生姊妹一样，以当地手工艺为基础，并配以新型工业产品的极简外形。作为日常家具，它们的材质和色彩还可以随着时代潮流的变化不断更新。

2018 年，丽笙豪华皇家酒店对 606 号客房之外的所有客房、套间、大厅、会议室都进行了重新改造。一些具有时代感的元素为经典的北欧设计注入了新的活力，比如更加沉稳的棕灰色调，更具高级感的大理石、麂皮绒材质等。在新材料的应用之下，拥有经典设计的天鹅椅、蛋形椅、水滴椅依然能够焕发出新的活力，给人带来美的愉悦。

这种强大的生命力不仅仅是因为它们柔和、没有棱角的外形，而在于设计与人的情感需求的呼应。比如蛋形椅，从底座的中心向上，以一种逐渐向内包裹的方式，生长出一种母亲般的温暖和宽厚，几乎唤醒人们在母

亲子宫里的记忆；而天鹅椅的造型则在包裹的同时又向外伸展，侧壁扶手如同天鹅丰满的羽翼，带给人得到庇护的安全感。它们没有从形态上完全模仿大自然中的事物，而是通过设计与自然呼应——雅各布森完全理解人们对自然的依恋：自然和家的概念是相通的。

帕米奥休闲椅

在芬兰，松树和云杉遍布全国，丰富的森林资源构成了当地最为重要的自然风光，也为当地设计师提供了原生灵感和环保材料。芬兰建筑师阿尔瓦·阿尔托同时也是一名著名的产品设计师，是北欧"有机设计"的代表人物。他不仅善于处理有机形态，更将芬兰人对于天然材料的利用提升到了新的层面。为了使木材的效用最大化，阿尔托不断探索木材应用的新的可能性，曾用5年时间进行木材弯曲实验，希望通过曲线来表现自然材料的可塑性，这项实验成果为家居设计带来了突破性的进展。20世纪30年代他运用弯曲木技术为帕米奥疗养院设计了一系列家具，其中的帕米奥椅（Paimio Lounge Chair）成了经典设计。但其实帕米奥椅只是整个养老院系统当中一颗小小的"螺丝钉"。阿尔托曾说："我们的工作不应当只是专注于孤立的住房问题，而要从住房问题开始，延伸到提升城市所有的其他功能之中。"

"The Chair" 肯尼迪使用

"The Chair" 丹麦女王玛格丽特二世

"有机设计"正式得名于1941年在纽约现代艺术博物馆举办的一次名为"家庭陈设中的有机设计"（Organic Design in Home Funishings）的展览。展览上，北欧设计师埃罗·萨里宁（Eeso Saovinen）和美国工业设计师查尔斯·伊姆斯（Charles Eames）合作设计的由曲线胶合板拼接而成的椅子系列获了大奖。展览主办方评价说："一个设计，当整体中的各部分能根据结构、材料和使用目的很和谐地组织在一起时，就可以称作是有机的。在这一定义中，徒劳无用的装饰消失了，而美的部分仍然是显赫的——只要有理想的材料选择，有视觉上的巧妙安排，整体设计有其理性上的优雅即可。"

如今，人们更多把"有机设计"看作一种盛行的现代设计风格标签。而北欧家居设计师们为现代设计做出的贡献，给了世界一个认识遥远北欧的契机，也让北欧人对于自身的定位有了更多思索。

"The Chair"

20世纪40年代，丹麦设计师汉斯·韦格纳设计了一系列椅子，它们以中国明代的圈椅作为雏形，在后背和扶手的塑造上做了设计的变化。这些被称为"Chinese Chair"（中国椅）的椅子，代表了当时丹麦家具设计的高点。1949年"The Chair"（圆椅）出现，在延续"Chinese Chair"系列的基础上进一步简化，利用榫卯结构，将四条腿向上延伸，与扶手和靠背连成一个整体，取消了靠背中间的竖状木质支撑。

这把椅子所展现出的纯粹的设计哲学，给人一种庄重而亲切的感觉，许多上流社会的精英在公共场合会晤访谈时，都曾和这件"秘密武器"一同出现。比如1960年，当时的美国总统候选人理查德·尼克松和约翰·肯尼迪在总统竞选的电视辩论中，坐的就是这款椅子。不同时期的两任丹麦总理，延斯·奥托·克拉格（Jens Otto Krag）和波尔·尼鲁普·拉斯穆森（Poul Nyrup Rasmussen），以及丹麦王室家族成员，王后玛格丽特二世（Margrethe II）、丹麦公主玛丽（Mary）和王子弗雷德里克（Fredrik），也都曾在重要场合坐过"The Chair"。因此"The Chair"有幸成为见过最多大场面的椅子。

当时的"The Chair"系列是韦格纳与家具设计师约翰内斯·汉森（Johannes Hansen）合作完成的，从1976年开始由制造商PP Møbler（PP莫勃勒）出品（分为PP501和PP503两款），不同款式使用的木材不同，坐垫也分为绳线编织物或皮革等，营造出不同的质感，可以应用在不同的空间当中，但这些材质始终是自然材料。70年代，随着人们消费观念的转变，"有机设计"的概念也发生了变化，不仅主张要从自然中寻找产品形态上的根源，更主张通过设计增进人类生活和自然环境之间的关系。由此，北欧当代可持续设计的序曲开始奏响。

"可持续设计"这一概念在20世纪70年代才被定义，但实际上这种环保意识一直深深扎根于北欧当地手工艺人的心里，贯穿在北欧的设计理念之中。北欧家居设计所呈现的家居风格只是一种结果，人们对于人与环境关系的探索过程，仍在持续着。

波昂椅（Poäng）

如果说之前提到的三种椅子离我们的日常生活还不够近的话，下面要说的这一款椅子，凡是逛过宜家的人都有印象。它是一把形似阿拉伯数字"2"的扶手椅，适合用来小憩和闲读。这把已经诞生了40多年的经典畅销扶手椅，原名叫"Poem"（诗），1992年改名为"Poäng"，意思是"点"、"参数"。从酝酿生活之诗的摇篮到工作之余片刻停歇的港湾——波昂椅，自1976年进入市场以来，产量超过了3000万件，每年卖掉将近150万把。

波昂椅的设计原型就是阿尔托设计的帕米奥休闲椅，这也是宜家的经营特点之一：在北欧经典设计的基础上进行再设计，把优质的设计变为价格低廉、便于组装的经济型家具，从而能够让更多普通人在家里享用好的产品。宜家在普通消费者的生活中扮演了现代家居设计启蒙老师的角色，而对于整个世界的设计行业来说，它最重要的意义在于改变了"设计为有钱人服务"的传统，使每个人都拥有了把自己的生活变得更好的权利。

如今，北欧的清新之风吹遍了中国的家居设计圈。干净、简约、强调品质而不过度张扬的家具风格迎来了春天，这与中国快节奏的城市生活以及年轻中产阶级消费群体的崛起紧密地联系在一起。每一把经典椅子都诉说了它与所属时代、地域以及不同使用者之间的故事。时空的转变带来新的情节，我们的故事也需要回到自己的生活日常，在理解自己真实需要的起点之上重新谱写。☺

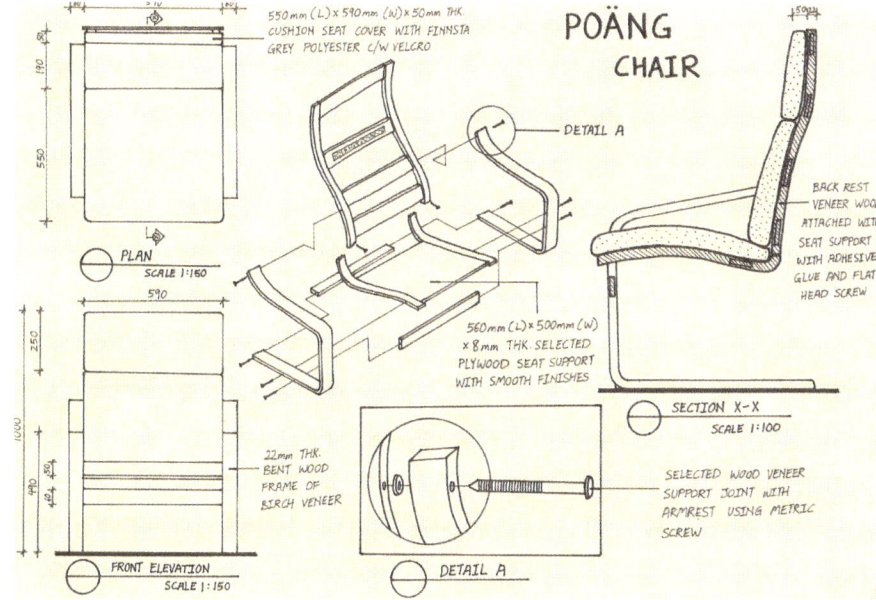

北欧当代家居设计师对话

设计中的可持续与民主化

肖 然

中瑞文化交流大使孟安娜女士的助理，曾参与景德镇 KINGS 北欧中心举办的"2016 年北欧国际艺术节"国际讲座单元，担任主持和翻译，现留学瑞典，从事画廊相关工作。

在地球上创造一个天堂是设计师的责任。

——芬兰设计师阿尔瓦·阿尔托

还没到北欧留学时，我对那里略知一二，因为父母从事的是北欧文化交流方面的工作。当我来到北欧进修设计，融入了当地人的生活，感受到不同文化的碰撞后，才对这里有了更深入的了解并喜欢上了这里。在我看来，北欧设计是北欧社会精神的一个缩影，它形象地呈现出北欧人在做事上的严谨和关怀——设计师并不是为设计而设计，而是真正考虑使用者的感受，把功能性、适用性、可持续性摆在第一位，让使用者感受到设计带来的便利和快乐。我想这是每个设计师都应该拥有的设计精神和理念吧。

对北欧设计而言，"家"是非常重要的设计领域。家在每个人的一生中都有着重要的位置，每一个家都会给人们带来不同的感觉，好的家居风格会给人们带来舒适与温暖。

很多人简单地认为，北欧家居设计的简洁风格，是和北欧的高纬度环境相关的。我曾问过宜家设计师维克托松（Wiktorsson），她个人认为设计风格是受多方面影响的，"但硬要说有关系的话，那就是高纬度决定了北欧的低气温状态，所以大部分的时间我们都会在室内度过，因此家居设计更注重物品的功能性和舒适性，而不是华丽的外观，同时简洁的风格也很适合北欧的环境，让设计和环境很好地融合也是设计师的目标之一"。

如今的"北欧风格"，源自百年来北欧家居设计师们的思索，他们很好地考虑了地理气候、自然资源和人文观念等各个因素，并不追求流行趋势与奢华，如同当地的天空、水与森林，显得自然又平和。

  北欧冬长夏短，阳光对于北欧人来说十分珍贵，所以在家居设计上采光性能非常重要。设计师会使用简洁的线条和大量的明朗单色块，使整个家居环境更为通透。就自然资源而言，北欧资源种类相对单一，这使得北欧人尤其重视可持续发展。你会发现北欧设计很大程度上保持了材料的原始样貌，人为痕迹和人工材料很少，设计师也会充分考虑材料和用途的适用性，在保持美观的同时增加了其使用寿命。人力资源对于北欧人来说也很珍贵，因此设计师会更加理性地设计产品，考虑在制作过程中如何减少人力浪费。

  北欧家居设计受地域影响可以分为丹麦流派、瑞典流派、芬兰流派。虽说是三个流派，但设计师们追求着相同的设计精神和品质，如果非要区分，我们就从最具代表性的设计师和品牌来看看它们各自的特别之处吧。

  丹麦设计流派在北欧设计中一直有着很重要的地位，其中椅子的设计是最为著名的。汉斯·韦格纳是丹麦设计界四大巨匠之一，被称为世界上最完美椅子的"The Chair"便是出自他之手。这件作品因扶手优美的曲线而著名，椅子的基本造型和其他轮廓附件皆处理为流畅的弧线，以谦和与简约诠释了优质的丹麦传统工艺和先进的有机设计理念。某种程度上，"The Chair"是推动北欧设计被世界知晓的形象大使。

  芬兰流派最具有代表性的设计就是玻璃制品。Iittala 是芬兰著名的玻璃公司，总部位于赫尔辛基的一个同名小镇，至今已有 131 年的历史。"Iittala"这个词，代表了 20 世纪北欧玻璃器皿的顶级制作技术和观念——"简洁的线条使人们易于搭配，每一件餐具依个人需要都可以有多种功能用途，看似简单的餐具，伴随着的是无尽的可能性。"

  说到瑞典设计流派，就不得不提到家喻户晓的宜家。宜家创始人坎普拉德诞生在斯马兰，这是瑞典南部一片相对贫瘠的土地。由于资源匮乏，人们千方百计将有限的资源最大限度地加以利用。宜家正是基于这种环境，提出了"为大多数人创造更加美好的日常生活"的核心理念，以及"以人们所负担得起的价格提供优质产品"的经营之道。宜家品牌受到大众的喜爱，成了瑞典最具代表性的一面旗帜，也让"民主的设计"成了瑞典设计中的重要理念。

Ann-Carin Wiktorsson 访谈

Ann-Carin Wiktorsson

北欧家居设计的风格要点是"以人为本"。北欧国家的民主化程度高,"人民"无疑是社会关注的重点之一。就宜家而言,民主的设计是指"为每个人而设计",倡导优秀的设计是美观、实用、优质、低价和可持续理念的完美结合。

Ann-Carin Wiktorsson(安·卡林·维克托松)曾在瑞典哥德堡大学的 HDK 设计与工艺学院及伦敦皇家艺术学院进修,是瑞典宜家的设计师之一。她的作品包括家庭和公共场所中的日常用品和纺织品,其特点是视觉、触觉和功能元素之间的平衡。1997 年她在哥德堡成立了自己的第一家工作室,并与瑞典一些领先的设计公司合作,创作了一批知名的厨房用具和家用器皿。

1. 你认为什么是产品设计?设计的首要问题是什么?

Ann:好的产品设计要将用户、产品、品牌连接起来,满足可持续发展以及市场需求,这是绝大多数消费者和设计师都要考虑的问题。对我而言,设计的目标是让人每天的生活变得更方便、更快乐一点儿。在设计一件产品之前,我所考虑的问题总是:这个产品是用来做什么的?是为什么服务的? 我的思考都基于"谁将去使用它"这个问题,这和我自己所在的公司也有很大的关系。比如我此前在赫格纳斯陶瓷公司(Höganäs Keramik)工作了 15 年。我也经常下厨,会把自己做饭的经历放进产品设计之中。

2. 能分享你最欣赏的设计师和作品吗?

Ann:北欧有很多有才华的设计师,如果一定要我选的话,那我最欣赏的是英杰格德·罗曼(Ingegerd Råman)和希格尼·佩尔松·梅林(Signe Persson-Melin)这两位女士。她们是瑞典重要的陶瓷设计师,有着很高的声誉,她们的作品一直启发着我,给我灵感。而说到我最欣赏的作品,则分别是罗曼的 Slowfox Glass Orrefors(欧瑞诗玻璃器皿)以及梅林的 Signe and Gråsippa(希格尼格拉斯)植物盆,它们都非常经典,美观实用并具有可持续性,这些设计理念对我产生了很大的影响。

3. 想过让用户在使用过程中体会到你的设计理念吗？

　　Ann：当我进行设计时，会努力去了解使用者的需求，确认人们的反馈，并把其中的一些融入接下来的产品设计中。就产品的功能来说，我希望加入更多的人性化设计，让使用者在使用的过程中感觉到设计师对每一个细节的照顾，感到愉悦；从产品的材质来说，我会使用更多的自然材料，让产品拥有更好的品质和更长的使用寿命；从产品的工艺上来说，我更倾向于手工艺，这样制造出来的产品会更加精致。比如我设计餐具时，会将自己在厨房中使用这类产品的经历融入其中，当然了，也会把我个人的价值观念融入其中，虽然有些价值观并不是十分合理。我也会把可持续的理念融入产品中，方便人们最大限度地循环利用。例如一只用来拌沙拉的碗，作为设计师，我非常希望你在使用这件产品时，可以发现它的多种功能，并体会隐藏在其中的价值。

4. 你会如何决定产品的颜色？你认为颜色在设计中的寓意是什么？

　　Ann：我觉得颜色的选择首先与设计师所服务的品牌相关。设计师的工作就是帮助一个品牌获得新的生命力，我会尊重那些已经拥有了这个品牌产品的消费者，所以在创造新产品的同时，也会保留这个品牌原有的精髓。例如我在赫格纳斯陶瓷公司工作时，在颜色设计上我会保留瑞典家居的传统色彩，再添加现代的颜色元素。我认为颜色在设计中是非常重要的，特别是厨房陶瓷，可以赋予一件作品灵魂。对我个人而言，我会选择那些可以使食物看起来更加美丽、更具有吸引力的颜色，比如蓝色与陶瓷的结合我就很喜欢，因为这种搭配有很悠久的历史底蕴。一些冰激凌系的颜色可以将菜肴的外观提升到新的高度。比如淡淡的蓝色，可以使巧克力和红色浆果甜点在视觉和嗅觉上更具有吸引力。

5. 可以向我们介绍一件你的作品吗？例如你是怎么设计它的？运用了哪些材料和工艺，以及为什么这样选择？

　　Ann：我想介绍的作品是一只花盆，名叫"Ingefära"（姜），我非常喜欢它。当宜家找我设计花盆的时候，他们希望看到一件永恒、经典、简约，同时又有很强个性的北欧风产品。这只花盆用了天然的材料，底座比普通的花盆要高，这样，当你给花盆里的植物浇水时，就不会出现水过多而溢出来的现象了。不仅如此，我在设计这个产品时，还希望使用者可以根据自己的需求来使用它，因此你会发现这只花盆也可以拆为两个部分，根据需要放在室内或室外使用。它一上市便成了宜家的代表产品之一。

6. 你对中国的家居设计有什么看法？

Ann：在爷爷家，我第一次见到了中国的陶瓷茶杯，感觉它们特别精致，也很惊叹这样的做工。在我的印象里，中国的陶瓷设计十分精致，同时也蕴含着深厚的文化底蕴。如今中国的发展越来越快，在家居设计方面也发展迅速，融入了大量的不同元素，我认为这是很好的，但也希望设计师在不断吸纳的过程中，能保持着中国家居设计原有的精髓。

Tuttu Sillanpää 访谈

建设循环经济,不只是废物利用,它包括原材料的选择、产品的设计和新颖的服务理念,以及将各种工业副产品用作其他行业的原材料等一整套激进变革举措。

Tuttu Sillanpää

Tuttu Sillanpää(图图·辛兰伯)是一位倡导可持续设计理念的芬兰设计师。她 1995 年毕业于芬兰美术大学艺术与设计学院,2000 年获得了时尚与纺织艺术学士学位,曾担任赫尔辛基艺术学院视觉艺术和纺织艺术的讲师。1997 年与家族一起创立了 Verso Design(维索设计)。

1. 你认为什么是产品设计?设计的首要问题是什么?

Tuttu:这是一个非常复杂的问题,很难简单回答。 作为设计师,有些问题是我必须去思考的:设计这件产品的功能是什么?如何使用材料?如何找到一个完美、清晰和简单的解决方案? 其中的首要问题之一便是生态问题,即这件产品的存在必须是合理的、必要的,我们才会去设计它。我们有一句座右铭——功能性的灵感来自生活。

2. 能分享你最欣赏的设计师和作品吗?

Tuttu:我对艺术和历史很感兴趣,并从不同的地方获得了很多的灵感。 在设计中,我追求每一件事物美丽、纯粹的地方以及它们带给我的感觉。在这种感觉的指引下,我会更加深入地解读一件产品, 理解设计师的意图和背后的设计思路。 我很尊重芬兰自己的设计传统,同时也很喜欢日本的设计思维。 我认为阿尔瓦·阿尔托的设计是令人惊叹的,美国的伊姆斯夫妇让我对现代建筑设计有了进一步的了解,贾斯珀·莫里森(Jasper Morrison)重视产品功能的设计理念对我的影响很大。

3. 你设计并生产一件产品的周期大概是多久?

Tuttu:很难一概而论,我会不断涌现出新的想法,有些想法很快就投入生产,有些需要等待几年,有些则从来没有化为实物。我为自己的家族企业 Verso Design 设计产品时,要考虑很多因素,例如我们需要什么类型的产品？公司其他的设计师是否也赞同这一想法？产品的生产时机是否合理？当然，事实上我们还会考虑产品是否有潜在商机。因此综合这些因素，产品的生产周期是相当长的，设计并不是速成的。我喜欢花时间思考每个设计环节，这可以让我的想法更加完善和成熟。我不追逐市场趋势，反而试图避免这些趋势，顺其自然。所以对我而言，慢会更好。

4. 你想过让用户体会到你的设计理念吗？

Tuttu：实现可持续发展是我的首要设计目标之一，影响着我所有的决定，在产品的生产细节中也体现着这一理念。你可以看到 Verso Design 的产品都使用了天然材料，我们知道材料是由谁制作、怎么制作、在哪儿制作的。在生产过程中，我们会优化工艺，尽量一次过关，并保证质量优良。我们也不会过度包装产品，而会尽量减少包装材料。

5. 可以向我们介绍一件你的作品吗？例如你是怎么设计它的？运用了哪些材料和工艺，以及为什么这样选择？

Tuttu：我要介绍的是 Tuokko（托克）悬挂托盘。设计这件产品时，我使用了桦木胶合板作为主要材料，外加皮革、毡和一些铁钩。这是一件可以给你额外空间的产品，可以把它挂在办公桌上，或挂在墙上当作一种特别的"床头柜"，总之可以挂在你所需要的任何一个地方，用来放置物品或种上绿植。这类设计通常源于我自己的需求，我喜欢可以多次使用、轻便的悬挂架。为 Verso Design 设计时，我一直在思考系列产品和单件产品的关联，认为二者必须传达相同的信息。

北欧当代家居设计品牌推荐

经典品牌与小众爱好

说到北欧家居设计品牌，不仅有风靡全球的知名品牌，由青年设计师开创的小众品牌也值得尝试。

Royal Copenhagen

Royal Copenhagen（皇家哥本哈根）于 1780 年在丹麦开设了第一家公司，是全世界最古老的公司之一，当时被称为丹麦的皇家陶瓷制造厂。其精致的图案设计以及高标准的制造工艺，深受人们的喜爱。丹麦王室日常餐饮和重大晚宴时使用的餐瓷也出自这家制造厂。如今的 Royal Copenhagen 在延续经典的同时，也大胆创作了许多不同的新产品，为追求新风格和注重生活品质的人们提供了更多选择。

地址：Amagertorv 6 (Strøget), Copenhagen Denmark（丹麦哥本哈根斯特耶市行街阿麦广场6号）
联系方式：+45 3313 7181
开放时间：3月–6月
网址：www.royalcopenhagen.com

Louis Poulsen

Louis Poulsen（路易斯·波尔森）成立于 1874 年，是来自丹麦的照明设备制造商，遵循着斯堪的纳维亚的传统设计原则——形式服务于功能。其产品专为模拟自然光的感觉而设计，每个细节都营造出自然光的节奏。在哥本哈根，无论是在办公楼，还是居民楼，你都能看见 Louis Poulsen 灯具的身影，由此可见它在人们心中的地位。

地址：Louis Poulsen A/S Industrivej Vest 41, Vejen Denmark（丹麦瓦伊嫩沃斯维西街路易斯·波尔森公司）
联系方式：+45 3331 1166
网址：www.louispoulsen.com

Iittala

Iittala 于 1881 年在芬兰南部一个同名的小村庄里创办了第一家玻璃制品厂，早期根据欧洲大陆传来的模型进行生产吹制、压制、抛光、喷漆和蚀刻玻璃。之后，阿尔瓦·阿尔托、艾诺·阿尔托和卡伊·弗兰克等先锋人物陆续加入，为其注入了活力，并奠定了 Iittala 的设计理念和基础：扩展边界，给人们带来美的感受并具有实用性。Iittala 的产品在设计之初就考虑到了可组合性，不同系列的产品可以互相组合，与现有居家环境也可以和谐搭配，完美地展现了其反丢弃主义。

地址：Fiskars Finland Oy Ab, Hämeentie 135, Helsinki（芬兰赫尔辛基区米特街 135 号菲斯卡斯公司）
联系方式：+358 (0)204 3910
网址：www.iittala.com

Artek

Artek 于 1935 年由四位年轻的理想主义者创建于赫尔辛基：阿尔瓦·阿尔托、艾诺·阿尔托、Maire Gullichsen（迈雷·古利岑）和 Nils-Gustav Hahl（尼尔斯-古斯塔夫·哈尔）。他们的目标是"通过展览和其他教育手段来销售家具并促进现代生活文化发展"。为了与创始人的激进精神保持一致，时至今日，Artek 仍然是现代设计世界的创新者，坚持在设计、建筑和艺术的交叉点开发新产品。它的产品包括家具、灯饰和配饰，全由芬兰大师和国际著名设计师设计，是清晰度、功能性和诗意般简洁性的代表。

地址：Keskuskatu 1B, Helsinki Finland（芬兰赫尔辛基中央大街 1B）
联系方式：+358 10 617 3480
网址：www.artek.fi

Bodum

Bodum（波顿）由 Peter Bodum（皮特·波顿）于 1944 年在哥本哈根创立，是世界著名的咖啡茶具和厨具品牌，属于家族性企业。Bodum 将北欧生活态度与时尚美学成功结合，贯彻了时尚又实用的设计理念，多次获得世界设计大奖，这成为许多顾客喜爱 Bodum 产品的原因。而对于追求优质咖啡的顾客，Bodum 的明星产品法式滤压壶则让他们情有独钟，因为它独特的设计可以使咖啡的芬芳完美保留，令每一口咖啡都充满着香气。

地址：Denmark BODUM (SKANDINAVIEN) A/S Humlebæk Strandvej 21, Humlebæk（丹麦胡姆勒拜克海滨路 21 号波顿公司）
联系方式：+45 4914 8000
网址：www.bodum.com

HAY

成立于 2002 年的丹麦新锐品牌 HAY，以现代生活品质和精密工业制造为目标打造现代家具，并受建筑结构的稳定性和时尚动态的启发，生产具有艺术附加价值的耐用产品。其产品以简洁的线条、环保的材料、协调的色彩搭配、合理的销售价格，快速打入了国际市场。除此之外，HAY 也为不需要大型家具的消费者们设计了精致的生活小物，满足了不同类型顾客的消费需求。

地址：Østergade 61, 2, København（丹麦哥本哈根东街 61 号 2 座）
联系方式：+45 4282 0820
网址：www.hay.dk

Svenskt Tenn

Svenskt Tenn（瑞之锡）由 Estrid Ericson（艾斯特里德·艾里克森）于 1924 年创建，著名设计师 Josef Frank（约瑟夫·弗兰克）随后加入公司，成为最主要的设计者之一。由于家庭艺术氛围的熏陶和个人在设计领域的喜好，Josef 在成为 Svenskt Tenn 的设计者之后，大胆使用各种鲜明的色彩和大自然的元素，使得 Svenskt Tenn 的风格在当时色彩稍显单一的瑞典设计中脱颖而出，甚至成为瑞典设计的代名词。之后 Svenskt Tenn 被 Kjell&Märta Beijer（谢尔和马尔塔·贝耶尔）基金会买下，并将公司的大部分盈利用于瑞典手工业、有机经济、医学、医药和宠物研究等。

地址：Svenskt Tenn Strandvägen 5, Stockholm, Sweden（瑞典斯德哥尔摩斯特兰夫根街 5 号）

联系方式：+46 8670 1626

网址：www.svenskttenn.se

Kosta Boda

Kosta Boda（科斯塔）是世界领先的玻璃器皿和艺术玻璃品牌之一。Kosta 玻璃厂始建于 1742 年，是瑞典历史最悠久的玻璃厂，这里的炉子自 1742 年点燃以来一直未曾熄灭。Kosta 玻璃厂有得天独厚的地理位置，位于瑞典斯莫兰省茂密森林的中心，重要的道路都穿过这里，因此有无限量的木材燃料，能为斯德哥尔摩和卡尔斯克鲁纳提供玻璃。

地址：Kosta, Stora vägen 96, Stockholm, Sweden（瑞典斯德哥尔摩斯塔拉根街 96 号斯塔格博物馆）

联系方式：+46 4783 4532

网址：www.kostaboda.co.uk

Floryd

Floryd（弗洛里德）创始于 2012 年，由平面设计师、图案设计师 My Floryd Welin（麦·弗洛里德·维林）经营。此品牌从瑞典传统文化和大自然中获取设计灵感，采用清晰的图案和多彩的设计语言，将花卉、蓝莓、越橘、木马等自然元素都化为美丽的图案，融入杯子、盘子、桌布等产品的设计之中，为用餐的人们呈现出迷人而又生机勃勃的大自然风景。

地址：Adolphson Wadles present, Västerlånggatan 55, Stockholm（瑞典斯德哥尔摩老城西长街 55 号）

联系方式：+46 0810 9125

网址：www.floryd.se

Normann Copenhagen

Normann Copenhagen（诺曼·哥本哈根）是于 1999 年在丹麦哥本哈根成立的一家年轻的设计公司，其产品包括家具、灯饰、纺织品和家居饰品等。它的品牌精神为"Less is more"，意思就是以简单而现代的设计创造更多更好的创新产品，通过高品质、带些幽默感的优良设计来改善人们的生活。其产品如今已在全球 80 多个国家销售，并一路斩获了 80 多个设计奖项。

地址：Normann Copenhagen Osterbrogade 70, Copenhagen（丹麦哥本哈根奥斯特布罗街 70 号诺曼·哥本哈根公司）

联系方式：+45 3527 0540

时间：周一-周五 11:00 - 17:30
周六 10:00 - 15:00
网址：www.normann-copenhagen.com

Søstrene Grene

Søstrene Grene（索斯特雷纳·格雷娜）于 1973 年由 Anna（安娜）和 Clara（克拉拉）姐妹创办而成，两位当时已步入老年的设计师怀着极大的工作热情，不断开发新的设计种类，例如室内设计、文具、礼品包装、厨房用品、儿童玩具等。所有产品的共同之处在于优雅而女性化的形态表现，为日常生活带来了美感。正如 Anna 所说，"多样化的产品是生活的香料"，Søstrene Grene 在保持合理价格水平的同时，严格要求所有供应商的质量标准、工作条件和产品安全性，为顾客们带来了性价比最高的优质产品。☺

地址：Amagertorv 24, København, Denmark（丹麦哥本哈根阿麦广场 24 号）
网址：www.sostrenegrene.com

ര T 2

丹麦：
Hygge

丹麦：Hygge

自行车是最亲密的日常生活伴侣

维京飞鸟

瑞典皇家理工学院理学硕士,从事 IT 互联网和传媒业,兼任北欧和中国官方机构特邀撰稿人,也是旅行摄影玩家和影视娱乐策划,畅销书代表作为《去,另一种生活:北欧、西欧壮游记》。

因为工作的关系,我经常往返于瑞典和丹麦之间,在两地的居住时长也大致相同。在这两个一海之隔的北欧国家里,我遇见了很多趣人趣事,也有许多值得分享的生活见闻。

丹麦的国土面积最小,但提到北欧五国时,常以丹麦开头。我想这不仅是因为丹麦位于斯堪的纳维亚地区的最南端,中国游客经常把它当作北欧之旅的起点,也源于古老的丹麦王国是维京人的故乡。提到维京人,可以联想到"称霸"这个词。丹麦历史上管辖过的领土范围,覆盖现在的丹麦、瑞典、挪威全境,以及远在北极圈的格陵兰岛、法罗群岛和冰岛,甚至还包括英国的部分地区。昔日的丹麦、瑞典、挪威三国,曾经组成卡尔玛联盟,丹麦作为盟国首领,是维京时代欧洲全境的海上霸主。

经历了漫长的边境战争,如今丹麦所拥有的国土面积,已经不足鼎盛时期的零头。瑞典不但打赢了独立战争,还夺走了厄勒海峡以北原本属于丹麦的大片沃土。进入 20 世纪后,随着挪威和冰岛先后宣布独立,法罗群岛与格陵兰岛也相继取得了自治权。

北欧五国的关系非常微妙,彼此间有一些半开玩笑的嫌弃。比如,同为日耳曼维京人后裔,丹麦人喜欢调侃瑞典人的举止散发着阴柔之气,瑞典人则经常嘲笑丹麦人吐字发音刺耳难听。如果用现在流行的"人设"来形容,丹麦偏向奸商,瑞典比较呆萌,挪威是傻白甜,芬兰是受气包,冰岛是"自己一边玩去"。如果你认识北欧朋友,他们还有更多嘲笑与自嘲的词汇。

时过境迁,现代的丹麦人当然不再是驾着独木舟远征的维京海盗,他们早已摘下牛角头盔,放下巨斧,在发达的商业社会中,寻求新的生活模式。

经常有人说丹麦是全球最幸福的国度，丹麦人也常用一个词来总结日常生活理念——Hygge，意为"惬意"，可以解释为一种闲适安逸的身心状态。

对于外国人而言，应该怎么理解丹麦人的Hygge？据我在丹麦长期居住的经历，所谓Hygge，就是热爱生活，善于生活，享受生活。

除了哥本哈根以外都是乡下

作为一个三面环海的岛国，丹麦的大部分城市都临水而建。早期的维京部落，过着出海捕鱼、上岸耕种的"水陆两栖"生活，随着政治经济变化，他们开始在陆地上逐水定居，修筑城堡要塞。

丹麦的现代化城建，采用"保旧翻新"原则，最典型的设计范例是首都哥本哈根。它被称为"指状城市"（Finger City）——以老城区（掌心）为基点，保留原有格局，再沿着交通线路与河道湖泊（手指），修筑发展新区，最终把周边的几十个新旧小城镇和老城区联合起来，形成一座大型都市群落，从行政地图上看来，就像一只五指摊开的手。

我和一部分丹麦友人，住在靠近哥本哈根市中心的城东和城南，这两个地方都属于老城区，住宅楼以传统民居建筑为主，丹麦女王和王室成员也生活在城东海滨的王宫里。还有一些华人朋友更愿意住在城北郊区和城南海岛新区，因为那些社区有大片的空旷绿地，离海岸和森林更近，别墅和公寓的建筑风格更加新颖，户型设计也更现代化。由于新旧城区距离遥远，有时大家周末聚会，可以搭乘市内通勤小火车和地铁，穿越整个首都大区。

丹麦总人口只有500多万，城市与乡村的自然环境相似，社会形态也没有特别显著的贫富落差，各地的住宅楼，有不少都是几个世纪以前的旧宅，它们的外观与初建时几无差别，只是内部装修和公共设施都做过升级改造。游客在旅途中，视野从城市景观过渡到乡村风貌，不会感到有突兀之处。

对于见惯了百万人口大城市的中国游客而言，即便是哥本哈根、奥胡斯、奥登塞、奥尔堡这些人口总数排名靠前的丹麦"大"城市，也不过就是相对更大一点的乡村；而那些小城镇，毫无疑问，就是人烟稀少的田园牧野。

丹麦人之间也有互相挤对的玩笑，比如"除了哥本哈根以外都是乡下"，"只有西兰岛（首都所在的地、丹麦最大岛屿）的丹麦语口音才是高大上，其他地区全是乡巴佬腔调"。与之对应，丹麦的小城镇居民对首都人那种

走路带风的快节奏生活，还有略显淡漠的人情味，同样表示不屑。

与经常出国度假的哥本哈根居民相比，小城镇的丹麦人更热衷于在自家周边转转，串个门走亲戚，邻里亲友之间感情深厚，也保留了很多原汁原味的丹麦传统民俗。当然，住在首都和大城市，在衣食住行方面，还是相当便利的。例如哥本哈根作为"北欧门户"，有很多便利的国际航线，可以吃到各国美食，买到很多国外商品。对于华人华侨留学生，还有热爱亚洲食品的丹麦人而言，在哥本哈根的各大超市可以买到丰富的进口商品，例如冷冻小龙虾、毛豆、豆腐，还有火锅底料、"老干妈"、"李锦记"之类。如果生活在小城镇和乡村，要么没有机场，要么国际航班非常少，而去一趟市中心和超市，不但要开很久的车，走很远的路，最大的麻烦还是根本买不到心头好。比如在丹麦的边境小城，往往只能找到两三家亚洲小店，华人想要买面条、粉丝及调料，却可能只买得到印度咖喱、越南香料、中东口味方便面。

在北欧人中，丹麦人最热衷于做生意，也最像商人。从官方到民间，举国上下弥漫着浓郁的商业气息。就连首都哥本哈根的名称，也是源于"商人港口"一词，城中的运河码头和老交易所，处处都有丹麦百年商贸文化的缩影。精明灵活的当代丹麦人，骨子里依然传承着维京祖先农耕渔猎的开拓精神，无论城市乡村，都是工业文明与自然之趣和谐相融的乐土。有意思的是，从丹麦驻北京大使馆官方微博的宣传风格来看，与其说它是外交机构，不如说它更像一家丹麦特产专卖店。

到丹麦旅行，可以用味蕾品鉴地道的北欧风情。比起非常难预约的米其林星级餐厅 Noma（诺玛），以及在中国超市被卖到泛滥的蓝罐曲奇（实际产地在印尼），建议初来乍到的中国游客品尝一些价格实惠、口感纯正的丹麦餐饮，比如知名连锁店 Lagkagehuset（拉格卡格塞特饼屋）的手工面包，丹麦特产培根和各种熏肉，著名啤酒品牌嘉士伯、乐堡和本土啤酒 Faxe（法克）的产品，还有北欧特产的果酒、藏红花肉桂饮料、果肉酸奶。

甚至大海都在咫尺之遥啊

北欧五国中，丹麦本土的地形地貌最简单，基本上以平原为主，骑车走路都不怎么费力，海拔最高的地方也不过是 500 米左右的丘陵。由于海岸线绵长，丹麦各地的居民最多走 50 公里就能抵达海边。

在丹麦，即使身处繁华都市，也无须刻意寻找野外休闲场所，因为城市本身已经是一座没有围墙和栅栏的大型公园了，满眼都是森林绿地、运河湖泊，甚至大海都在咫尺之遥。

我居住的哥本哈根，城东港口盘旋着海鸥和信天翁，冬夜的北港有时能见到极光，城西山顶上坐落着著名的腓特烈斯贝王宫（丹麦王室的夏宫），可以俯瞰御花园中的林荫道，躺在湖畔草坪上仰望蓝天，城南阿玛岛（Amager）和欧瑞斯塔新区（Ørestad）到处是环湖健身步道，出门散步就能遇到在森林湿地中戏水的野鸭和天鹅。如果是城北皇家鹿苑附近的居民，还能遇到鹿、羊、马、牛等放养或野生的动物，即使在市中心的繁华地段，一样河道密布，树木繁茂，松鼠之类的小动物，仿佛触手可及。

不同于中国人，北欧人对与死亡有关的话题不那么忌讳。在北欧各国，住宅区和公墓比邻而建，是很常见的景象。公墓有人定期打理，修建得像一座座精美的小花园，除了前来献花拜祭的家属，有时普通市民也会把公墓当作一处休闲场所，捧一本书在长椅上小坐，享受片刻宁静时光。

对于很多游客来说，北欧人显得内向沉默，不怎么爱说话，但实际上，他们非常喜欢聊天，只是由于民族性格，在聊天方面相对不太主动。然而，一旦饮酒或者彼此熟悉之后，这种"闷骚"模式就会切换成没完没了的"话痨"模式。很多孤独寂寞的老人和有点儿羞涩的年轻人，只要打开了话匣子就会喋喋不休。我的瑞典邻居喜欢唠叨琐碎见闻，丹麦邻居爱讲冷笑话，当你不知道跟北欧人聊什么的时候，可以聊一聊最近的天气，这是他们最爱赞美、也最爱吐槽的话题之一。

中国游客最好奇的就是北欧的气候吧。高纬度地区存在极昼极夜现象。夏季日照时间长，容易引起作息紊乱；冬季漫长寒冷黑暗，大风雨雪天气频繁，缺乏光照和户外活动，往往会引发情绪问题。所以北欧各国居民，或多或少都有一点儿季节性抑郁症。北欧人想出了很多治愈减压的方法，可能这些方法本身就是Hygge——夏季在草坪上晒日光浴，到森林湖泊慢跑或游泳，到附近小镇休闲，夜晚在卧室挂上遮光窗帘；冬天去健身房进行有氧运动，室内摆放散发温暖气息的灯具，在雪夜点起蜡烛，和家人朋友聊天。

自行车文化 —— 丹麦国民生活图腾

自行车是丹麦国民生活的一个重要载体，尤其在首都哥本哈根地区，

随时随地都能看到不同款式、不同用途的自行车，也适合游人租车游览。

显然，自行车文化并非为某个国家所独有。中国曾是全球闻名的自行车大国，当时的欧洲人对此震撼不已。随着中国的社会发展，20世纪那种车轮滚滚、铃声清脆的万人骑行场面，已经在国民的记忆中淡化。不过，最近几年在中国城市骤然兴起的共享单车，似乎又重现了当年盛景。

我看过丹麦人拍摄的一组中国老照片，其中就有20世纪70年代的北京日常街景，记录了中国百姓在胡同口、天安门一带骑自行车的场景，黑白画面上的一位中国父亲，正用一辆三轮车载着孩子逛街。到了1984年，在哥本哈根城南著名的克里斯蒂安尼亚自由城（Freetown Christiania），出现了第一辆丹麦式三轮自行车——"克里斯蒂安尼亚自行车"，至今风靡丹麦全国，甚至有属于自己的官方网站。它和中国式的三轮车不同，中国人把车厢放在车后面拖行，而丹麦人把车厢固定在车前方推行。同时，丹麦式车厢的外观华丽一些，有的还配有拉链式雨披和遮阳罩。

为了方便自行车出行，丹麦全国都建立了无障碍服务设施，马路上有标志醒目的自行车专用通行道，街头随处可见自行车专卖店和维修点，通勤火车和地铁（均可搭载自行车）中设有自行车专用车厢，分层的公交站点还配有升降电梯。

平时出门，我习惯搭乘公交或步行。不过，每逢春夏时节，遇到天气良好的周末，我也会跟友人环湖骑行，而他们的宠物狗就坐在自行车前方的篮筐里，前爪搭在筐沿上，得意地朝路人吐出舌头。有时，我还会到自由城散步溜达，在湖区围观一群丹麦嬉皮青年玩杂耍，他们骑着两轮或独轮自行车，表演着悬空走绳索的酷炫车技。

对于丹麦人而言，自行车是他们最亲密的日常生活伴侣，上班上学通行出游靠它，购物拉货接送孩子带宠物遛弯也用它，既不担心沿途没有停车场和加油站，也不怕堵车或造成环境污染，还能顺便健身。有很多外国媒体把丹麦人偏爱自行车的原因，简单归纳为提倡环保理念；其实，之所以有这种片面理解，是因为他们忽略了丹麦昂贵的公交票价和汽车消费税。所以说，环保节能很重要，省钱节税也是生活必需，两者共同推动了自行车文化在丹麦的长期流行。

丹麦，开放三明治与新北欧料理

烹饪大自然的食材

杜苏铁

爱好烹饪的理科生，丹麦哥本哈根大学食品安全硕士，曾兼职日本料理店的铁板烧厨师，在学习与工作中对北欧的饮食文化渐有了解。旅行的兴趣来源于追寻阳光和探索欧洲各国美食。

没有固定的菜单，没有拘泥的风格，新北欧料理的每一道菜肴都是厨师们选择当季、当地的食材创作出的艺术品。

我在丹麦留学已有三年多，读的是哥本哈根大学的食品安全专业，研究食品包装比食品本身更多，但我本人更像是一个"吃货"，所以想聊一聊丹麦的传统食品，以及近几年席卷全球的新北欧料理风潮。

相比于热情的西班牙伊比利亚火腿、贵族气十足的法国鱼子酱或是接地气的意大利比萨，北欧的传统食物看起来根本无法满足中国游客对食物的遐想。北欧五国的传统饮食有很大的相似性——都难以掩饰对黑面包和腌鱼的喜爱。

丹麦人在19世纪早期曾一度被晚餐所困扰：政府为了降低火灾率，禁止普通民居安装明火灶台，而餐馆又普遍被黑帮控制，价格高昂。直到有一位丹麦大叔推着小车走上街头为大家提供廉价的热狗，才解决了大家吃饭难的问题。这些热狗摊活跃了百余年，至今仍随处可见，所以相当一部分丹麦人认为热狗是本国的第一小吃。

瑞典人则把更多的热情投入到了他们独有的社交活动Fika上。想要和孤僻寡言的瑞典朋友打成一团，最好的办法就是带上自己的烤面包和咖啡加入他们的Fika。每天上午10点、下午2点左右是瑞典全民Fika的时间，无论手中的咖啡是否可口，甜甜圈是否松软，重要的是享受在短暂日照和严寒气候中这一刻的温暖。

相比于瑞典和丹麦，在挪威和芬兰海产品更为盛行，挪威的三文鱼享

誉全球,无论是在哥本哈根的寿司店还是斯德哥尔摩的下午茶餐厅,你品尝的大多是挪威出产的三文鱼。芬兰的鱼罐头种类繁多,最神奇的是一类点火即食的烤鱼罐头:用火柴在底部点燃,罐头就会在一阵烟火中华丽变身为一整只香气四溢的烤鱼串。

北欧的传统饮食文化正在逐步复兴,各种运用古老烹饪手法完成的新北欧料理也在国际舞台上博得了关注与喝彩。可喜的是,不断涌现的北欧料理大师们没有忘记传统的料理精神:烹饪不一定花样烦琐,重要的是不要忘记对自然的尊重和对食材本真的追求。

开 放 式 三 明 治

与大多数欧洲国家类似,北欧人午餐从简,晚餐丰盛。在丹麦留学时,很多同学午餐时选择用黑面包和沙拉填饱肚子,有的干脆只吃胡萝卜。我曾经坚持每天早上准备两份黑面包三明治当午餐,而事实证明即使里面夹了两片奶酪和午餐肉，到了下午4点我还是会饿得心慌，同时还要忍受黑面包那难以下咽的口感。然而这种粗糙、硬实且味道发酸的粗粮面包却在漫长的岁月中哺育了维京人，也驯化了他们的肠胃。他们认为相比于松软可口的白面包，这种混合了小麦粉和黑麦粉的杂粮面包更有营养，也更能充饥。丹麦最知名的传统食物——开放式三明治（Smørrebrød，意为抹着奶油的黑面包）的基础就是一片黑面包。用当地人的话来说，开放式三明治是那种能够让一家人围坐在一起享用的食物。

在哥本哈根大学食品科学系的新生欢迎会上，教授们组织了一场开放式三明治的"搭配实验"。平时堆放着试管和烧瓶的实验台被酒精擦得一尘不染，摆满了一盘盘不同种类的食材。"这要比外国人学习包饺子简单多了"，我一边这么想着，一边不慌不忙地从每只盘子里取出一点儿食材（大部分我都不认识）堆在我的那片黑面包上，很快就搭起了一座小山。但是当我切下三明治的一角送到嘴里后，当即后悔没有好好向周围的人请教一下这些盘子里装的都是啥：最后特意多加了几片的"布丁"原来是动物脂肪，点缀在顶部的腌橄榄不是酸的而是咸的。错误的搭配让整个三明治呈现出咸腻的口感，底部厚厚的一层草莓酱也无法拯救过多的油脂和腌菜。出于礼貌我努力吃完了自己的"实验品"，并暗自念叨"这可比包饺子难多了"。

我的丹麦语伴听说了这件事后，劝说我去稍有档次的丹麦餐厅尝试一下真正的开放式三明治料理。一个阴天，我和一位来丹麦游玩的老友在哥本哈根市中心的城堡岛护城河上挑选了一家船餐厅。服务员听说我们是专门来吃开放式三明治的，收起了菜单，从吧台下摸出了两张印着密密麻麻丹麦文的纸，那上面列出了可选择的面包，腌鱼与炸鱼，生冷肉类与动物脂肪，奶酪，蔬菜，酱汁，腌菜（酸黄瓜、橄榄），等等。在服务员耐心的解释下，我们两个外行人大概弄清了这些食材的意义，并各自搭配出了自己的开放式三明治。品尝之后一致的结论是：饱腹感很强。吃饱喝足的我一边看着河里嬉戏的黑天鹅一边尝试着思考：比起丹麦人平淡到有些无聊的性格，这种食物倒是显得十分有趣——种类繁多且因季节而异的食材，支撑起了开放式三明治丰富多样的口感、颜色以及堆砌结构，为丹麦厨师们在一方小小的黑面包上搭建了大舞台。

这样的自助式开放三明治在丹麦的大部分本地餐厅都有提供。有意思的是，餐厅多半不会把它作为招牌菜目推出，如果不是目的性很强的食客，很容易就会忽略这一传统食品的存在。最近的情况有所改观：丹麦在经历了全球化消费的冲击后，传统食品市场开始呈现复苏的态势，哥本哈根市中心涌现出了多家主打开放式三明治的餐厅，米其林指南开始推荐开放式三明治，许多顶级厨师也已经着手于这一传统料理的创新。也许通过他们的双手，黑面包将重新支撑起北欧的饮食地标。推荐餐厅：

Restaurant Palægade，Palægade 8, København（王宫街餐厅，哥本哈根王宫街 8 号），电话：+45 70 82 82 88

Kong Hans Kælder，Vingårdstræde 6, København（汉斯国王的酒窖，哥本哈根葡萄园街 6 号），电话：+45 33 11 68 68

新北欧料理

要说北欧的代表性食物，人们也许会想到令人口齿留香的丹麦曲奇，"臭名昭著"的瑞典鲱鱼罐头以及肥美鲜嫩的挪威三文鱼，却鲜少见到北欧厨师们在世界料理舞台上的表演。在斯堪的纳维亚这块严寒的冻土上，利用贫乏的食材做出料理本身就是一个艰难的过程。数十年来，北欧人只重视营养而忽视对口感追求的清教徒式饮食模式使得北欧料理的定位变得模糊不清，直到最近 Noma 餐厅在全世界饕客中掀起一股追星热，大众才逐渐开始关注北欧各国在料理界的新动向。

"新北欧料理"（New Nordic Cuisine）的概念最先由 Noma 餐厅的主厨兼创办人 René Redzepi（勒内·雷哲皮）提出，它将烹饪的指针拨回自然，借由新鲜的食材实践返璞归真的生活理念。这里提到的"自然"反映在多个方面：首先是使用的食材源于自然，新北欧料理的厨师们大多会亲自去森林、农场或果园里采摘当地当季的新鲜食材，这种行为被称为"采集厨艺"（Foraging），从苔藓、针叶树到甘蓝、鱼子，一切自然的产物都可以被厨师所用；其次是回归古老的烹饪方式，如烟熏、腌制和风干，而放弃很多现代的食品处理技术；第三是食物的呈现方式自然，贝壳、树叶、岩石、土壤等都可以成为食物的载体；最后，餐厅的装饰往往朴素而简约，蜡烛、草植和北欧风的原木家具取代了华丽的灯光与装饰，给你仿佛置身于自然的进餐体验。

新北欧料理的风潮正在席卷全球。对于大众来说，虽然顶级北欧餐厅价格昂贵、位置紧俏，但一两次的就餐体验就足以烙入味觉记忆中。而这股潮流更为深沉持久的影响，在于体察并实践厨师们的烹饪理念：在全球文化与民族融合的今天，如何带着对自然和生活的热爱重新发掘传统文化的魅力，在人与自然可持续发展的基础上探索出属于自己的轻松明快的生活方式，也许是维京后裔带给世界的新思考。

由于没有固定的菜单，没有拘泥的风格，新北欧料理的每一道菜肴都是厨师们选择当季、当地的食材创作出的艺术品。通过味觉和视觉的冲击，每一道料理都是厨师们对自己烹饪理念的阐释。

Noma

Noma 的名称包含了丹麦语中"北欧"与"食物"两个词语的缩写。餐厅隐藏在一座有 250 年历史的古建筑中，位于哥本哈根市圣克里斯蒂安尼区的一座码头旁，颇有一股"大隐隐于市"的世外高人之风。作为丹麦第一家米其林二星餐厅，精于"采集厨艺"的主厨 René Redzepi 用蜗牛、沙棘和野生香料等在地食材，重新定义了丹麦食物，击败了来自欧洲各国的劲敌勇摘"世界顶尖餐厅"的头衔。作为新北欧料理运动的领导者，Noma 对于原料的选取标准近乎苛刻：在法罗群岛和冰岛的深海中寻觅鱼蟹，用精心准备的啤酒代替波尔多红酒，从不使用橄榄油、鹅肝等地中海特色食材，Noma 在选材上注入了比烹饪更多的心血。一次完整的用餐体验从晚上 8 点之前开始，共持续约 4 个小时。如果你有幸在餐厅的预约名单上留下了自己的名字，我会发自内心地祝贺你！

Studio at The Standard

这家"标准工作室餐厅"与 Noma 联系紧密。餐厅的联合店主兼主厨，是曾经在一江之隔的 Noma 工作了 8 年的 Torsten Vildgaard（托斯滕·维尔德高）。当这位致力于创意新菜的厨师想要独立开店时，也得到了来自老东家的一系列支持。餐厅于 2013 年开业，短短 5 个月就获得了米其林一星称号并维持至今。餐厅位于哥本哈根的著名景点新港（Nyhavn），亮丽的景观配以开放式厨房和北欧风的餐具桌椅构成了绝佳的"开胃前餐"。主厨 Torsten 坚持轻松和新鲜（light and fresh）的料理理念，丰富的菜品带来饱满口感的同时却不会给胃增加负担。主厨还基于自己丰富的烹饪经验倾向于大胆尝试，在不牵强的情况下为自己的料理加入各色外来元素。

AMASS

AMASS（阿玛施）餐厅由废弃老船厂改造，于 2013 年夏天开业。仅仅两年就被食客们誉为"丹麦之行不可错过的餐厅"之一，更被预测为下一家 Noma。其创办人兼主厨 Matthew Orlando（马修·奥兰多）是"采集厨艺"的忠实拥趸。他在 AMASS 打造了一座种植各种植物的花园，一年四季皆有新鲜食材可供采摘。同时他也会到野地、森林和海边寻找大自然的"礼物"，为自己的料理增加灵感。

Mielcke & Hurtigkarl

"迈克尔和赫蒂卡尔"餐厅也许不在米其林指南的推荐之列，但是主厨 Jakob Mielcke（雅各布·迈克尔）在丹麦国内却享有不输于 Noma 餐厅主厨 René Redzepi 的人气。他是丹麦《大厨》（*Master Chef*）真人秀的评

委、主持人，Årets Gericke（阿兹·盖里克）连续三年"最佳菜肴"的得奖者。餐厅的种植园提供了料理所需的60%的食材，其他的则来自相熟的农场、厨师们的狩猎和旅行。同一年回到丹麦的René把采集做到了极致，Jakob却对打猎情有独钟。对他来说，在遵循可持续理念的前提下，把清晨6点出现在森林里的动物带回餐厅亲自处理，将之烹调成美味是一种特别的享受。

哥本哈根美食节

如果传统美食和高档餐厅还不能满足你的"旅行胃"，你还可以参加一场哥本哈根烹饪美食节，这是丹麦作为一个美食国家的年度盛事，也是北欧最大的美食节日。

美食节通常在每年8月举办，现场有上百种美食活动。你可以在热狗制作大赛上吃到多种风味的热狗，还可以与1500位自带餐具的吃货一起在Frederiksberg Allé（弗雷德里克伯格街）的400米长桌上吃午餐。☺

更多北欧美食推荐参见攻略别册 P24

瑞典：
Lagom

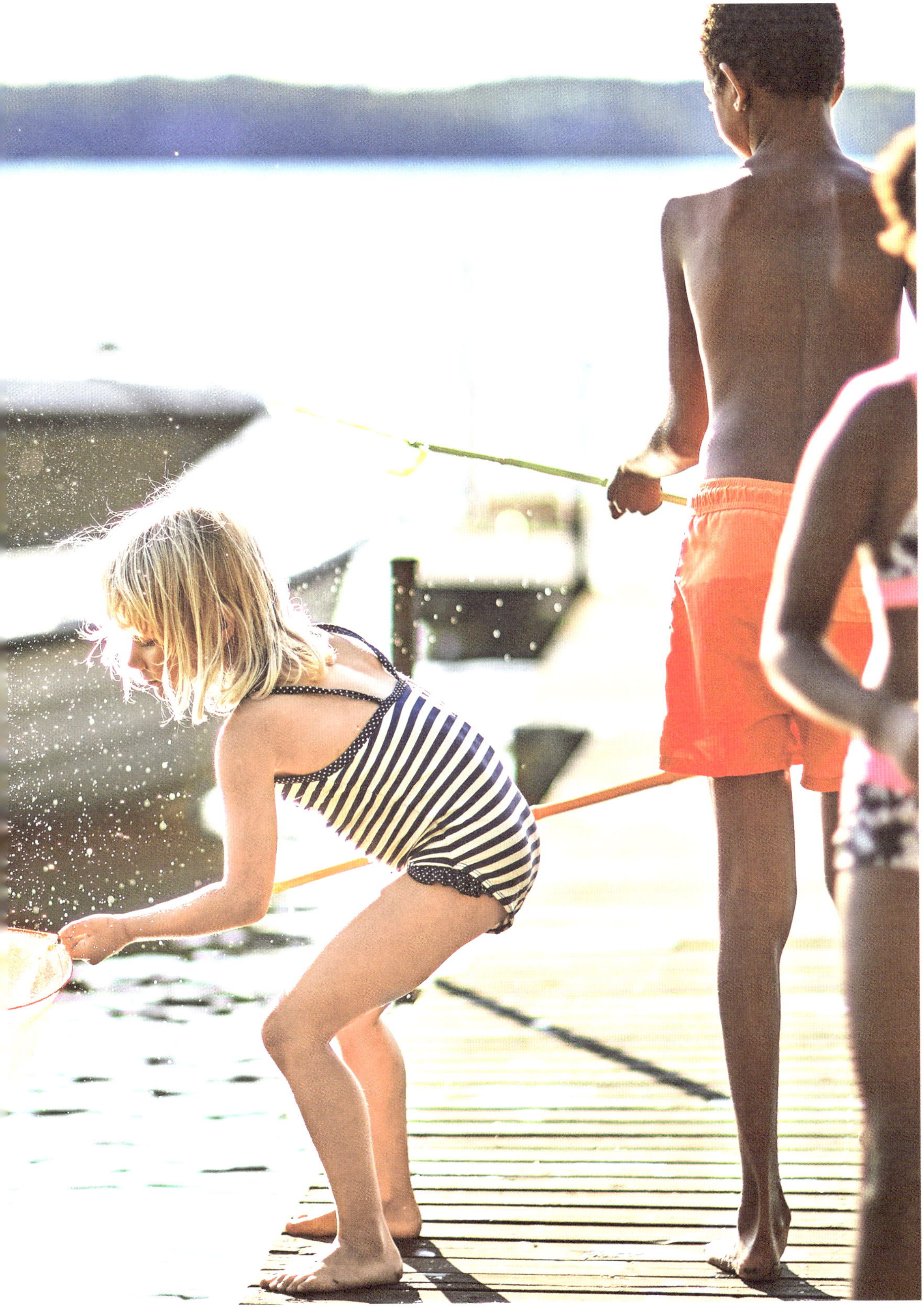

图片提供 Clive Tompsett/imagebank.sweden.se

瑞典：Lagom

一种不疏远，亦不过分亲密的社交生活

尼罗兰（Nyrola）

出生于中国新疆伊宁，就读于隆德大学经管学院，目前定居于瑞典。喜欢伊宁的一草一木，很幸运地在瑞典的赫尔辛堡找到了和故乡一样美丽的风景。

2011年的冬天我来到了瑞典。四天后，还没来得及享受异国的新生活，我就在超市里丢失了手提包。因为货架上的产品名称全是瑞典文，我得很费劲地去辨认，一个不留神，手提包就不见了。那一刻我对这个国家产生了深深的恐惧和失望。从超市出来时，我很不争气地哭了，满脸泪水地上了公交车。司机看着我，等我刷卡或者现金买票，我才反应过来：没有公交卡，也没有现金，什么都没有了。我看着司机，一句话都说不出来，只是不停地抽泣，司机也看着我不说话，脸上没有任何表情。但很快，他就像明白了什么似的，示意我朝车厢后方走。我甚至都没有感谢他，失魂落魄地走向了车厢后排。车窗外只有路灯和少量的车。我眼里的瑞典，在那一刻只有一片死寂和阴冷。才下午两点，天就已经全黑了。我回到家，躺在床上，心情逐渐平复下来，开始后悔我没有和刚才那位司机说声谢谢。直到今天我都很感谢他没有为难我，因为当时，我连一个可以来接自己的朋友都没有。异国生活给我上了一课，我意识到自己必须快速地自立。

于默奥的冬天

瑞典的整个冬天都是阴沉的，但坚忍的瑞典人从来都没有向黑夜妥协过。几乎所有的瑞典人都会用灯饰来装饰自己的窗户。除此之外，他们还会挂上Adventsstjärnan，这是一种很大的星星，以白色和红色为主。那个时候的我最喜欢观察别人家的窗户和阳台。每一个窗口都有闪烁的灯光，这对站在寒冷冬夜等车回家的我来说是无尽的温暖。直到在瑞典生活了两年后，我才知道在12月的第一个星期日，瑞典人会点亮"基督降临节烛台"

上的第一支蜡烛。当晚他们会聚在一起喝 glögg 吃姜饼。 glögg 是一种含香料的葡萄饮料,加热后放入脱皮杏仁和葡萄干。就这样,12 月的每个星期日,家家户户都会点亮一支蜡烛,直到烛台上的 4 支蜡烛都被点亮,圣诞节就来临了。很多人家的烛台甚至是祖父母传下来的。从室外看,屋里点燃的蜡烛和温暖灯饰与冬季的黑夜有一种非常美妙的反差。

  我生活在瑞典南部的斯科纳省。这里的地貌以丘陵为主。斯科纳的春天有满地的油菜花,夏秋则有一望无际的麦田。冬天很少会下雪,更多的是雨季。除了丘陵,这里还有海滩、悬崖、平原、森林。因为三面环海,斯科纳省的海鸟很多。在寒冷漫长的冬天,它们会逐渐消失。因此,当我在凌晨被海鸟清脆的叫声吵醒时,我就知道斯科纳的春天临近了。生活在这里,你时刻能感受到大海的气息。暖流给斯科纳省带来的是温暖湿润的冬季。相比那些在 6 月都可能会下雪的北部城市,斯科纳省是瑞典比较温暖的地区,因为纬度的原因,你在这里是见不到极光的。

  两年前在瑞典北部的于默奥市,我第一次看到了极光。朋友薇薇是于

默奥人,出生于"一战"结束后不久。两年前,97岁高龄的她依旧头脑清晰,精神抖擞,丝毫不像近百岁的老人。我很喜欢听她给我讲故事。她告诉我,她小时候,极夜期间日落之后便是彻底的黑暗,连月光也没有。那个时候,穷人们只能静静地坐在黑暗里等待日光再次出现。查阅资料后我得知,地球上仅有极少一部分人是生活在这种自然条件下的。

我很喜欢薇薇给我看的具有瑞典传统特色的手工制品。她本人也是一位出色的画家,我家的客厅里就挂着她在1985年画的一幅作品。那时正值两伊战争,瑞典收留了很多伊朗难民,给了那些逃离战火失去家园的人一丝希望和生路。当时薇薇收留了一对伊朗难民小姐弟,姐姐8岁,弟弟6岁。油画里,两个小孩正蹲在地上认真地读书。

两年前,薇薇跟她73岁的女儿洛伊斯说想回于默奥看看,虽然路途遥远,但没人忍心拒绝这位97岁的老人。于是洛伊斯约上我,驾车驶向了于默奥。

老人一路都很开心,精神也非常好,甚至唱起了她小时候的瑞典童谣。到达于默奥时,我们住在了薇薇的孙女家。大伙儿在壁炉旁一起吃饭,聊天。

饭后，女主人突然和我说，你要不要去外面看看？当我打开门时，被眼前的景色深深震撼了。漫天都是绿光和紫光！我久久地凝视着天空，一句话都说不出来。我甚至看到了只在小时候见过的北斗七星。不过小时候看到的北斗七星虽然闪亮，却看起来很小。可能因为瑞典纬度高，北斗七星在天空中的位置非常低，因此显得很大。挂在天空中的北斗七星就那么静静地和我对视着。

那晚，我在院子里待了很久，穿着厚厚的衣服，裹着萨米人的鹿皮毯子，一刻都不想将目光从天空中移开。第二天早上，洛伊斯敲开了我的门。她坐在床边，对我说：尼罗兰，薇薇走了。我们都很伤心，但是谁也没有撕心裂肺地痛哭流涕，我们尽量克制和隐忍着情绪。克制是瑞典人对他人和自己的一种尊重。葬礼后，回斯科纳的路上，原本车里的三个人变成了两个人。望着薇薇的座位，我似乎可以看见她在极光陪伴中平静离开的样子。

我的一些移民朋友和我不止一次地抱怨过瑞典人的冷漠，外来者很难融入他们的生活。甚至就连瑞典人自己也承认，在交朋友这件事情上，他们非常不主动。他们甚至自嘲，瑞典男生只有喝醉了的时候才会有勇气去和女孩子打招呼。是的，在瑞典很难交到朋友，因为没有人会主动和你交谈。走在大街上，如果你和一个人对视，他会和你打招呼，但也只是简单的一声 Hej。但我一点儿都不认同别人说瑞典人冷漠。在我心里，瑞典人在很多时候就像是冬日里的一杯暖茶。

几年前的一天，因为发烧，我的头脑并不清楚。那天，我一手拿着从国内邮寄来的包裹，一手提着电脑包上了公交车。车上几乎没有什么人。下车时，我只拿了我的包裹。下车后走了五六步，我突然反应了过来，近乎撕心裂肺地尖叫：我的包！可是公交车已经开走了。我脱下高跟鞋在大街上拼命地追，可是两条腿哪跑得过四个轮胎？这时一个骑自行车的瑞典姑娘路过，问我怎么了。我说我把电脑包忘在了公交车上了。"几路？""8路车。"于是她加速追了出去。这时我才意识到我平时坐8路车，但是今天因为去取包裹，坐的是6路。那一刻真是叫天天不应，叫地地不灵。这时远处开来了一辆车，我根本没有多想，就直接站在马路中间拦车。司机是一位女士，她将车慢慢停在了路边，用瑞典人一贯的平静表情看着我。我说："请你帮帮我吧，我不小心把我的电脑包忘在了公交车上。

我是个学生，我的作业，我的电脑，我的护照都在包里。"她说："这可不好了，快上车。"上车后，她问我坐的是几路车，接着给市交通局打电话，最后开到了公交总站。一路上，她安慰了我几句。到了总站，她下车找调度员时，我才发现她是位轻度残障人士，走路有些不便。那一刻我真是又愧疚又感动。调度员对我们说，其实司机早就把我的东西放在了调度站，因为护照也在包里，所以他们准备第二天一大早就联系警察局和中国大使馆。后来司机来了，他笑着和我说："因为你是背对我坐着的，所以我没有看见你忘了带走包，是坐在你对面的那两个男孩把包交给了我。"我想起来当时对面坐着一个瑞典男孩和一个拉丁裔男孩。

在瑞典的这些年，我每次遇见困难时，总是会有好心人帮助。所以我无法说他们冷漠。他们克制、冷静，但绝不冷漠。所以，如果你来瑞典旅游，遇见了什么困难，不要害怕，瑞典人的英语普遍非常流利，他们会尽全力帮助你。

6月，太阳不会落山

我在瑞典度过的第一个节日是仲夏节。对于熬过了漫长冬季的瑞典人来说，庆祝仲夏节是一件大事。当时邀请我参加庆典的是好朋友艾瑞。她是一位牙医，我们是在一个油画兴趣小组里认识的。她知道我刚来瑞典，没有太多的朋友，因此邀请了我参加对于瑞典人来说很重要的仲夏节。事实上，那也是我第一次真正走进瑞典人的生活圈。

我还记得艾瑞当天做了非常传统的仲夏节菜肴：开胃菜是各种不同种类的腌鲱鱼，还有煮好的小土豆配上新鲜莳萝、鸡蛋，调料是酸奶油和香葱。腌鲱鱼放在很具北欧特色的精致小碟子里，客人可以根据自己的喜好选择。坦白说，对于我这种习惯吃中餐的人，这些清淡的菜肴没什么吸引力。主菜是一道烧烤三文鱼，餐后甜品是草莓奶油蛋糕。在仲夏节吃草莓蛋糕也是一种传统，选用的草莓是当季的第一批草莓。

和中国的春节一样，仲夏节也是一个亲朋好友相聚的日子，亲人会从不同的城市赶来相聚在一起。我一向认为瑞典人非常克制，因为你很难看到他们情绪激动或者愤怒。事实上，他们只是很擅长避免冲突。那次聚餐中我第一次见到了瑞典人活泼的样子。看着他们举起酒杯亮出歌喉的样子，

再想想他们平时冷静的脸,我还真有点儿穿越感。

仲夏节至少有 1500 多年的历史。虽然欧洲各国都有仲夏节,但如今也只有瑞典和芬兰会选定离 6 月 24 日最近的那个周五庆祝。对于瑞典人来说,仲夏节和圣诞节一样重要。圣诞节总让我有一种温暖壁炉、温馨烛光的居家感,而仲夏节则给了我向往自然的热情。农耕时代,仲夏节是为了迎接夏季和繁衍季节的来临,因此在一些地区,人们会在身上裹上蕨类植物,把自己打扮成绿色的人。他们还会用叶子装饰房屋和农具,并立起高高的、枝繁叶茂的五月柱,围着它跳舞。五月柱是在 13 世纪从德国传入瑞典的。在欧洲其他国家,人们通常会在每年五月竖起花柱,但瑞典人则将其推迟到了仲夏节。艾瑞对我说,这是因为瑞典的夏天来得比较晚,用来装点五月柱的树叶和花朵要在六月份才能采摘到。然而即便是在六月庆祝仲夏节,也不一定会有好天气,很多时候,节庆时会突然下雨。事实证明,她并没有夸张,这些年我过仲夏节时只见过一次完整的晴天。

艾瑞还告诉我,仲夏节有一个传统,就是采摘 7 种或者 9 种不同的花朵放在枕头下，这样可以梦见自己未来的另一半。当然，这就像圣诞老人一样，只是家长拿来哄小孩子开心的传说。不过，这并不妨碍成年人会用不同的花朵做成花环戴在头上。

Lagom

不知不觉间，我在瑞典已经生活了近7年，最初抱怨瑞典社会的"疏离感"，现在却在这种疏离感中找到了自由。

瑞典人最常挂在嘴边的一个词Lagom，可以作为这种疏离感的注脚。从语源上讲，Lagom是古诺尔斯语中"法则"一词，在瑞典语中它还有"团队"的意思。这要追溯到维京人的群居时期，他们在完成了一天的辛勤劳作后聚集在火堆周围，互相传递着盛满蜂蜜酒的犄角。每个人都只饮一小口，以便其他人都能享用应得的份额。Laget om 一词指的是"围绕在团队周围"，经过几个世纪的演化，变成了Lagom。

Lagom一词通常被认为是无法翻译的，可以理解为"不多不少，恰如其分"，这正是"中庸"的完美诠释。但是它难以翻译的真正原因在于它在不同的情境和语境中有着不同的意思。

在社交中Lagom可以指一种不疏远，亦不过分亲密的状态。因为Lagom，很多瑞典人在公交车上宁可站着也不愿意坐在别人旁边。如果你去瑞典旅游时坐在了一位瑞典人身边，他却立即站了起来，千万不要以为他对你抱有敌意或歧视。

在描述食物时，Lagom意为温和、分量刚好。在瑞典做客，主人不会像俄罗斯人、波兰人或中国人一样极其热情好客地劝你多吃一点儿，更多的时候他们会让你自己选择食物的分量。所以如果你去了瑞典人家做客，不要害羞更不要拘束，放心地吃自己喜欢的食物吧。

Lagom可以说是瑞典根深蒂固的社会原则，它强调的是调和与融入，而不是极端或张扬，比如奢侈挥霍、长期加班等在瑞典人看来都是要不得的极端行为。不同语境下的Lagom也有相同的内涵，那就是一种"最优"的决策：在当前的情况下，你所做的决定对于自己和团队都是最优的选择。这种中庸的生活态度也被视为瑞典人的生活哲学：保持平衡，知足常乐。☺

瑞典地铁，艺术观念大解放

站台不再只是一个枯燥的连接点

荒 梁

热爱旅行，视觉中国、全景图片等图库的签约摄影师，美国《国家地理》中文网特约撰稿人。

瑞典地铁站不仅是艺术的，更是公共的，平民的，是社会观念的大解放。

我在游历欧洲时发现了一个有趣现象：越往南欧走，越靠近地中海，美食、美酒、各种艺术瑰宝就越可谓俯拾即是；而越往北欧走，气温越低，似乎也越是抽走了人们骨子里的热情，只剩下冰冷、淡定甚至刻板。这绝非偏见，欧洲艺术文化起初以南边的古希腊、古罗马马首是瞻，到了近现代，依旧是以意大利、英国和法国为代表。

我猜想，在"斯堪的纳维亚极简主义"一词出现前，这个现象恐怕令北欧人略感尴尬。毕竟在欧洲文艺大国面前，北欧的艺术积淀接近不计。结果呢？崇尚自然的北欧没有历史包袱，反而在欧洲主流艺术之外，找到了自己的风格：简约天然，却不乏灵巧、幽默和人情味。

当我跟瑞典人谈起北欧风格，他们说你得在斯德哥尔摩多看看，瑞典艺术的全貌绝对不只是"极简"，还有更丰富的存在。继续追问，那去哪里观瞻瑞典艺术的模样？对方指了指地面："去看看世界上最长的艺术画廊——斯德哥尔摩的地铁吧！"

艺术 × 地铁 = 一次观念的大解放

为此我专门到瑞典地铁站里晃悠，大开眼界！从1957年开始修建于不同年代的地铁站，都有着不同的艺术主题，以至于在这里坐地铁就是一次时空穿越，像是开启了一瓶年代久远的红酒，每坐一站，酒醒得更好。

把艺术跟地铁混在一起酿成美酒的故事，该从19世纪末讲起。当时瑞

典国内掀起了一场轰轰烈烈的艺术解放热潮。那时，艺术是昂贵的玩物，总是被贵族精英阶层所垄断。瑞典戏剧大师奥古斯特·斯特林堡倡导艺术要去阶层化。但直到 20 世纪 50 年代，这场艺术解放热潮的火焰，才终于通过地铁燃烧起来。

当时的欧洲，正在努力走出"二战"的阴影，而瑞典的中立国身份和高税收政策，使执政党手握大量资金，可以实现治国抱负。早在 1928 年，瑞典社会民主党就提出了一项被称为 "人民家园"（Folkhemmet）的治国理念，它的核心要义是社会应该像一个小家庭，所有人都要贡献自己的力量，分享成果。当时许多福利和医疗机构都采用了国有化的模式。外界评价道，这是瑞典一次介乎于资本主义和社会主义之间的最大胆的尝试。在战后的特殊时期，"人民家园"的口号进一步激发了社会各阶层改变国家的愿望，也触发了一系列文化艺术领域的变革，直接推动了后来"地铁 + 艺术"现象的出现。

斯德哥尔摩地处波罗的海西岸，被纵横交错的水道划分成了大大小小 14 座岛屿和一个半岛，政府需要一套便捷的交通系统来连接整座城市。1950 年，第一条地铁短线在斯德哥尔摩开通。政府随之决定通过地铁这种重要的交通工具，把艺术传递给所有人。1955 年，两位艺术家向斯德歌尔摩市议会提交了两份意思差不多的提案：用艺术来装点地铁。

不料他们的提议得到了上下各界的一致赞同。1956年政府举办了一次竞赛，征集艺术家、画家和雕塑家等一起为T-Centralen（中央车站）的陈设提供艺术构思。1957年，T-Centralen站内的艺术装饰雏形初现，希格尼·佩尔松·梅林（Signe Persson-Melin）、安德斯·奥斯特林（Aders Österlin）等艺术家纷纷贡献了自己的创意。这是瑞典地铁第一次跟艺术结缘，之后就再也没有停止过。

我也曾去过饱受赞誉的莫斯科地铁站，它与艺术结缘的时间比斯德哥尔摩地铁站早了20年，但它的设计语言几乎就是一首首对斯大林时代的赞歌。而瑞典的艺术家在最初构思时，借鉴的是当时世界各地兴起的极简主义和抽象主义，跟皇家、贵族、官僚无关——这是瑞典大众艺术狂欢之旅的起点。

斯德哥尔摩地铁的官方人员表达过让艺术走进地铁的初衷："站台艺术让旅客感觉更美好、更安全。最重要的是，在旅客心里，站台不再只是一个生活中必经的、枯燥的连接点。"

不由得感叹，一个多世纪前解放艺术的愿景，一簇思想火花，被数代瑞典人付诸实践，每天都绽放在千万人穿行的地铁里。我们这些后来者，只需一张地铁票，就可以欣赏这场持续60年的瑞典艺术大展。

最值得驻足的5个地铁站

要把长达110公里的斯德哥尔摩地铁逛完，对普通游客来说简直是不可能完成的任务，毕竟其中的90多个车站（包括地面站台）都或多或少有着艺术设计的痕迹。我做了很多功课，在斯德哥尔摩时四处打听，试图找到最美的地铁站，还花了一整天的时间专门坐地铁，寻找各站的惊喜，直到相机电池耗尽，饥肠辘辘……这里强烈推荐以下5个不容错过的经典风格的站点。如果你稍加留意，还会发现更多有现代风格的站点。

最"红"地铁站——Solna Centrum

说Solna Centrum（索尔纳中央站）"最红"，不是因为它最有名气，而是它的颜色真的很红！是大红！血红！踏入站台，就仿佛浸入了一片鲜血染红的天空，有一股震撼浓烈的末日感，与其他站台形成了极其鲜明的反差。有些艺术需要知其所以然才能欣赏，而视觉的冲击却时常直截了当。

艺术家卡尔·比约克（Karl-Olov Björk）和安德斯·孔贝格（Anders Åberg）在 1975 年共同设计了此站，用红色天空、绿色云杉林的基调来表现 20 世纪 70 年代瑞典工业发展中出现的社会问题：人口减少、环境污染、各种野生动物灭绝。除了红绿的搭配，还有红黑的对比，这也是一种警示：天空中是滚滚的火云，而黑色地面就如同被污染或是被烧成灰烬的土地。

艺术的先驱——T-Centralen

位置：蓝线/绿线/红线　艺术家：希格尼·佩尔松·梅林、珀·奥洛夫·尔特维特等数位艺术家，1957-2006 年

T-Centralen 是很多人推荐的站点，不仅因为它恰好是红绿蓝三线交汇点，更因为它是斯德哥尔摩地铁艺术的起点。但 20 世纪 50 年代的 T-Centralen 只有绿线，如今标志性的蓝色风格，来自 1975 年蓝线建成后艺术家珀·奥洛夫·尔特维特（Per Olof Ultvedt）的妙笔。

穿过红绿线再往下走，就会发现"一入蓝线深似海"，立刻被铺天盖地的蓝色包裹，我的第一反应是："这是天空还是海洋？"地铁通道的墙顶上，有一片白色的部分，画着地铁建设者的蓝色剪影，有拿图纸的、安装灯具的、用电钻打孔的。据说设计师 Ultvedt 耍了个心机，将自己的影子也混入其中，但能辨识出他来的人真是不多，成为这一站留给游客的悬疑题。穿过通道进入站台后，随处可见的巨大蓝色藤蔓则营造出一种深邃和放松的宁静氛围，人们宛如迈入蓝色的森林里，堪称一绝。

魔幻宫殿——Kungsträdgården

位置：蓝线　艺术家：尤里克·萨缪尔森，1977 年开始设计，1987 年并入蓝线

Kungsträdgården（皇家花园站）是蓝线的东侧起点，很多人都从这里开始寻觅斯德哥尔摩童话般的地铁艺术，其实我也不例外。这一站周围有皇家花园、皇家歌剧院等一众名胜，甚至地铁站所在地，在 17 世纪就曾修建过一座名为 Makalos（马卡龙）的小宫殿，属于当时一户名门望族。所以艺术家尤里克·萨缪尔森（Ulrik Samuelson）将这座站台变成了描绘皇家花园历史的地下花园，但加入了众多魔幻不羁的风格元素。

坐着电梯进入黑白琴键相间的通道，头顶岩壁上出现一条犹如巨蟒的"花皮纹"，仿佛前方是龙潭虎穴。有人说这是榆树树干，以纪念榆树在

20世纪70年代市区伐树战争中的胜利存活。贴满海报的拐角，砌满了绿、白、红色长条状地砖，一眼望去蔚为壮观，这一灵感来源于13世查尔斯国王的花园。站台附近有一座狮头人身的国王雕像，还有不少据说是从旧日的Makalos宫殿遗留下来的艺术品或仿品。即便不太懂得这些设计、花纹、雕像的故事，仅仅以门外汉的角度欣赏，也会叹为观止。记住，这是斯德哥尔摩最大的站台，一定要环绕站台一整圈，你会发现更多丰富的细节。

最美的彩虹——Stadion

位置：红线　艺术家：恩诺·哈莱克（Enno Hallek）、科·帕拉普（Ke PaIIarp），1973年

所有人都爱彩虹吧？于是Stadion（体育场站）的彩虹拱顶毫无疑问成了瑞典地铁的标志性景观之一，很多旅游攻略都以此作为斯德哥尔摩的"证件照"。不同于深蓝色的T-Centralen，浅蓝色的Stadion要的是清新范，这一风格是为了纪念1912年的斯德哥尔摩夏季奥运会，站台上还挂着瑞典艺术家奥列·约特斯贝里（Olle Hjortzberg）制作的奥运纪念海报。

1912年的第五届夏季奥运会，是改变了瑞典国际形象的里程碑事件。当时相比欧洲其他发达国家，瑞典相对落后，常被人瞧不起。这届奥运会原定的承办城市德国柏林因其奥委会主席突然病逝而宣布弃权，瑞典火速

救急，担下重任，结果不仅成功举办了赛事，还开启了众多先例。不少学者都认为，这才是第一届名副其实的现代奥运会。

这届奥运会还首次举行了艺术比赛，以体育和奥运为题材，建筑、色彩画、雕塑、音乐和文学作品均可参赛，结果顾拜旦的《体育颂》脱颖而出，摘得金奖。如此脑洞大开的事情，真没想到是瑞典人干的吧？这站是我心中最美的站点，彩虹让这里成为当之无愧的王者。

原始洞穴里的萌物——Tensta

卡通风格的地铁站在斯德哥尔摩有好几处，但Tensta（坦斯达站）绝对是我心中的最萌地铁站。从第一眼看到"洞穴墙壁"上的企鹅和那只很囧的海狮开始，我的童心就被彻底唤醒了，感觉自己正身处北冰洋或是疯狂原始人的洞穴。洞穴里有模仿原始人笔触的涂鸦，也有儿童蜡笔画风格的动植物图案。铁轨对面的墙壁上用不同国家的文字写着"团结"。这些又萌又原始的元素，其实在暗示我们要珍惜最简单纯粹的人类情感：团结、友爱。Tensta地区当年有很多移民，艺术家还用这个站台表达了自己对多民族、多文化融合的美好祝愿。

芬兰：Sisu

芬兰：Sisu

羞涩冷酷的"冰人"，必须有一颗火热的心

张 璇

驻外记者，旅居芬兰五年，走遍北欧五国。常安于芬兰的安静平和，也曾惊叹冰岛的遗世孤立，萦怀挪威的极光山色，偶尔流连在丹麦的童话世界，也不时羡慕瑞典的高贵典雅。北欧的"冷"与"慢"让时间凝固，让我有机会重新开始思考生活。

  Facebook（脸书）上有一个流传很广的段子：在 4 月的漫天飞雪中，一个小男孩好奇地问："爸爸，什么时候才是春天？"爸爸淡然说道："你住在芬兰，知道的吧？"

  每年大概三四月份，我的朋友圈里就已经"春暖花开"了，国内的朋友们晒着春光艳阳，而身在赫尔辛基的我，仍然裹着厚厚的羽绒服，在芬兰"春天"的飞雪中瑟瑟前行。这时候的我只能通过幻想度日——6 月就在不远处，湖泊解冻，森林复苏，温暖的阳光正在向我招手。

  芬兰人称自己的气候"四季分明"，其实，这里全年有三分之二的时间都给了冬天。尤其是北部的拉普兰地区，地处北极圈以内，雪季从 10 月初持续到来年 5 月，12 月份还会出现极夜。我们每年圣诞节去做直播时，必须要抓紧中午两个小时的黄金时间，错过就只能拍夜景了。

  前些年欧洲难民潮时，有些人不了解芬兰的气候，从瑞典边境跑到芬兰北部，待了几天后，后悔不迭，有的说天黑太早，有的说太冷了，有的说食物难吃……说好的"幸福北欧"呢？芬兰媒体纷纷开启自黑模式，成为一时笑谈。

  为了与寒冷对抗，芬兰人推出了"国粹"桑拿。用木柴点火，把石头烧得滚烫，浇上一瓢温水，蒸汽马上扩散到整个桑拿间。铺满防火防水的木板的房间内，气温最高可以达到 90 摄氏度，寒气一扫光。

  我第一次去蒸公共桑拿是在游泳馆，扭扭捏捏地裹着浴巾进了昏暗的桑拿房，发现大家都奇怪地看着我，这跟我第一次去中国北方的澡堂子一样尴尬。我学着他们的样子坐到木头台阶上，这时一位当地大妈走了进来，顺手舀了一瓢水浇到门口的石头堆上，热水与石头碰撞的瞬间变成了水蒸气，只感觉一股热浪袭来。后来我才知道每个人进来时都要浇一瓢水，以保持屋内的温度。每个人能承受的温度、时长都不一样，觉得头晕心慌的时候，就一定要出去。在芬兰的桑拿比赛中，曾经有些选手硬扛出了事，听说被救出来的时候内脏都快蒸熟了。

熬过 5 月，芬兰人的好日子就来了！经过漫长的寒冷和黑夜，芬兰人对短暂的夏季无比珍惜。天气晴好的时候，走在市中心的花园街上，能看到路边草坪上成群结队的比基尼美女，即便气温只有 15 摄氏度，也不影响她们晒日光浴。毕竟在这儿，20 多摄氏度的天气就被称为"酷暑"了。

我经常跟国内的朋友说，来芬兰，要么享受七八月份盛夏纯美的自然风光，要么干脆在寒冬时节奔袭北极圈。

骄傲的 Sisu 精神

有独特的地理自然环境，也就有独特的民族性格。都说俄罗斯是战斗民族，其实它的邻居芬兰也一点儿不弱。冬天零下 20 摄氏度时，仍有很多人穿着薄薄的冲锋衣跑得热气腾腾。这里的人不仅在雪地里遛狗，还会遛小孩儿，不会走路的小朋友，穿得像个"蒙奇奇"，戴着小墨镜，咬着小奶嘴，平躺在一只铁锹似的盆里，被爸妈在雪地上拖着走，不仔细看还以为是个洋娃娃。

芬兰人喜欢滑雪，在滑雪场经常能看到两三岁的小朋友。曾见过一位母亲在高级雪道快速下滑，把不及膝盖高的小孩放在两腿中间。小朋友也穿着滑雪服、脚踏滑雪板，双臂被母亲扶着，踉跄地学滑。速度太快时，母亲就把孩子往上一拎，两个人开怀大笑着滑到山底。

芬兰人崇尚一种 Sisu 精神，这个芬兰单词很难用一个中文词汇准确地翻译出来。芬兰政府的中文媒体"这就是芬兰"这样解释说："Sisu 这个词概指的是芬兰人善良诚实、遵纪守法、性格内向、不善言谈的特点，以及他们身上那种坚忍顽强的精神和异乎寻常的耐性。"

第一次听到这个词是在来到芬兰的第一年。芬兰总统绍利·尼尼斯托在接受我们的采访时说："芬兰是一个小国，人口只有 550 万，是 Sisu 精

神让我们走到现在,在世界上拥有一席之地。"

在斯堪的纳维亚半岛上,与芬兰同纬度的国家还有两个,一个是瑞典,一个是挪威。同样是成长在冰天雪地中,瑞典凭借悠久的历史和经年的资本积累成为强国,挪威仰仗近海石油和渔业资源富甲一方,而历史上的芬兰却像个爹不疼娘不爱的私生子,从小"穷养",在恶劣的气候环境中奋发图强。

如今,芬兰在世界舞台上的成绩并不亚于几位"北欧老大哥",成了2016年全球幸福指数第五、创新指数第五的国家。历数芬兰的主要资源,除了占国土面积70%的森林之外,也就只有那些在逆境中生存、探索和不断创新的国民了。

选一个漫天飞雪的时节,到芬兰北部走一圈,可以明显感受到芬兰人身上那种与生俱来的Sisu精神。我们从赫尔辛基坐火车一路向北,12个小时后到达终点站,再坐大约3小时的汽车,就到了萨武科斯基。在这个只有1000位居民的小镇上,有一位20多岁的驯鹿场主人,一身的专业户外装备，腰间总是挂着一把小钢刀。饲养驯鹿之余，他还经营度假村，做游客的向导和野外生存教练。

我穿上雪地鞋，跟着他来到冰天雪地的森林里，徒步了好几公里，找到一块空地安营扎寨。他伐了一棵小树，将树干砍成两段，用钢刀削下一堆木片，摆在一段树干上，用随身携带的火器点火，待小木片燃烧后，将另一段树干架上去，可保证一夜温暖。在雪地里生火并不容易，让火一夜不灭更难。当我们抵抗不住寒冷，浑身发抖，双手冻僵，火却还没生起来时，内心不免产生了一丝绝望。当小木片被点燃，带着整段树干烧得发红时，我们又会油然生出感激之情，感谢上苍让我们不至于冻死在荒山野岭。可是我们的芬兰向导脸上没有丝毫情绪起伏，他自始至终少言寡语，好像一切尽在掌握。除了生火，想要在这里生存，还得学会在冰湖上打洞钓鱼，驾驶狗拉雪橇等。对于我们这些从小生活在城市里的人，亲自动手做这一切，过程可以用历经磨难来形容。

芬兰人的生存技巧和发明创造能力，成为芬兰企业的创新源泉——当冰雪路面给行车带来危险时，他们首先发明了雪地轮胎，大大降低了事故发生率，如今诺记轮胎已成为世界唯一专注于制造冬季轮胎的轮胎厂；当有线电话无法适应地广人稀的芬兰中北部地区时，他们首先发明了无线电话，以及GSM（全球移动通信系统）通信标准，为诺基亚的发展奠定了基础；当游客们憧憬着在室内观赏极光，却被结霜的窗玻璃挡住视线时，他们首先发明了能电动加热的玻璃，使浪漫的极地玻璃屋酒店成为现实。

向来谦逊的芬兰人，在说起Sisu精神时，脸上会洋溢起无比骄傲的神情。在芬兰企业文化中，Sisu被公认为不可缺少的精神。这个词意味着：在初创阶段充满想象力，在瓶颈期不轻言放弃，在发展受阻时宁可断臂也要求生。可能正是这种精神，让芬兰在强国的夹缝中生存下来，诞生了一大批世界知名企业。

社 交 障 碍 综 合 征

内敛，也是Sisu的内涵之一。芬兰人不畏困难，也通常不会表露自己的情绪。不善言辞、不苟言笑，是芬兰人给外人留下的第一印象。芬兰著名赛车手莱科宁就被大家称为"冰人"（iceman）。

旅芬美国学者理查德·D．刘易斯在《芬兰：文化孤狼》里写道："低温让人们不得不减少户外活动，在零下20摄氏度的严寒中，人们不会在街上闲逛，像美国人那样露出灿烂笑容可能会让你门牙生疼。"这段带有黑色幽默色彩的描述让我想起了那些在寒风中冻得僵硬的脸，忍不住笑出声来。

芬兰画家Karoliina Korhonen（卡罗琳娜·高亨）还专门创作了一系列简笔漫画《芬兰人的噩梦》（*Finnish Nightmares*），形象地描述了他们"尴尬癌晚期"加"社交障碍"的内向性格。

噩梦一：你滑倒了，但更可怕的是，有路人过来问你有没有受伤。

噩梦二：被人当面夸奖。

噩梦三：与陌生人同乘电梯。

噩梦四：想出门，可是邻居正好在走廊上。

噩梦五：认识的人和你说话时靠得太近，还很随意地碰到了你。

噩梦六：饿疯了，但谁也不想第一个去拿吃的。

……

是不是有点儿感同身受？芬兰人在某些方面确实和我们中国人相似，内敛不张扬。但有一点大不相同，芬兰人有自己的"安全距离"，不喜欢跟别人靠得太近。地铁和公交车上经常能看到靠窗的座位上有人，而靠走廊的座位却都空着，乘客们宁愿站着也不想坐到陌生人身边。我想，要是让他们体验一下北京的早高峰，被人群推搡上车，夹在沙丁鱼罐头般满是陌生人的车厢中一动也不能动，那场景应当很有趣吧，不知道他们会不会原地爆炸？

　　也许只有酒精能够打开芬兰人的心。微醺的芬兰人与平日截然不同。如果你坐地铁时碰到一个芬兰人拉着你不停地说话，那他肯定是喝多了。芬兰人的聚会少不了酒，每人端着一杯酒，站着闲聊，能畅谈到深夜。

　　不过，如果他们把你当成了知心朋友，那自然另当别论。我认识一位芬兰朋友米卡，熟识之后，我依照咱们中国的传统邀请他和朋友来家中吃饭，见面时我还来不及伸手，他就给了我一个拥抱！当时我惊呆了，要知道芬兰人见面时，一般就连握手也恨不得要脸红。后来想想，这待遇可能标志着我在他心中的地位已经提升到好友级别，于是得意万分。

　　一旦芬兰人拿你当朋友，那就是真朋友。他们是不善言语，只会用行动来表达感情的一类人。他们会帮你解决问题，会请你去家里做客。如果他们请你去蒸桑拿，那可是最高的礼遇了。

　　芬兰朋友发来桑拿邀约，就像是国内好友相约去K歌，是典型的"芬式社交"。在芬兰的文化里，桑拿房是最让人放松、能彼此坦诚相待的场所。内向的芬兰人，进了桑拿房，话便多了起来，还能主动跟陌生人攀谈一番。可能是他们觉得你已经融入了最传统的芬兰文化，自然会多一些亲近感。

　　桑拿分为电桑拿、木桑拿，以及传统的烟熏桑拿。一般家用和公共桑拿都是电桑拿，炉子里装满石头，用电加热石头，利用水浇在石头上产生的蒸汽来升温，如果房间面积不大的话，通电预热半小时就可以开蒸了。而烟熏桑拿则麻烦得多，先得准备柴火，一般是将桦树干劈成小块，然后在炉子里烧柴升温，等到石头热起来后把火熄掉，石头可以自我保温好几个小时，这时候人就可以进屋蒸桑拿了。这种桑拿需要提前几个小时准备，费时费料，价格不菲。

　　亚里是芬兰著名的鸟类摄影师，平时住在奥卢，经营着租赁拍摄野生动物时所需"掩体"的生意。我们在拍摄中相识，成了好朋友。有一次冬天拍完貂熊，他和夫人邀请我们去体验烟熏桑拿。我开心地换好泳衣走进桑拿房，却看到亚里只围了一块布！是的，一块就像围裙一样后方真空的布！当时我就惊呆了。他夫人告诉我，他们蒸桑拿时一般都是不穿衣服的，怕我们不习惯，所以围了一块布。还好烟熏桑拿房里非常昏暗，基本看不到什么，也不会太尴尬。蒸过一轮之后，亚里给了我们一人一根带叶子的桦树枝，叫我们先蘸凉水，清洁身体，然后将树枝伸到燃烧的木头上方，稍微加热，再蘸凉水，互相在身上拍打，这样既能促进血液循环，也有祝福的意思。桦树枝散发出来的清香十分好闻，全身的毛孔在拍打和高温中都被彻底打开了。

待温度高到难以忍受时，我们走出桑拿房，跳进旁边的冰湖，冻成"冰人"，再回去继续蒸。专业的蒸法是"三进三出"，最后用清水冲澡。如果附近没有湖就在雪地里打滚。这样的冰火两重天不断交叠，能刺激全身

的血液循环，对身体很有好处。整个过程漫长复杂，听起来甚至有点儿自虐倾向，芬兰人却乐在其中。与其说是享受，倒不如说是他们锻炼意志的一种方式，也许这就是Sisu精神的底蕴？最重要的是，一起享受完桑拿，我们似乎就变成了更好的朋友。

很难考证这种生活方式起源于哪里，但桑拿是从芬兰走向全世界的，桑拿浴也被称为芬兰浴。在这个只有550万人的小国家里，桑拿房却有200多万间，只要是有人居住的地方，公寓、夏季度假别墅、健身中心、游泳馆等你能想到的地方都有桑拿。2014年的夏天，设计师还把桑拿房搬到了南码头的摩天轮上。在空中大汗淋漓地边蒸桑拿边看风景？如此奇观也只有在这个创意感爆棚的国家中才能看到了。在开发了游戏《愤怒的小鸟》的罗维奥公司总部，连员工休息室中也修建了桑拿房。副总裁告诉我，人只有在最放松的状态下才能创作出最好的作品，所以他们甚至允许员工在上班时间一起蒸个桑拿喝个啤酒，说不定在这个过程中，新的灵感就迸发了。岂止公司，有时候议会还在桑拿房中商议治国大计呢！

抱团才能取暖

如果你以为"保持独立"和"社交困难"意味着自私自利，那就大错特错了。芬兰人强调保护个人利益，也崇尚互帮互助。事实上，抱团才能取暖，助人就是助己，长期生活在苦寒之地的芬兰人比谁都明白这个道理。

记得2015年去拉普兰采访，车子在雪地里打滑，刹车失灵，一头扎到路边一米深的积雪中。我和同事两人在零下20摄氏度的雪地里手足无措，刚刚试图自己推车发动，路过的第一辆车便停了下来，司机小伙下车说："你们快到我车上来，车里有空调，要不会冻坏的。"他马上又打电话叫来当地的朋友，开着一辆雪地特种车把我们的车拖了出来。我当时都有点儿懵了，简直是受宠若惊，感激涕零，结果小伙子非常淡定地说："冬天雪厚，这种事故太常见了，我们平时都会相互帮忙。我相信如果今天遇到困难的是我，你们也会停下来帮我。"

这并不是因为我人品好才碰上的偶然事件。那年还有一则热门新闻：一个中国女孩在芬兰北部的凯米市错过了末班火车，没地方过夜，身上也没有什么钱，素不相识的芬兰女孩苏珊娜把她带到酒店，并支付了房费。后来酒店在脸书上发帖寻找苏珊娜，希望把爱传递下去，没想到这个被找到的女孩居然也是个穷学生。她说："我只是希望在我遇到这种事情时，有人也会这样对待我。"

我是个马大哈，此前平均每年被偷一次钱包或手机，自从来了芬兰，丢三落四的毛病更严重了，因为每次落下东西，要么有人跟在屁股后面送回来，要么回去找也能找到，简直磨灭了最后一点儿警惕性。丢的东西小到围巾衣服，大到行李箱，无一例外。印象最深刻的是一次在火车站拍摄游行，天气不好带了把黑伞，结果因为占手，短短一个小时内丢了三次伞，每次自己都还没意识到，就有陌生人拿着伞追上来，就像是街头诚信测试节目中看到的场景。

据说，还真有人在赫尔辛基做过诚信测试。2013年，美国《读者文摘》在全世界16个城市故意"丢失"了近200个钱包，结果"丢失"在赫尔辛基的12个钱包中有11个被归还。不过来赫尔辛基旅游还是要有点儿警惕性，毕竟市中心还是人群混杂的。

当然，芬兰人敢在第一时间伸出援手，也是因为这里很少见到"碰瓷"、"被讹"的现象。诚信在芬兰社会绝对是排在第一位的，如果你欺骗了芬兰人，可能第二天就会臭名远扬，被逐出社交圈。这里人少圈子小，所以对于本国人来说，失信的代价是很大的。只是现在来芬兰的移民越来越多，难免有贪小便宜之人，吃过多次亏之后芬兰人也开始加强警惕性了。听说，有些留学生在临近回国时签约，月付购买新手机，却不按月付账单，因为芬兰公司根本无法跨国追讨债务，其实这种自作聪明的做法跟偷东西没有区别。

这就是我生活了多年的芬兰。虽然这里也会出现枪击事件和家庭暴力，但是我们平时所遇到的人都很善良。要知道，善良诚实也是Sisu精神的一部分。很难想象，一个芬兰单词竟包含了这么多层意思。我常想，也许是生存环境太过恶劣，才锻造出了顽强、创新、互助的芬兰人。这些品质演变为一种生存铁则：享受完热气腾腾的桑拿，一定要跳进冰湖冻入骨髓才够劲；看起来羞涩冷酷的iceman，必须有一颗火热的心。☺

芬兰拉普兰，冰雪初体验

北极圈内的冰雪世界

兔知知

旅行编辑、摄影师，曾在芬兰旅行一个月，从滑雪场的初级道一路翻滚下山，在滑雪夜连续蒸车3小时，却因下雪而一次极光都没见过。

5月的北京已经有了初夏的味道，而芬兰北部伊纳里湖（Inari）的冰雪却要到6月份才能融化，波蒂尼亚湾极北的破冰船渐渐驶过碎裂的冰层。世界的彼端，仍旧有一片覆盖积雪的土地，等待着初夏的洪流来临，带来不停歇的白夜与短暂的暖意。

拉 普 兰

寒冬2月，我们从北京飞往赫尔辛基，再搭乘夜晚出发的列车北上驶进北极圈，一觉醒来，窗外已是铺天盖地的大雪了。

我们此行的目的地是芬兰北部的拉普兰省，这里占据了芬兰国土1/4的面积，几乎全部位于北极圈内。要体验最极致的冰与雪，自然要壮着胆子一路向北走到底才痛快。

拉普兰并不仅仅属于芬兰，广义上说，这是一片横贯俄罗斯、芬兰、挪威和瑞典四国北部的极寒地区。在国境线还没有被划分的时候，生活在这里的游牧民族萨米人与他们的驯鹿，随着季节更迭在这片冬季格外漫长的苦寒之地巡游、狩猎、迁徙、生活。到后来，国境线将这里的土地纵向切割，拉普兰地区也被分进了不同的国家。曾经的"山居萨米人"或"沿海萨米人"，如今成了芬兰萨米人、挪威萨米人。而"Lapland"（拉普兰）这一名称来自欧洲古老的贵族，他们略带鄙夷地称这里为"遥远的地方"。萨米人尽管接受了这个名字，但仍有些忿忿然：此处就是我们的家乡，遥远又从何说起呢？

罗瓦涅米（Rovaniemi）是我们进入拉普兰省的第一站，也是拉普兰省最南端的城市，这里以北不再铺设火车道，机场也只有伊瓦洛（Ivalo）一处。这片原本属于游牧民族的土地插上了现代文明的旗帜后，公路沿途的城镇崭新得可疑。它们似乎拥有完全相同的建设图纸，从加油站的便利店到民房环绕的教堂，像是批量生产后被丢进了旷野的模型，生长成了有居民出没的镇子。我们的行程以罗瓦涅米为起点，绕着拉普兰地区转一个巨大的圈，再回到罗瓦涅米。这些一模一样的小镇是路途中令人疑惑的经停点，我几次三番以为走错了路，又回到了一小时前的出发地。这样困惑的感受，一直持续到旅行结束。

圣诞老人村

关于圣诞老人故乡的争议持续了几个世纪，芬兰人一直有着自己的优越感，以至于在"故乡"定论之前，每年举办的"全球圣诞老人大会"芬兰人从来不会派出代表出席。他们的自信源于罗瓦涅米符合传说中圣诞老人家乡的描述：位于北极圈内、养有驯鹿、毗邻盛产三文鱼的凯米河——三文鱼是圣诞老人最爱的食物。1995年圣诞节前夕，时任联合国秘书长加利写给圣诞老人的信被寄往了罗瓦涅米，芬兰人迅速在北极圈内完美复刻了童话中圣诞老人居住的房子，并培养了一批出众的职业圣诞老人，全年无休地接待来自全世界各地的游客和信徒。从此以后，远道而来的朝圣者，特别是孩子们终于可以梦想成真，罗瓦涅米也成为芬兰排名第二的最受旅行者欢迎的城市，仅次于首都赫尔辛基。

从市区的火车站前往圣诞老人村需要20分钟车程，初次在积雪如此之厚的道路上开车，这段并不拥堵的路程让我们花了正常行驶一倍以上的时间。尽管圣诞老人和蔼的笑容经常出现在我童年的贺卡上，但是在我该相信"世界上真的有圣诞老人"的年纪里，他并不是一个令我动容的人物——毕竟我从来没有收到过神秘的圣诞礼物。所以在进入他的会客厅时，一脸冷漠的我与身边一个来自法国南部激动到坐立不安的小男生形成了鲜明的对比。好在圣诞老人训练有素，知道如何应对我这种毫无激情的访客，他用中文祝我新年愉快，并对远道而来的我们表达了真诚的祝福。我想如果再给我一个童年，平安夜我一定会在床头挂上袜子，笃信这个和蔼可亲的老头儿真的会送给我期待已久的礼物。

萨米人和他们的驯鹿

在拉普兰的旅行中，我们两次拜访了驯鹿农场。第一次是在罗瓦涅米向北一点点的 Luosto（洛斯托），这里的老板娘长得非常像岳云鹏，导致我一见面就对她产生了好感。她的小木屋里挂着很多精美的装饰，大多是手工制造的，充满了萨米民族特色。她向我们介绍了驯鹿的习性，以及经营驯鹿农场的故事。在这里我了解到了两件事，其一是你永远不能问一个萨米人"你养了多少头驯鹿"，这是他们最隐私的事情，就像你不能随便问别人的月薪；其二是萨米人与驯鹿的关系，我本来以为他们是坚不可摧的伙伴，但其实，驯鹿只是极寒地区的家畜，说白了和牛、羊无异，所以当老板娘指着圈中的一头成年公鹿说"老不干活儿，下周吃了它，我可不养吃白食儿的鹿"时，我内心一阵寒战。

在拉普兰旅行，"吃鹿肉"是怎么都回避不了的事情。比如我们在这座驯鹿农场就品尝了奶油驯鹿汤，在萨利色尔卡的餐厅里点了烟熏驯鹿肉，在凯米的冰雪酒店餐厅里吃了黑胡椒驯鹿肉盖饭。要问驯鹿肉有什么味道，我真的说不上来，唯一能给你的忠告是，如果平时吃不惯怪味的食物，就别去尝烟熏驯鹿肉了。

听说拉普兰没有野生驯鹿，但我们在前往列维的路上却遇到了两只。我们一路追过去，鹿没有追到，却意外找到了伊纳里的驯鹿农场。大多数驯鹿农场、哈士奇农场都位于远离城镇的郊野中或山脚下，游客可参加本地的旅行团，搭乘巴士前往。对于我们这样"擅闯"农场的散客，老板倒是非常通融，让我们与刚好同时抵达的一车法国游客一同参观。

我们又一次搭乘了驯鹿雪橇——这是参观农场的固定活动，也是大部分来到芬兰的旅行者最期待的户外活动之一。行程可长可短，坐在铺着鹿皮软垫子的雪橇里，跟随着被牵引的头鹿在雪地里前行。沿途是大片白雪和颜色单调的树林，充满了北极圈内冬季独特的气息。

随后我们被邀请到林间的小木屋里，去喝一杯红茶或咖啡——用的是本地生产的木质杯子，暖意融融。这种杯子也是当地的特产，为了适应萨米人的野外生活而拥有独特外形，现在当地人还在生产和使用，也是对游牧时期的一种怀念吧。

大部分游客认为和驯鹿亲近是来到拉普兰最重要的事，但是在这里停留得稍微久一点儿，你就会期待接触萨米人，毕竟他们才是这片土地的主人。

木屋中间的炉火上烧着热水，主人直接把茶叶和咖啡粉倒进去一起烧煮，水壶通体是焦炭一般的黑色，附着了千百杯咖啡或茶浓郁的味道。在游客们喝茶时，萨米老奶奶开始吟唱Yoik，这是当地一种传统的歌谣，想让游客快速了解当地的文化，音乐显然比故事更有穿透力。她还唱了一首法国歌谣，法国游客因此坚持塞给她小费，被她态度坚决地拒绝了。她还在小木屋的门前笑吟吟地为我们两位蹭团的游客唱了《阿里山的姑娘》，尽管老奶奶看起来年纪很大了，但是歌声依旧清朗，就像山间初融的雪水一样沁凉透彻。

驯鹿农场大多经营自己的工艺品商店，出售驯鹿制品，正可谓"驯鹿全身都是宝"。当地最为热门的周边商品是驯鹿皮毛，大约合人民币800块钱一块，手感柔软厚实。除此之外还有用驯鹿角制成的工艺品，大到装饰居室的吊灯，小到拇指大的钥匙链。我可以从这些小小的工艺品中感受到这些坚持穿着民族服饰，并坚守在故土上的萨米人对于自己传统的坚持和骄傲。尽管他们丧失了祖先颠沛而自由的生活方式，但是仍旧在这片大陆的最北端，在这片茫茫的雪原之上，认真而努力地守护着自己的文化。

北极圈的"二哈"

不只是驯鹿雪橇，生活在城市里的人对哈士奇雪橇也心怀憧憬。在芬兰北部的大部分城市，都能找到前往哈士奇农场的旅行团，我们把这趟值得期待的半日旅行目的地放在了萨利色尔卡——一座以滑雪闻名的小镇。我们在这里遭遇了此行最大的暴风雪，好在抵达农场时风雪渐渐停息了。

哈士奇雪橇这项户外活动费用不菲，两个人花了约2600元人民币。花钱还好说，不情愿的是必须穿上旅行社提供的防风服装，从头丑到脚。午后，一团游客浩浩荡荡地走进哈士奇农场，狗的狂吠声响彻了半个山谷。

在简短而有效的安全培训后，我们分配到了雪橇。每只雪橇有前五六只哈士奇犬，相比国内养尊处优的宠物犬，这里的哈士奇精瘦而健壮。工作人员告诉我们，每一只哈士奇可负重60公斤左右，每只雪橇荷重的上限约300公斤，如果是体重正常的成年人搭乘，再加上雪地减少的摩擦力，几乎不会给雪橇犬带来负重上的压力。而当我们奔驰在雪原时，我才发现了一个更加残酷的事实：这些"身经百战"的雪橇犬早就熟悉了这条路上的每一个上坡、下坡和转弯，当临近上坡的路段时，工作人员就会高呼"help the dogs"（帮狗推一下雪橇），搭乘者就会不遗余力推着雪橇向前跑。你

知道的,狗还是有些智商的,这时候它们就会消极怠工。这段路单程将近1小时,我差不多是跑了30分钟的雪地拉力赛。回到出发地的时候,狗还在活蹦乱跳,我却连气儿都喘不匀了。工作人员过来表扬我表现得真好,我说"快要累死了啊",他一脸无奈地说:"坐雪橇本来就很累啊,哈哈哈,但是我们又不会在广告里写出来。怎么样,很爽吧?"

桑普号破冰船

凯米因为两样东西而深受游客欢迎:每年冬季坐落在海边的冰雪城堡和一艘名叫SAMPO(桑普)的破冰船。冰雪城堡其实在芬兰并不少见,但是凯米的城堡属于"元老"级别的,还配有冰屋酒店,因此格外受到推崇。每年冬季开始以后,人们会在波蒂尼亚湾岸边搭建全新造型的城堡,供到访者参观,内部还配有餐厅和酒吧,以及供勇敢者挑战绝对严寒的冰雪酒店。等到来年四月春暖花开,冰雪城堡会自然融化,雪水流淌回海湾,继续它们的下一段旅程。

凯米的街头像足了一座我没去过的城市——基辅,不知为何,看到这座城市浓郁的工业质感、寒冷的气氛和破旧的公交车,我莫名其妙地想到了另一座城市的名字。而根据后来我阅读的《芬兰史》中的描述,芬兰这片土地常年摇摆在俄罗斯的强权与瑞典的影响下,早年间的确受到了这两位强势邻居从生活文化到城市建设上的不少影响。这种观感和在芬兰首都赫尔辛基时相同,森严而冷峻的建筑写满了不同文化的特征,渐渐地形成了芬兰独特的个性与质感。

我们抵达凯米是为了体验破冰船,这是一艘可供人观览的破冰船,曾经在20世纪60年代为商船开辟过航道,但是船体的宽度很快落后于商船的宽度,迅速退役。当时的凯米市市长将其买下,用于冬季当地旅游项目,这让凯米在拉普兰诸多提供相似冰雪项目的城市中一下子变得耀眼起来。

我们早上6点起床,踏过还漆黑如深夜的凯米街头,由码头搭乘雪地摩托,在结冰的海湾上行驶了40分钟之后,抵达了位于海中央的破冰船登船处。大部分游客经由码头登船,此时已经开始了在船上的自由游览,我们则跟随着向导在船体内参观包括舰长室在内的房间,这艘建造于50多年前的老船还保有当时最流行的工业设计元素,操控室的面板花纹和那些老爷车的装饰相同。

破冰船在海湾上行驶,可以看到船体两侧破碎的巨大冰块不断地从海水中浮出来。极地苦寒,想必驾驶专门开辟航道的破冰船也是人类最寂寞的工作之一吧。这艘现今以载客为目的的破冰船早就失去了那份寂寞的气质,自助餐厅一片欢声笑语,甲板上也都是冒着泠冽海风拍照的观光客,船员笑嘻嘻地为你介绍船的构造和小故事,等待体验冰上漂浮的游客们早就换好了一身颜色鲜艳的防水保温服,舱门口就像排了一队"派大星"。

我在船上看着冰原破碎又聚拢,心知这趟旅程即将结束。此前我在旅行中痴迷城市景观,流连人类文明,这可能与我学习的建筑专业有关。对于自然景观,我有太多不想去攀爬的山峰,不想去跨越的河流,不想去探寻的丛林。所以,此次极北之地的旅行,对于向来刻意远离这些自然之美的我来说,是崭新的一步。而甚为惊喜的是,我的确喜欢上了这种发现自己无比渺小的感觉——

"夏日来临的时候,积攒了一冬的积雪会逐渐融化,成为夏日的洪流,流入河川,汇入大海。极昼会悄然来临,在抹不去黑夜的寒冷空气融化之后,就是不灭的天光。"

挪威：Aldri Sur

挪威：Aldri Sur

我们是山上的"小狮子"

土豆（Tord）

土豆（Tord Svendsen Lovdal），挪威人，翻译家，巴西战舞教练，于2008年第一次来华留学，为了四川的串串香和火锅，放弃了挪威的山水与宁静。迄今为止在中国生活近8年，主要居住在北京。

挪威人会这样向老婆称赞自己在山上的小木屋：去那里需要开两个小时的车，再爬40分钟的山，那里没有电，没有热水，上厕所得去外面，简直是人间乐园！

我还记得19岁时离开老家特隆赫姆，去奥斯陆上大学时的心情。我独自提着行李箱走出车站，望着"拥挤"的马路，那时的我既激动又诚惶诚恐。这可是一个有60多万人口的大都市！也不知道自己能不能适应。如今我已经在北京生活了8年，每每想起当时的自己，总是不禁发笑，那时候还真是天真。现在每次回挪威都会惊讶于祖国有多小。挪威的国土面积跟中国的广东和广西加起来差不多，而且大部分国土都是山地或者特别靠北的冻土地带，适合人类居住的地方并不多。

我跟中国朋友聊起挪威的时候，他们的第一反应往往是："美！"挪威确实是一个很美丽的地方。小时候跟家人一起在峡湾里划船，爬山去看北极光，在我爷爷亲手修建的海边小木屋里嬉戏，在挪威南部干净的蓝色大海里游泳……那时候只是觉得好玩，并不太懂得欣赏挪威的美。并不是我感觉不到美，而是以为全世界都这样。现在每次回挪威都要到处拍照晒微信朋友圈，我的挪威朋友们都笑话我比游客还像游客。

除了美以外，很多中国朋友提到挪威都会说："啊，维京海盗！"其实维京人中除了危险的海盗，还有一些很浪漫的人，比如挪威的第一位国王霍尔法格。1100多年前挪威首次实现了统一，就是这位霍尔法格搞出来的事情。"霍尔法格"这名字的意思是"美发之人"。传说中，年轻的霍尔法格向一位美女求婚被拒,美女为了让他死心,说除非他统治了挪威所有的维京人部落才愿意跟他结婚。没想到霍尔法格是一个无比执着的人,被美女赶走后便发誓一定要统治挪威,而且在此之前不会剪头发。很多年以后,长发的霍尔法格国王回到美女家门口,终于跟女神求婚成功。

那个时代也是维京人的鼎盛时期。那时的维京人没事儿就坐船南下,去英国偷东西、绑架人,顺便建立了约克市,或者去给东罗马帝国的帝王当卫兵,还有些想不开的维京人北上,移民去了冰岛,成为最早的冰岛人,这也是为什么今天的冰岛语跟古挪威语几乎一模一样。可惜维京人的鼎盛时代过去后,挪威越来越弱。15世纪挪威被丹麦统治,1814年丹麦在拿破仑战争中把挪威输给了瑞典。那一年挪威人抓紧机会制定了自己的宪法,但是直到1905年才正式独立。

在20世纪60年代于北海找到石油之前,挪威一直都比较穷。漫长的秋天后是漫长的冬天和春天,不是下雨就是下雪。因为能种庄稼的季节很短,能种的地又少,所以人口一直没有多起来。1800年,挪威最大的城市卑尔根,人口大约只有18000;奥斯陆排第二,人口只有9000左右。

现如今,挪威仍然地广人稀,总人口只有500万出头,比北京朝阳区稍微多一点儿,但是我们比较活跃。奥斯陆人常说,奥斯陆是世界上最小的大都市,因为这里的文化服务、大型活动、名牌商店等都很齐全。尤其是夏天,到处都有各种活动,而且很多都是免费的,谁都可以参加。挪威也是一个非常安全的地方。我在奥斯陆逛街时,遇到过几次挪威前首相或现任首相。这些领导人的身边也没有几个保安,因为根本没有必要。

我父母小时候,调料基本上只有盐、胡椒和当地的一些香草。我长大以后才有了大蒜、辣椒、咖喱等"奢侈"的调料,起初大家还不怎么喜欢吃。现在不一样了,挪威人大多已经接受了来自世界各地的调料和不同的饮食文化。挪威人很爱吃意大利菜、墨西哥菜、泰国菜等,全国已经没有几家专做"挪威菜"的饭馆了。

"山上的小猴子"

丹麦人喜欢说挪威人是"山上的小猴子"。这个说法有着两层含义:一是丹麦人自认为比我们聪明,跟他们比起来我们就是"小猴子",对此

我只能"呵呵"了；二是丹麦人觉得挪威人特别喜欢爬山，关于这点我倒是非常赞同。每次我们去一个新地方，只要附近有山，就会立刻生出一个强烈的欲望——爬上去！

如果你交了挪威朋友，请做好心理准备，因为我们迟早会邀请你一起爬山。假如你收到了邀请，首先，请表现得很受感动，这说明我们已经把你当朋友了。其次，一定要问清楚到底是去哪儿爬山，准备爬多高，因为挪威人和中国人爬山的习惯很不一样。对大多数中国人来说，爬山是一种边散步、边享受大自然的活动。但对我们而言，爬山是为了挑战自我，每次爬山过程越难受，爬得越高，就越有成就感。

挪威的山不像中国的黄山或峨眉山，没有石阶、小卖部和服务站，只有广阔的野山。虽然自然环境特别美，但是挪威人爬山并不仅仅是为了看风景。我们喜欢每天背着十几公斤的背包走十多公里的山路，累得顾不上看周围的景色，那才叫爽。听起来有点儿自虐，对不对？但我们要的就是这种感觉。我的中国朋友们经常问我，挪威人怎么这么内向，这么害羞？维京人的精神到底哪儿去了？依我看来，这种自虐的倾向就是我们体内维京人基因的最后表现。

需要指出的是,爬山虽然是一项很平常的活动,但野山都是很危险的:每年都有游客在爬山时因迷路或者遇到了不好的天气而受伤甚至身亡。想在挪威爬山,你一定要提前跟当地人问清楚什么时候出发比较安全,需要带什么东西等(不要问城里人,他们不一定懂)。

我记得几年前有一条新闻,是两个十七八岁的挪威青年冬天在山上滑雪。天气突变,一小时内从蓝天白云变成暴风雪。因为两个人一直没有如约到达目的地,第二天一早,救援队就出发去找他们。救援队到达的时候,你猜他俩在雪地里干吗?两人正在泡茶准备吃早饭。原来他们前一天发现天气要变了,马上就开始挖雪洞。软软的雪很好挖,他们不仅挖出了洞,还挖出了两张床位、一张小桌和烟囱。可见当地人对爬野山的知识和经验是值得信任的。

当然不是每座山都这么危险。几年前,我的女朋友来挪威旅游时,一位朋友邀请我们一起去爬山。他推荐的山脉叫 Trollheimen(巨怪之家)。挪威旅游局的官网上有介绍,说爬完这条线路需要三天的时间,每天爬6—9

个小时,"适合带 10-12 岁的小朋友一起爬"。

我刚看完就觉得,如果小孩子都能爬,那我们肯定也能行,对吧?但我很快意识到,这是挪威人的标准,对我那个不爱运动的女朋友来说,每天走 9 个小时也许有点儿过分。为了说服她加入我们,我不仅选了一条短一些的路线,还对她说,爬上山以后,晚上能看到特别多的星星,甚至能看到银河。想想躺在漫天的星空之下,来点儿音乐和红酒,那该有多浪漫!"好吧,为了星星。"她说,总算答应跟我们一起出发。

除了爬山的装备以外,我们还带了葡萄酒、泳衣、扑克、零食等。在挪威爬山有一个好处,就是山上小溪里的水基本上可以直接喝,所以不需要自己带很多水。夏天的时候,路边还有野生的莓果可以吃。

那天我们爬了很久,晚上七八点钟的时候,我们停了下来,找到了一块可以搭帐篷的草地,然后去附近的小湖里游泳。我们在帐篷里喝酒打牌一直到半夜,大家喝得微醺,只听到女朋友在帐篷外大叫:"土豆,你这个骗子!"我走出帐篷,看见她双手叉着腰望着天边——天根本就没黑。"说好的星空呢?"她假装生气地问道。我远离挪威生活太久了,竟然忘了一件重要的事情:夏天的时候,挪威的天根本不会黑!太阳虽然会落山,但是在大山后边藏了两个多小时后,又会很快出来,跳过黑夜,从黄昏直接到黎明,根本看不到任何星星。"至少我们还有音乐和红酒。"我说。我俩都笑了起来。只要出去爬山,我们都会很愉快,"不管有多惨,从不带着坏情绪(Aldri Sur)!"

我有一个小木屋

有一次,我跟一个在奥斯陆大学学习挪威语的中国学生聊天。她刚到挪威没多久,刚在市区里逛完街。我问她第一次来奥斯陆有什么感觉。她说,挺好的,城市很不错。就是……人都跑哪儿去了?

那是一个普通的星期五。我也刚从市区回来,却并没有觉得人特别少。我决定在这时候告诉她挪威人的一个习惯——周末和假期喜欢去山上或者海边的小木屋里清静清静,躲避一下城市的人群。她一脸震惊地望着我:"你刚才说什么?躲避人群?"我又重复了一遍,她摇摇头说:"这里还不够清静吗?难以置信!简直难以置信!"

小木屋文化是挪威人"喜欢自虐"的另外一种表现。几乎所有的中产阶级家庭除了在市区有房子,在山上或者海边还有一套小木屋。想要更深入地了解山上小木屋文化可以看看 Ylvis(伊尔维斯兄弟)的一支 MV(音乐视频)《小木屋》(*The Cabin*)。在这支搞笑的 MV 里面,主人公这样向老婆称赞自己在山上的小木屋:去那里需要开两个小时的车,再爬 40 分钟的山,那里没有电,没有热水,上厕所得去外面,简直是人间乐园!

当然,不是所有的小木屋都像这样。现在流行把它们弄得越来越高级,经常连电视和自来水都一应俱全。在爬完山后的晚上,你在小木屋的阳台上看着日落喝着一杯金汤力,然后跟朋友一起聊天或打牌。在这个悠闲的环境里,你会觉得自己离城市的繁忙生活很远。

我们家的海边小木屋,是爷爷奶奶一家人四十年前修建的。现在有马路直通到小木屋附近,但是我小时候要先开两个多小时的车,再划半小时的小船才能到。在那边,没事干的时候可以开着小船出海钓鱼,钓到的战果当天晚上吃。

我小时候,每年复活节时一家人会一起去海边的小木屋玩。复活节前一天的早上,父母会组织寻宝游戏,寻的宝就是复活节彩蛋,彩蛋里面有各种糖果。每年的寻宝游戏都不一样,但是都要在户外寻找各种线索。在游戏过程中,父母会让我们做很多中国父母根本不会让孩子做的事情。比

如有一年,他们把寻宝的第一个线索放在了一棵树的最高处,第二个线索需要你自己划船去海峡中的一座小岛上寻找,第三个线索在海滩上一艘半沉的旧船里,第四个线索在码头下面……我当时11岁,弟弟和表哥分别是8岁和14岁。现在回想那天的活动,在这四个地方,孩子一不小心都可能会有生命危险。但是我们当时一点儿都不害怕,父母也很了解孩子在户外活动的能力,相信我们不会发生什么意外。

庆典是正经事

5月17日的国庆日是挪威人一年中最重要的节日之一。"小猴子们"对这个日子的热爱不亚于爬山。在很多节日里,挪威人都会出国旅游或跟家人一起休闲,但是国庆日不一样。这是挪威一年里最热闹的一天,而且是一个庆祝春天到来的好机会。

说到国庆日,得先说说5月1日的劳动节,因为这两个节日之间有着一定的联系。挪威在政治上偏左,所以跟中国一样比较重视劳动节。节日期间,每座城市都有很多人上街参加劳动者的游行。除了劳动组织以外,也有很多其他的组织和团体参与,比如环保组织、人权组织等等。游行队伍中有很多穿着有趣服装的人,还有很多现场表演,另外市区里会有很多人人都可以参与的演出和活动。

看过挪威连续剧《羞耻》的人应该还记得 Russ 的意思。从劳动节起一直到 5 月 17 日的国庆日，很多穿着红色或蓝色衣服的青少年都会出门庆祝高中毕业，这就被称作 Russ。

Russ 是挪威独有的传统，其他北欧国家都没有。说是为了庆祝高中毕业，但是这些学生其实离毕业还有几个星期的时间，甚至还没有参加最后的考试。他们在这两个星期的时间内，基本上每天都要出去玩，喝酒，参加派对。如果你觉得在考试之前连续"疯狂"两个多星期有点儿奇怪，挪威人会耸耸肩告诉你：其实，我们也不太明白为什么要这样，但毕竟是传统，我们也没办法。

不同城市的 Russ 庆祝方式各不相同。比如，在特隆赫姆，毕业生会买一件做实验时穿的那种白色的衣服，画上各种独特的图案。在奥斯陆，毕业生会组团，每团大概十多个人，一起租一辆老式大巴，每辆大巴上都画着各种涂鸦。如果你看到载满了青少年的鲜艳大巴从眼前开过，那这多半是一辆"Russ 大巴"。另外，为了赢得各种奖项，他们要完成很多任务——其实这些奖项并没有什么实际价值，只是青少年们互相摆酷的方式。他们做的都是些在市区里"添乱"的事情，比如爬到别人的车里跟车主聊天，或者赤身裸体在大街上奔跑。

到了国庆日那天，一般人的首要活动就是参加朋友或家人组织的早餐聚会。如果你交了挪威朋友，他们一般很乐意带你一起去。这类早餐聚会通常是每人带一个菜，有三文鱼、挪威特色的面包、各种小菜还有很多很多的香槟。到中午时，挪威人已经喝得飘飘然了。

很多人会在国庆日穿上挪威的传统服饰 bunad（布纳德），这是一种很有民族特色的服装。挪威的每个地区都有自己的特色 bunad，共同点是颜色都很鲜艳，而且有很多白银做的装饰。一件新的 bunad 很贵，起码要两三万人民币，很多人的 bunad 是家传的，有的甚至是好几代人穿过的。

吃完早饭以后，大家会去市区看游行。国庆日的游行时段可能是挪威各个城市的大街每年最挤的时候。有一位印度朋友曾经跟我说，他在挪威每年最享受的一天就是国庆日，因为街上的人终于多起来了，有点儿新德里的感觉。"人多"却是有些挪威人讨厌国庆日的原因，因为我们不太适应人多的场合。

  除了游行，市区中还有各种各样的活动可以参加，包括艺术表演、逛小集市等，到处都有卖各种小吃和冰激凌的小摊。

  国庆日一共有三次游行。首先是儿童游行，所有的小学、初中和高中都派队伍出来，每所学校还有自己的行进乐队。紧接着的第二场游行是国民游行，这场游行只要报名就可以参加，所以有各种各样的民间组织、退休人员组织、体育团体等参加。我上高中的时候，有几个朋友一起加入了一个名叫"不正常人类"的组织，拿着自己做的横幅，边走边唱黑金属音乐。我们并没有什么特别的观点需要表达，只是去凑个热闹。在奥斯陆，游行的高潮是路过王宫的时候，大家向站在阳台上的国王挥手、唱歌，或者做各种小表演。

  第三场游行就是 Russ 游行。这时候一般已经是下午三四点了。有些毕业生像行尸走肉一样在宿醉中前行，还有一些则像注射了兴奋剂一样不停地蹦蹦跳跳。对他们来说，游行是最后一天狂欢，毕竟马上就要考试了。

  这就是我们挪威人——既热爱大自然，喜欢自我挑战，也享受城市生活。如果哪天我们成了朋友，我保证会带你去很多很有意思的地方。Ⓜ

挪威景观，列车途经的山海

挪威海岸列车之旅

盛崖余

瑞典隆德大学社会学硕士，电影、哲学爱好者。机缘巧合下常游走在东亚、北欧多国，写作时习惯于将日常琐事转换为身份、空间、机制等叙述维度，并乐此不疲。希望四海方家，和而不同。

在斯堪的纳维亚旅居的两年中，我常常会陷入对人生意义的纠缠与思索，以一种充满异域关照，而又全盘剥离的身份，几乎犹疑于出世的边界。旅行所浓缩的那些自然的惊艳面貌，彰显出荒野本来的力量。

挪威西海岸的峡湾地带，有如神祇宿居的幽潭，又时时似有蛟龙盘踞着。这里的独特之处在于，你跨过冰川、悬崖、深谷，却鲜少能闻到自然意欲威慑的残酷味道，无论是站在吕瑟峡湾的布道石上俯望，还是与罗弗敦拔地而起的岛屿错身，溪流与红色木屋闪动之处，即会现出一种冷峻的温柔，仿佛山海摊开掌心，以示它广袤而静默的慈悲。

挪威已成为我最爱的目的地，山水原野间那种一以贯之的独特气质令我神魂颠倒，一再流连。2015年的夏天，我人生中第一次独自旅行的经历就献给了挪威，出发前颇有几分惶恐，但"旅行"这种行为本身依然是浪漫的，从斯堪的纳维亚半岛最南端一路向北，再一次浸入了斯科纳省美妙的田园美景中——深蓝色的大海畔，花田铺道。诗中曾提到的牧马劈柴、关心粮食、大海与花开等种种意象一样不落，通通在这里被完美映射。再往北，渐渐出现起伏的山脉，硬朗嶙峋，就这样一路向奥斯陆而去。

奥斯陆差不多是世界上物价最高的城市，事实上整个挪威的物价都高得让我有种安全感，深深地为生活在此地的小偷忧心：即便是靠偷骗为生，大概也会入不敷出吧。和北欧其他国家一样，挪威纸币流通率极低，出行中全程刷卡，我没有取过一克朗现金，感觉非常方便。

第一次去奥斯陆时错过了蒙克的《呐喊》，错过了国家戏剧中心的"冰川"屋顶漫步，也错过了音乐节现场，还好，没有错过开往西海岸的列车。我想起了搭乘火车的保罗·索鲁，他一早靠旅行写作声名在外，从《老巴塔哥尼亚快车》到《骑乘铁公鸡：搭火车横越中国》，写的都是我最羡慕的那种列车旅行。无论是在欧亚还是在拉美，火车就像一个释放魔法的铁盒子，人们上车下车，起行坐卧，火车拖着节节车厢在不同的区域间穿越游荡。委身寄居，同时观瞻，这过程本身就妙不可言。

夏季的清新山景

挪威这个国度的美丽慢慢向我展开，的确是从我坐上开往斯塔万格（Stavanger）的火车开始的。上车后,惊喜地偶遇了一车厢童子军，和韦斯·安德森的电影《月升王国》里的一模一样，他们大包小包背了一身，穿着统一的制服，年龄有大有小，都戴着可爱的花领巾，有两个人举着自制的旗子。这趟列车很短，四节客车厢再加一节餐车，就这样在孩子们喧闹的交谈声中开进了画里。

8个小时的旅程未敢合眼，充满了种种不可思议。远离城市后，列车在开阔的山间谷底穿行，窗外有大片的湖水与田园，漂亮的彩色房屋背山面水，有小船系在岸边的浮板旁，在阳光中悠悠轻摇；列车又从高处的桥梁上跨过一条河流，河谷中间扬着一面白帆，反射着粼粼的波光；行至半途，几乎每隔20多分钟就会出现一处湖泊，岸边往往点缀几幢木屋，侧院草地上摆着精致的躺椅和小桌。像是精心设计的观光线路一般，列车往往贴着湖岸前行，如果窗户可以打开，几乎触手即是湖水。山顶云雾变幻，隔着车窗都能嗅到一种清新湿润。

挪威的湖泊给我留下了极深的印象，我几乎想在每个小站下车，在那里住上十天半个月,蜜月明明就应该在这样的地方度过:白天在森林里探险，游湖钓鱼，对着美景作画，懒洋洋地坐在木屋前面各自喝着茶看书，或是等到下午的阳光把湖水晒得暖暖的，直接一同跳进去畅游一番，晚上一起动手尝试各种有趣的烹饪，夜里在雨声中相拥睡去，然后一定要亲自为对方拍摄一组"爱人的30个浅笑瞬间"。此时忘掉巴黎吧，更无须再和我提什么婚纱照！

冬 季 的 峡 湾 雪 色

挪威是那种看过一眼就让人忘不掉的地方。如果说它的山岭是浓密的头发，碧海是深邃的眼眸，悬崖陡然跌落的线条是令侧脸最显俊朗的英挺鼻骨，那么与这样一位优雅却孤傲的北欧男子再次相遇，并一再地为其风姿所倾倒，却是我当时不曾想到的。

2016年冬天和朋友再到拉普兰地区追寻极光，这里冬季漫长，森林河流与湖泊峡谷都被皑皑白雪覆盖，在冬季进入拉普兰地区意味着逐渐进入了极夜。

在瑞典阿比斯库圆了极光梦后，我们再入挪威。去往那维克的列车旅程稍长，但一路心情明媚。眼前正如诗中所写，是一派千山鸟飞绝，万径人踪灭的荒野景象，永夜前薄光寂静，世界行到尽头，寒江雪原俱在，浩瀚无垠间唯有列车在铁轨逶迤中拖出一道路来，随风横越天地，时间凝住了。

列车在茫茫雪原上开了一个多小时，穿过一段隧道后，像是一段电影跳剪，水面忽然与光亮一同冲到眼前，对岸绝壁直立，一整面崖壁白色尽染，青岩与白雪两色又深浅相依，下落千尺后像是被墨绿色的水面整齐切断，不曾预期，又见峡湾！铁轨沿着峡湾在雪山腰延展行进，一直驶至大海。居然这样幸运，在一年之内见到了峡湾冬夏两季时不同的面貌，当车上的本地人熟睡或专注读书，不为窗外司空见惯的风景所动时，我已被美景震撼到泪水盈眶。

从那维克再向北，就基本进入了极夜地区，中午11点日出，12点就日落了。我和闺蜜开玩笑说，一顿午餐可谓一餐多用，说它是天蒙蒙亮时的早点或是日落前的晚餐似乎都恰如其分。从那维克到特罗姆瑟一路沿着峡湾行进，据说沿途风光无限，我们为此特地在那维克留宿一晚，打算第二天上午观景，谁知大巴起行没多久夜幕降临，三个多小时的车程最终都付与了漆黑的夜。

我们在"夜色"中来到了峡湾中的城市特罗姆瑟，整个城市跨越大陆与小岛，以长桥相接，依着山海而建。下午3点，灯火辉煌，海水倒映出整个城市的光影，灿烂无比。旅途的最后一日恰巧是冬至，在极夜地区度过黑夜最长的一天，可能会是人生之中绝无仅有的经历了吧。

挪威，乃至整个北欧，都不是那种会令人产生纷乱嘈杂之感的目的地，在斯堪的纳维亚旅居两年，甚至会常常陷入对人生意义的纠缠与思索，以一种充满异域关照，而又全盘剥离的身份，几乎犹疑于出世的边界。旅行所浓缩的那些自然的惊艳面貌，彰显出荒野本来的力量，每次上路都提示我身在此时此地的独特意义：我应当知道虚无的感觉，知道物质的反面，知道寒冷孤独的极夜，知道让生物钟混乱的永昼，知道分离与挣扎，知道抑郁与失落，知道不可到达的梦与幻觉，知道自我的渺小与极限。

回程坐的亦是火车。夜里 11 点，天色终于变暗，列车刚刚行过厄勒海峡上的跨海大桥，对面一个长发长胡子的瑞典大叔从一只小小的背包里面拿出一本厚如字典的英译版《1Q84》，自顾自地看了起来。☺

更多挪威旅行信息参见攻略别册 p56

冰岛：Thedda Reddast

冰岛：Thedda Reddast

极北之地，欲望断舍离

嘉 倩

作家，出生于上海，目前在冰岛居住，于雷克雅未克一家公司就职，过着朝九晚五的生活。已出版12本书，代表作有《交换梦想》《明天我要去冰岛》等。

在城市里，我们总感到一切尽在掌握，地铁、火车都有准确的时刻表。然而居住在雷克雅未克，就仿佛回到了人类最原始最天然的生存状态，包围着我的生活的，是那些比我自己、比城市更强大的存在。

冰岛人有一句引以为傲的俗语——Thedda Reddast，一度成为外界对冰岛人独特性格的概括。了解字面意思的时候，我起初不以为意，认为这不过是一句励志口号，含义类似于"桥到船头自然直"。然而我没有想到，这句话竟陪我度过了文化冲击中最难熬的阶段。

因为工作，我搬到了冰岛生活，在雷克雅未克市成了朝九晚五的上班族。初来乍到，早晨醒来，常常有不真实的感觉，刷牙时对镜子傻笑："我居然在冰岛，这'北漂'可漂得真北啊！"3月的冰岛，每时每刻都新鲜，站在风中发呆，雪飘在脸颊上都是甜的。

直到极昼来临，雀跃欣喜到达顶峰后，如同魔法失效般逐渐退散。有一天，在沉默与忙碌的工作后，走在凄凉无人的街道，回家打开淋浴间的莲蓬头，水流散发出火山地热的臭鸡蛋味，淋湿了头发和身体的我，想放声哭但哭不出来。

我开始怀疑为什么要来到这里，这样的状态持续了穿羽绒服的整个6月、7月和8月。下班后我只想拉上家里的所有窗帘，无止境地想家。

在写下这些文字的时候，我已经告别了情绪的最低谷，缓缓步入正轨。冰岛是古怪的充满矛盾的国家，这里的国民幸福指数在世界上首屈一指，与此同时,患抑郁症的比例与自杀率却居高不下。关于这种现象有一个玩笑：

正是自杀的人多，所以活下来的都是幸福的人。

冰岛的生活究竟是怎样孤独与自由？冰岛人为何在阴暗抑郁中尚保有一丝幸福？这些谜团，也许有一把钥匙可以打开——Thedda Reddast！

游 泳 池

对于冰岛人而言，游泳池和一日三餐同样重要。

当一个冰岛人说他要去游泳池了，将要发生的事情可能和你想象的不太一样。这里的游泳池，主要功能不是供人游泳，而是一种户外温泉池，可以让人泡在水里和朋友聊天，或是看着按摩水流发呆。

游泳池通常会包含两个以上不同水温的小池子，彼此间隔不远，每个池子可容纳约10-15人。池水温度最高可达44摄氏度，待一分钟就全身发烫；最低的5摄氏度，光是脚丫伸进去就会冻得刺痛，待冰水没过胸口，立刻狂奔出去，反而更暖和。

每个池子的入口都会标记水温，人们从一个池子跑去另一个，乐此不疲，相信这样做有助于全身血液流通。别忘了还要去桑拿房，推开门，蒸汽腾腾，全身毛孔瞬间张开，找个座位坐下，悄无声息，仿佛置身太空舱。

我的冰岛朋友玛古斯是一位单身父亲，他有两个儿子，每天下班后他都会带孩子们去泳池泡水。玛古斯小时候，父母下班后就会带他去泳池，他想让自己的孩子也拥有那样的幸福。我的另一位冰岛朋友艾纳，工作忙碌，会议不断，但午休时有一个习惯：开车去健身房，充分利用一个小时的时间，跑步、泡温泉、洗澡，吹干了头发，坐上车，回办公室继续战斗。

冰岛游泳池的普及度令人惊讶，每个小镇中至少有一个，建在镇中心最重要的位置。即使是荒凉偏僻的"鬼镇"，那里的泳池也绝对热闹，能见到"珍贵"的当地人。当工会组织罢工游行时，第一天银行罢工，第二天机场罢工，第三天游泳池罢工。作为外国人，恐怕很难把第三天的罢工当一回事，然而对冰岛人而言，这给日常生活带来的重大打击不亚于前两天。

只是一个游泳池而已，具体些，也不过是泡热水，为什么会在冰岛人心目中有那么重要的位置？

这背后的观念与Thedda Reddast有关。前往游泳池的高峰时间是晚上七八点，人们结束了一天的高强度工作。即使再累，大部分人的选择也不

是回家吃饭看电视,而是去游泳池里休息。洗完澡,呼吸北极圈的清凉空气,整个人又活了过来。

游泳池也成了我的生活一部分,下班后去游泳池和朋友见面,或者独自一人在露天的户外泳池中,让冰岛的风亲吻每一寸皮肤,看候鸟从池子上空飞过,有时运气好,能看到极光在头顶跳舞。

雷克雅未克的前任市长认为,冰岛的游泳池是一种政治观念。无论男女老少,脱下"社会阶层"的外套,穿上泳衣,坦诚相待,平等自由。更衣间淋浴间没有贵宾室,你可能会看到女歌手比约克和老邻居聊天,现任总统光着身子在洗澡。游泳池也是一种对于回归生活的提醒,让人们放下手机,和孩子、家人、朋友相处。人们在泳池约会,这里没有酒精,没有名表项链,抹去化妆品,简简单单,谈天说地。

Thedda Reddast,即使再忙,也要留点儿时间给生活。

匮乏的餐桌和衣柜

冰岛是一个不折不扣的发达国家:经济发达,科技发达,人们的观念也超前。但很奇怪的一点是,如今的冰岛,物质资源仍然匮乏。

我在冰岛语课堂上认识了苏苏，那时她刚来冰岛不到一个月。她在中国遇到了一个会说流利中文的冰岛男孩，结婚后，苏苏来到了这个陌生国度。

第一次见面，她问我，为什么会自愿留在这么一个无聊的国家？听惯了游客对冰岛美丽景致的夸赞，终于有人说冰岛的坏话，我觉得很有趣。

苏苏买好了第二年回国的机票。她气愤地说，冰岛没有什么商店，买不到衣服，仅有的几家店衣服款式难看，价格离谱，她想念淘宝。至于吃的，中餐馆太少，想自己下厨也找不到中国超市，她想念国内的外卖，"生活就应该吃好的穿好的，来这里我的生活质量变差了，还不如回去"。

冰岛地理位置特殊，这是一座处于世界角落的岛屿，与世隔绝。以前，冰岛需要航海数日才能抵达，四处是荒原、火山与冰川。即使如今，冰岛仍然在一定程度上维系着隔离的状态。

冰岛的土壤贫瘠，气候环境严酷，当地的生鲜食材大部分为暖棚种植，通常是番茄、胡萝卜、黄瓜，产量并不大。大部分食物需要进口，尤其是蔬菜水果。进口食物很贵，本地食物更贵。特别是在北方或乡野地区，运输不便，超市里的蔬菜都是切成小块贩卖，很是金贵，葡萄几乎要论颗卖了。

另外，在冰岛政策的影响下，这里的移民很少，因此这里的亚洲人也比其他欧洲国家少了许多，吃到中国食物是一件难得的事情。餐厅选择少，吃一顿中餐动辄人均 500 人民币。我发现身边长居冰岛的外国人，大部分都会在家下厨，尽管超市可选择的食材也极其有限。

至于服饰，冰岛没有四季，人们整年都穿同样的衣服，热裤、凉鞋一类的服饰几乎没有机会登场。想要买新衣服也难，店铺少得可怜。去年冰岛第一家 H&M 开张那天，人们疯狂地通宵排队。

由于二手衣服相对便宜，冰岛年轻人也流行去二手店淘宝，特别是毛衣和六成新的外套、运动服、鞋子。通常二手店不以营利为目的，款项都会捐助给本地红十字会。

不去餐厅，不买衣服，上下班靠走路，因此有一个月，我除了付房租和购买必要的食材外，完全没有其他开销。物质的匮乏使我重新审视已经拥有的一切：一双白色球鞋，陪伴我早起跑步，上下班走路，仿佛相依为命的忠实伙伴；不拥挤的衣柜，每一件衣服都为我所用，少了任何一件，都会带来不便。

我想，逛商店未必因为缺少东西，而往往是因为不逛就不知道自己需要什么。也许物质的匮乏，带来的是欲望的减少，反而能将更多的资源、时间和精力，用在脚踏实地的生活之中。

Thedda Reddast！忘掉购物，还有比这更重要的事情。

人 与 人 的 距 离

冰岛人的友好，隐藏着害羞，他们有一种岛国居民特有的个性，与世隔绝时间久了，对外界排斥观望，外来者无法轻易融入。

我仍然记得，第一天报到上班，进入办公室以后，我就直接坐在办公桌前工作了。没有同事前来介绍，没有人说早安，给我一种"我是隐形人"的不适感。在茶水间和同事遇见，两个人狭路相逢，眼神对视，也不说话，对方也没有感到尴尬。

不久，我收到一封邮件，冰岛同事找我有事。我一边敲打键盘回复，一边感到不可思议：这位同事就坐在我的邻座，完全可以直接和我说，而且我们都知道对方可以说流利的英文。

在公司上班，我起初对这种"冷漠"很不适应，一度还认为这是不友好的表现。身为外国人，没有人好奇我的文化，没有人好奇我为什么会来这里，多少有些奇怪。

艾纳有一次开车带我去看极光，之后送我回家，到了家门口，我们聊起冰岛人难交朋友这件事。艾纳说，这是他们的习惯，一个人对另一个的最大礼貌就是不去打扰，但如果你要寻求帮助，一开口，无论对方认不认识你，都会立刻帮你，"只是冰岛人太怕打扰别人了"。

我意识到，中国与冰岛文化间有着非常大的区别。在我成长的环境中，如果两个人相识，恰好又坐在一起，距离比较近，那么不说话不沟通才是不礼貌，也就是说必须寒暄一下，甚至聊得火热才好。也许这种根深蒂固的文化观念，让我在初来冰岛的日子里感到失落。

走出了文化冲击的阶段，渐渐地，这种"冷漠"带给了我前所未有的舒服，我突然可以自由自在地只做我自己，不需要强装热情，不需要没话找话。

难怪好莱坞明星喜欢冰岛，做主厨的冰岛人马丁告诉我，他曾经在一家开放式厨房餐厅工作，有时候当红明星来了，摘了墨镜和帽子，就可以像普通人那样享受一顿安静午餐，没有人上前打扰。甚至有一次，美剧《权力的游戏》中的一行主演坐在那里吃饭，作为资深剧迷，马丁也只是远远看着，不上前索要合照和签名。他说："少年时可能会冲动地跑过去，后来发现这对别人很不礼貌。"

Thedda Reddast！放轻松，没有人会来打搅，保持距离。

不过，这对一个外来人未见得完全是件好事。作为生活在冰岛的外国人，我时常感到为难，有时希望跨出一步结交朋友，从聊一些琐碎事情开始，但每次开口，我都会担心是否打破了他们的礼貌文化规则。人是社会动物，我也经常因此产生自我认同危机与社会隔离感。

大自然的另一面

从来到冰岛的那天开始，我就注意到新闻里常常预测即将出现的火山爆发。有时早晨看新闻，说前夜一连发生了200次以上地震。作为恐慌的外国人，这些有关地震的新闻使我困惑，因为新闻的重点永远都不是地震本身，常常以"暂时不会引起火山爆发"作为结尾。

我问身边的人，如果火山爆发了怎么办。有些人说，上次火山爆发时他们坐直升机去看了岩浆，很壮观，但忘了在火山前拍全家福，这次再有机会去，要带个好相机；有些人说，火山爆发会让冰岛的旅游业更发达，

吸引更多游客来玩；也有些人说，如果是很可怕的事情，就等发生了再说吧。我也从最初的慌张变成了无可奈何，再后来有了和他们同样的想法。

在城市里，我们总感到一切尽在掌握，地铁、火车、飞机都有准确的时刻表。然而冰岛的城市更贴近大自然，居住在这里，就仿佛回到了人类最原始最天然的生存状态，包围着我的生活的，是那些比我自己、比城市更强大的存在。

在冰岛，即使是再平常不过的天气，也是变幻莫测的。好天气时，这里就像角角落落抹了清凉油的马尔代夫，坏天气时则可能什么都看不到，只能躲在车子里怀疑人生。在不同的天气去同一个地方，会对这个地方做出截然不同的评价，大概这就是为什么很难评出冰岛公认最美的地方。

当地人会根据天气决定出行。天气好时，就开车20分钟去火山苔原，这里保持着史前地貌，就差有恐龙奔来跑去；天气不好，就在家里开足暖气，弹琴画画，总有可以做的事情。我曾去一位冰岛律师家里做客，他哥哥整个下午都在唱歌弹琴，就连洗碗时也在编歌词。律师说天气不好时他也喜欢在家里弹古典乐，做瑜伽，时间很快就过去了。

冰岛的购物中心不多，也没有那么多人造的娱乐设施，但大自然会带给人们更多的乐趣。天气好时，人们纷纷出城，去登山野营。有一天下班后，我的朋友谷米找我去郊外，看最后一批没有飞走的北极燕鸥，谈论它们不可思议的旅行——每年都要从北极圈飞到南极，一生的飞行里程加起来，可以从地球到达月球。我们还谈论鲸鱼一跃而起的模样；谈论海鹦一生唯一的配偶；谈论夏天飞来西人岛繁殖的候鸟，幼鸟被城镇光线干扰偏离了鸟群，人们是怎么营救它们的。我们谈论的时候，夕阳在乌云中出现，不远处还在下雨，双彩虹悬挂天边。没有人谈论房子、车子、股票，讨论人生、主义、观念，只有那些幸福的小事。

Thedda Reddast！大自然有可怕的一面，但也很美，不是吗？

Thedda Reddast！

和旅行者不同，生活在这里为我提供了一个观察冰岛文化的独特视角——既是局外人，同时也身处其中，感受每一件事带来的情绪波动。

不同的文化互相碰撞时，往往最初是新鲜的蜜月期，渐渐过渡到艰难的文化冲突期，随之是适应与改变，然后回到自己的文化中。目前我和冰岛文化的碰撞，似乎正是在沿着这条传播交流学的理论轨迹前进。

Thedda Reddast 很难找到确切的翻译，字面意思是"会解决的"，是接受天有不测风雨，是不需要太担心。这句话初听起来像是俗气的励志口号，但是真正居住在冰岛，在生活细节里感悟，我发现这句话适用于一切事情。

轻松说一句 Thedda Reddast，放下太多的想法，太多的主义，太多的情绪，只活在眼前的一件件小事之中。

随着对冰岛生活的理解加深，现在回头看，发现生活的乐趣原来就在这些细微具体之中：游泳池的热水，衣柜和餐桌的木香，茶水间不尴尬的沉默，郊外散步看候鸟。以前总感到沉沦在生活中是一件不应该的事情，但是在冰岛，我发现沉沦生活也很不错。享受眼下的细微小事，遇到了问题去解决，解决不了就算了，毕竟火山是否会爆发也不是我们能掌控的事。年轻时总会谈很多主义，很多喜欢不喜欢，现在好像会渐渐沉沦在一件事情里面，沉下去，再浮上来。

明天的事情，明天醒来了再说，Thedda Reddast！

冰岛自驾，不期而遇的欧若拉

进入冰岛黄金圈

张　　三

旅行十余年，行走50国。热衷户外，喜好探险。曾获《时尚》杂志时尚旅行家称号，马蜂窝等旅游网站认证旅行家、旅行专栏作家，北京文艺广播、中央人民广播客座嘉宾。

这几年，冰岛火得连"冰岛"这个名字都显得不那么冷了，初次踏上这片看似荒寥的大地，理想中那种"我终于到了世界尽头"的感觉确实立马出现，火山、冰川、温泉、瀑布、苔原、荒漠、冰帽、大海……极光！这些关键词就要跳出脑壳。给大巴司机看过手里的旅馆地址后，他欣然眯起眼说，放心，到了会提醒你的。万万没想到，在得到了他如此笃定的承诺后，我还是被放错了站。

冰岛人给我的第一印象是乐于助人。那天我下错站以后，又赶上雨，街边小酒吧的老板唤我进门躲避，精品店的阿姨帮我上网查旅馆地址，还有一个大胡子维京老汉打电话帮我叫出租车。那天，我心里油然生出一种"我已经爱上了冰岛啊"的情绪。

雷克雅未克有点儿冷清，一场雪、一场雨，街头就更看不见什么人。这次来冰岛的主要愿望就是看极光。在比对了当地几家旅行社的极光项目后，我觉得并不过瘾，于是决定租车自驾，想去1号公路和极光偶遇。在冰岛租车相对来说是很方便的，持中国驾照就可以，最好选择Hertz（赫兹）、EuropeCar（欧洛普卡）、Sixt（席克斯特）等知名的租车公司，根据具体需要挑选轿车、吉普或者房车，当然，最重要的是选择合适的保险。冬天租车比夏天便宜很多，而且越早预订越划算。

出发前，备些吃的喝的就好，行李都在车上，只需要踏实地往目的地开。离开雷克雅未克等于脱离了相对热闹的商业区，周边的一切都变得原始起来，没有什么人，也看不见太多动植物，眼前永远是一望无际的土地、充满神奇色彩的地质地貌。依次将目的地的名字输入GPS（全球定位系统）

导航，基本都可以顺利到达。唯一的阻碍，就是这寒冬二月经常会毫无征兆地下起漫天大雪，将进程拖慢。

　　从市区出发，大约40分钟的车程就到达蓝湖温泉了，拿好手机、毛巾、钥匙，我便直接扑向池子，室外的凉气夹杂着温泉升腾出来的蒸汽，又湿又冷，还来不及感叹美景，就赶紧咕咚跳下了水。蓝湖温泉的水温在37到40摄氏度之间，每挪动几步就能感受池水深浅和凉暖的变化。水里丰富的硅、硫等矿物质可以帮助治疗一些皮肤疾病。黑色坚硬的火山岩环抱着这奶蓝色的液体，格外诱人。工作人员在角落里掏着水底的矿物泥，每掏几勺就被池子里的人一抢而空，他们乐此不疲地掏着，大家也毫不客气地抢着，再游到池子中央站稳，慢慢将泥涂满整张脸、脖子，还有裸露的肩颈。我也一个劲儿地抹着，相信洗去了这堆臭臭的泥巴，脸蛋就会变得白嫩又细滑。除了温泉池子，水上小酒吧也是一处逍遥的存在。短短一两小时内，天空忽阴忽晴，又飘起了雪，隔着雪花望着山川，敷着面膜，喝口小酒，此情此景，不醉都难。

　　在雷克雅未克东北方的荒原上，有着三处非常神奇的景观：黄金瀑布、间歇泉和辛格韦德利（Pingvellir）国家公园。 黄金瀑布是冰岛最大的断层峡谷瀑布，赫维塔河在这里形成上、下两道，湍急的水流顺势而下，轰隆隆注入峡谷，落差达50多米。日落时，整座瀑布会被余晖镀得闪闪发光，故得"黄金"之名。冬天的黄金瀑布，虽然没有满目绿意周边点缀，却在凛冽的大风里，多了几分温存的含蓄。间歇喷泉多分布于火山运动活跃的区域，熔岩使地层水化为水汽，水汽上升到地表后，被凝结为高温度的水，每次喷发前隆隆作响。正在喷发的大间歇泉响声渐高，沸水随之升腾，喷向高空，水柱高达20多米，非常壮观。而在被世界教科文组织认定为文化遗产的辛格韦德利国家公园内，可以观赏到丝浮拉大裂缝与美丽的议会湖。若在冰岛参加潜水活动，丝浮拉大裂缝是潜水场地的不二之选。

　　维克小镇因拥有罕见的黑沙滩而闻名。沙滩附近奇特的熔岩山或卓然一座耸立海中，或连片突起拔于滩际。黑沙滩的沙子是颗粒状的火山熔岩，虽然颜色黑却通透一尘不染。如果不是好天气，海滩的气温会极低，端起相机的手很快就冻得麻木了。这里的风浪也特别大，风狂卷海浪数米高，总有一种快要被卷进外星球里的诡异感。除了这些，海岸上最壮观的景象

当属那座玄武岩山，风琴状的岩石整齐地罗列在山体表面，像是人工排列而成。这种地质结构叫作柱状节理，是火山熔岩在遇海水冷却凝固的过程中收缩而成的产物。数百万年的岁月变迁在这座山上留下的烙印直教人啧啧称叹。

冬季是冰岛最长的季节，日照短，气温低。夏季冰川消融，形成了形似岩石洞的喀斯特冰川。冰岛的冰洞基本隐藏在欧洲最大的冰川——瓦特那冰川之下。瓦特那冰川就是电影《星际穿越》里"曼恩星球"的取景地。从外面看，冰洞的洞口与一般的岩石洞口没有太大差异，但走进冰洞就会发现，里面是一个神秘又奇幻的冰之王国，你会被天然奇景震撼得无话可说。巨大的冰块悬在头顶并呈现出各种蓝绿色，犹如水晶宫殿一般。

那天出发很早，天还未亮，风已经号起来了，煞白的冰雪碴子以狂魔乱舞的架势猛敲着车窗。经过瓦特那冰川路段时，能见度几乎为零。前面的车停止前进后，我也幸运地被滞留在路上了。之所以说幸运，是因为有些冒险前进的家伙，在这次风暴中不幸遇难了。后来听当地人说，这是冰岛这个冬天——甚至是这几年冬天里最厉害的一场暴风雪。5个小时的漫长等待，等风暴变小，等待救援，等到全身冻僵。

前后滞留的7辆车里，有5辆车的车窗被打碎，17级风力真的是恐怖至极。后来救援的装甲车将所有被困的人拉到了当地一家旅馆避难，很多被救出来的人当场崩溃大哭，说自己快被冻死在这里了。

我们只是被装甲车救回来的第一批人，后来又来了第二批，第三批⋯⋯风暴第二天早上才变小，所有滞留车辆的车窗几乎全部破碎，一夜之间，车里灌满了雪和冰块。要知道在这样的天气，人暴露在十几级的暴风雪中，是很快就会被冻死的。经历了这场暴风雪，我们暗自庆幸有惊无险，更是对这片极北土地心生敬畏。

冰岛东部地区最值得一看的是峡湾，东部峡湾的地貌和西部峡湾截然不同，这里的山脉更年轻、险峻，所以地形更加崎岖、多变，富有挑战性。自驾时会遇到大转弯、坡路，也会出现一些盲点。若遇雨雪，路况更不理想。峡湾是冰川侵蚀河谷所形成的地形，冰川侵蚀陆地，形成了U形谷，后来海平面上升，海水涌入，形成了峡湾。在冰岛没有淡水峡湾，所有的峡湾都与大海相连。夏天来这里的旅行者比较多，毕竟峡湾秀美；冬季人很少，大部分旅行者只是匆匆路过便一路开往冰岛北部。

而在北部，最受推崇的一定是米湖了。一座圆锥形的火山就在附近，喷发后在火山口留下了一路的怪异嶙峋的熔岩。向东走，山路边有一列低丘，循着低丘上的岩石缝隙一直走，起初是一片黑暗，走着走着便豁然开朗，眼前出现一汪开阔的水面，这就是米瓦源区的胜景——地下温泉。地下温泉的水常年保持在27摄氏度左右，任何时节都可用来沐浴。

在公路两边的各种罅隙地貌里，暴露着各种地热景观，团团水汽、泥浆翻滚，这是克拉夫拉热气田。热气田的温度高达270摄氏度，是用以发电的廉价动力。当地利用这里的热气，建起了冰岛第一座地热发电站。

抚摸过大地的脉搏，我们再看看天空如何演绎"戏法"，可观赏极光这件事，真的需要看天气和运气。夜晚天空的晴朗程度、亮度、是否有光污染都会影响极光的观测效果。我一直着迷于极光这种"天象之谜"，深信好运才能吸引它，也不疑它能带来好运。在冰岛，并没特别推荐的极光观测地，因为观测极光的最佳时机随时可能出现。

那天，我正在自驾途中，想着第二天要经过瓦特纳冰川路段，去"曼恩星球"的取景地，要探秘冰洞，想着这途中看不完的新鲜神奇，都快忘了自己是为极光而来，可也就在这一刻，抬头一眼，竟毫无征兆地撞见了传说中的"欧若拉"*。

当晚我做了个梦，不好说这是个噩梦，还是个美梦：

极光其实是个姑娘，她伸伸懒腰，就引发了夜晚天空里的变幻莫测。有一天她厌倦了黑暗的生活，不想再铺展那些红色绿色，就干脆撕破夜幕闯了出来。那天晚上，当大家正站在冰天雪地里翘首等待时，天空突然被巨大的四肢撕裂，所有人惊慌失措，尖叫着逃跑，她自己也吓坏了，一个不小心就踩碎了整个村庄……

在梦里，好像我是个等极光的姑娘，又好像我自己就是极光。

更多冰岛旅行信息参见攻略别册 p66

*欧若拉（Aurora）：极光的英文名。欧若拉是北欧神话中的女神，掌管着极光。——编者注

息厅、餐厅、咖啡店、音乐唱片店及纪念品店。

网址： en.harpa.is

交通： 乘坐公交车至 Harpa 站

○ 特约宁湖（Tjörnin）

也译作托宁湖，是冰岛首都雷克雅未克市中心最著名的一座小湖泊，一年四季都是水禽的栖息地。湖面上经常可见鸭子、海鸥、天鹅等野生动物，因此也被当地的中国人称为"鸭子湖"。湖边有政府大楼、博物馆及大学等重要建筑，是城市内一道极其优美与宁静的风景。无论是本地人还是游客，在这里静坐、向水禽喂食，都是生活中最为惬意的事情。

交通： 乘坐公交车至 Fríkirkjuvegur 站或 Ráðhúsið 站

○ 太阳航海者（Sólfar）

太阳航海者是一座维京海盗船骨架雕塑，造型特别，很是前卫，位于雷克雅未克北海岸的滨海步道上，西距哈帕音乐厅和会议中心约 600 米，是这座"无烟城市"的重要标志、北欧海盗文化的象征。它由冰岛雕塑家阿尔纳森（Jón Gunnar Árnason）创作。此处可欣赏到宁静的水面和远处的雪山，傍晚时分的日落景色特别美丽。

交通： 乘坐公交至 Harpa 站，沿滨海步道步行约 5 分钟

节庆活动

○ 复活节

冰岛人在复活节期间（每年 4 月初）会做一种特别的巧克力蛋，里面放着各式各样的糖果和写着谚语的小纸条。复活节那天，一家人会盛装来到教堂，享用传统的冰岛复活节食物：烤羊肉配黄芪汁以及烤甜土豆。

○ 夏季的第一天

冰岛是一个会庆祝夏天到来的国家。每年 4 月 21 日，冰岛全国都会举行游行、娱乐、体育赛事等，以迎接漫长冬季后的温暖阳光。

○ 冰岛独立日

为纪念民族运动领袖 Jon Sigurdsson，冰岛人将其生日（6 月 17 日）定为冰岛独立日。每年这时冰岛街头会举行众多游行、表演活动，是冰岛最盛大的节日之一。

○ 海盗"维京食品月"

如果想体验维京时代特有的食物和古代维京人的用餐风俗，不如在每年的 1 月 20 日 - 2 月 21 日期间来到冰岛，届时各地餐馆会准备煮羊头肉、海豹鳍、羊血肠、腐烂鲨鱼肉、腌制公羊睾丸等食物，像维京人那样用餐，给你一种不同寻常的体验。

○ 冰岛食品与娱乐节

每年的 2 月 16 日 - 2 月 20 日，在一周的时间里，雷克雅未克的餐厅及酒吧都会提供最具冰岛特色的食品，比如鱼子酱、海虾及羊肉等。此时游客可以品尝到原汁原味的冰岛大餐。

○ 冰岛电波音乐节

冰岛电波音乐节这一大型音乐盛典在每年的 11 月初举行，为期 5 - 7 天，主要举办场地为哈帕音乐中心。Múm、Sigur Ros 等著名乐队及歌手都曾出席过这场盛会。在此期间，各式各样的美食、各种好听的音乐以及形形色色的人都会在这里聚集。

实用信息

穿衣指南

冰岛属温带海洋性气候，位于极圈附近，夏季凉爽，平均气温在 10 摄氏度左右，最高可达 25 摄氏度，平日需穿外套。冬季平均气温在 0 摄氏度。岛上气候多变，需要准备保暖内衣和冲锋衣、羽绒服。

邮局

冰岛的主要城市和乡镇都设有邮局，提供国际邮寄服务。一张明信片价格约为 100 克朗，寄回中国邮费 100 克朗。

交通

如果在市区游览，那么步行即可。如果是要前往周边或其他区域，那么建议乘坐公共交通工具，搭乘国内航班或者租车前往。

○ 飞机

冰岛的国内航线非常发达，主要由冰岛航空运营。以雷克雅未克国际机场为中心，拥有到达阿库雷里、埃伊尔斯塔济、伊萨菲厄泽等地的多条航线。

网址： www.airiceland.is/destinations

○ 公交巴士

冰岛有多家公共汽车公司，均由 BSI 管辖运营，乘坐公交较为便捷，但在冬季部分线路可能不会运行。如果停留时间较长且需经常坐公交，可以考虑购买旅行通票。

网址： www.re.is/iceland-on-your-own

○ 租车

自驾出行能够欣赏到更多美丽的冰岛风光，但价格较昂贵，在冰岛租车至少需要 20000 克朗 / 天，而租用强力的四轮驱动车需要 50000 克朗 / 天。由于冰岛地形复杂，不少路段难行，如果要自驾环岛游玩，还是建议租赁四轮驱动车。

○ 船

Smyril Line 运营的渡轮线路，可从丹麦 Hanstholm 和 Esbjerg 及法罗群岛的托尔斯港前往冰岛 Seyðisfjörður 港。从丹麦往返，若选择最经济的铺位，价格约为 350 欧元。

网址： www.smyrilline.com

雷克雅未克

雷克雅未克是冰岛首都,地理上非常接近北极圈,是全世界最靠近北极的首都。由于地热能为城市的工业提供能源,因此这里看不到一般城市中常见的锅炉和烟囱。雷克雅未克天空蔚蓝,市容整洁,几乎没有污染,故有"无烟城市"之称。每当朝阳初升或夕阳西下,山峰便呈现出娇艳的紫色,海水变成深蓝,如置身画中。旧城区内的知名建筑物议会大厦、市政厅、雷克雅未克大学、国家博物馆和大教堂等,都环绕在湖边,景致动人。

必游景点

○ 雷克雅未克大教堂(Hallgrímskirkja)

教堂位于雷克雅未克市中心的山丘上,是该市的地标性建筑,20公里以外就能看见。这座教堂以冰岛著名文学家哈尔格林姆斯的名字命名,纪念他对冰岛文学的巨大贡献。教堂前的雕像是为了纪念冰岛独立运动之父莱夫·埃里克松而建。该教堂于1940年开始修建,于60年代末基本完工。由于经费靠教会筹集和信徒捐助,该教堂几乎花了半个多世纪才正式完工。教堂设计新颖,外观为管风琴结构(中央是一座高塔楼,塔楼两侧呈对称结构),主portal高30多米,可容纳1200人。主塔高72米,可乘坐电梯去往顶楼俯瞰首都全貌。教堂内部雪白,装饰简洁。

网址:www.hallgrimskirkja.is

交通:乘坐巴士至BSI站,向东步行600米即可到达(BSI是市区的公交枢纽站,几乎乘市区所有巴士都可抵达)

○ 黄金旅游圈

黄金圈是很多人第一次去冰岛旅游时的必游线路,包含了冰岛的三个著名景点:大间歇泉、议会旧址和黄金瀑布。这些景点散布在一条环形的公路上,因此被称为旅游黄金圈。从冰岛首都雷克雅未克出发,往东北方向行驶,首先到达的是议会旧址(36号公路段),也名辛格维勒国家公园。公元930年冰岛早期移民在此举行了第一次"全国人民代表大会",成立了世界上最早的由民主方式选举出来的议会,并诞生了冰岛第一部宪法。这里风景优美,欧亚和美洲两大板块运动形成落差十余米的断裂谷地,古老的火山运动将地面撕裂,让每一位踏在上面的游客都震撼不已。接着是大间歇泉(35号公路段),喷发时水柱可达30多米的高度。参观完毕之后,停车场有家自助餐厅,可以解决午饭。之后继续朝东北方向开车20分钟,就到了黄金瀑布(35号公路),也叫居德瀑布。倾泻而下的瀑布溅出的水珠弥漫开来,在阳光的照射下金光闪闪,仿佛整个瀑布是用黄金锻造而成的,因此得名。游览完瀑布,黄金圈之旅结束。冰岛夏天一般要9点多天才黑,可以返回市区吃晚饭。

○ 哈帕音乐厅和会议中心

哈帕音乐厅和会议中心位于冰岛首都雷克雅未克海滨,是冰岛最新最大的综合音乐厅和会议中心,由冰岛和丹麦的设计公司联合设计,其灵感来自冰岛冬季夜晚神秘莫测的极光。建筑的玻璃外形好比一只巨大的万花筒,上千块不规则的几何玻璃砖随着天空的颜色和季节的变化反射出万千种绚丽色彩,彩虹都不能与之相比。这座现代化建筑是雷克雅未克举办音乐会和重要会议的场所。在这里,你可以听到冰岛交响乐团的演奏,欣赏冰岛戏剧和各种音乐团体的演出。

这里最大的音乐厅可容纳1800人,此外还设有两个排练厅、休

原（Mýrdalsjökull）的分支，也是很受欢迎的冰川徒步点。

"冰岛"这个名字也有一定的欺骗性，因为你无法想象，这座小小岛国上还存在着130余座死火山或活火山。它们不仅持续地改变着冰岛的地貌，更赋予冰岛数不清的间歇泉、天然温泉、和奇妙的黑沙滩。你甚至有机会进入死火山口，绝对安全。

冰川徒步 蒋可扬 / 摄

欣赏极光的裙摆

作为世界上唯一一个全境都有机会看到极光的国家，冰岛已成为许多人心目中理想的极光观测地，漫天飘舞的彩带一定会让你终身难忘。建议参加当地的极光团，他们丰富的经验可以帮你提升看到极光的概率，而且更加安全。但冰岛的天气变化无常，也要做好看不到极光的准备。

冰岛极光：en.vedur.is/weather/forecasts/aurora/

黄金瀑布上方的极光 小小喷子 / 摄

邂逅巨型鲸类

充足的夏日阳光、冷热交融的洋流、深浅适宜的峡湾，使得冰岛附近海域成为无数磷虾、鱼类的栖息地，这也为超过20种鲸鱼提供了丰富的食物——从体型巨大的抹香鲸，到娇小的鼠海豚，应有尽有。从雷克雅未克旧港或小镇胡萨维克出发，在惊涛骇浪中探寻海洋中神秘的巨大生物——鲸鱼，观赏海鸟、海豚和各种各样的海洋鱼类。夏季乘坐观鲸艇在海上欣赏午夜太阳，更是独一无二的体验。最好在6-9月来，因为此时才是最佳的观鲸之旅时间。据说在冰岛，遇见鲸鱼的概率高达95%，游客甚至有可能与它们近距离接触。

品味独特的饮食文化

冰岛虽然不是公认的美食之国，但与众不同的饮食文化往往会给游客留下深刻的印象，比如这里有海鹦肉等各种猎奇食材。如果只想品尝传统美食也不必担心，以鲜嫩、膻味较轻的冰岛羊肉制作的各种料理都很符合中国人口味。而作为一个岛国，龙虾等常规海鲜大餐自然也是餐桌上少不了的美味。

冰岛海鲜 二小姐 / 摄影

购买冰岛风手信

北欧设计闻名世界，冰岛自然也不例外。冰岛人特别擅长打造生活中的点滴美，大到建筑、家具，小到衣服、日用杂货，甚至食品包装，无不透露出这个岛国优良的设计品位。

虽然无法直接将这一切打包搬走，但挑选一两件冰岛风十足的毛衣、杂货或包装精美的omNom巧克力带回国，也足以将美好的心情延续下去。

冰岛电波音乐节

如果你对冰岛的印象停留在原始、天然、纯净，那么冰岛电波音乐节（Iceland Airwaves）一定会让你对这里的认识有所改观。这场每年在雷克雅未克举办的电子音乐盛宴，大概是当下最小众、最迷幻、最前卫的音乐节。一周中密集的音乐演出和派对、鸡尾酒会改变了这座处于极夜中的寂静城市，上演了一出真实的"雷克雅未克夜未眠"。

节日时间：11月初举办，为期5-7天
官方网站：icelandairwaves.is
举办地点：雷克雅未克哈帕音乐和会议中心

○ 通信
冰岛可以使用的电话卡有 O2、Lebara、vodafone 等，推荐使用 vodafone 的预付费电话卡，打国际长途价格比较便宜。冰岛几乎各个地区都有信号覆盖，雷克雅未克的大多数酒店都有免费 Wi-fi 可以使用。

○ 时差
冰岛位于零时区，比北京时间晚 8 小时。

○ 紧急电话
紧急求助电话：112
报警：（354）4441000

○ 使领馆
中华人民共和国驻冰岛共和国大使馆
网址：www.china-embassy.is
咨询电话：（354）5276688
紧急联络电话：（354）8932688
地址：雷克雅未克 Brietartún 1 号
电子邮件：chinaemb@simnet.is

冰岛必体验

可能再没有哪个国家像冰岛一样拥有如此丰富又独特的户外活动。多样化的地理环境为徒步创造了优质条件。这片"冰火共存"的神奇大地能让你一天内体验冰洞的寒与火山的热。不仅如此，你还可以追寻极光、观鲸、骑马、体验冰上摩托。如果累了，舒舒服服地泡个温泉，第二天又能活力十足地挑战下一个项目。只要你热衷探索，冰岛的各项探险都不会让你失望。本来要去很多地方才能集齐的有趣体验，来到冰岛就能一次过足瘾。

感受冰岛式休闲温泉

一不小心生在了世界上温泉数量最多的国家，冰岛人索性把泡温泉这件事变成再平常不过的消遣。只要天气好、来了兴致，大家就相约去享受温泉的乐趣。温泉泳池遍布全国各地的大小城镇，如果觉得乏味，就到山间的野温泉找点新鲜感。
旅行者大多更喜欢蓝湖、米湖这样的知名温泉。除了将身体浸泡于温泉浴池感受这份冰岛式休闲，掬一把湖底的火山泥敷在脸上来润泽肌肤也同样吸引人。黄金圈附近还有设施完备的 Laugarvatn Fontana 地热温泉，和比较天然的秘密温泉（The Secret Lagoon）。
当地人更偏爱山间的野温泉。它们通常需要徒步前往，没有更衣室，保持着最原始的样子。离首都地区比较近的 Reykjadalur 温泉、位于阿斯基亚火山（Askja）的 Viti 温泉、内陆高地的 Landmannalaugar 温泉等都是颇受当地人喜爱的野温泉，安全性也有保证。

蓝湖温泉 蒋可扬 / 摄

行走于风光大片中

如果你觉得徒步是一项考验意志力的运动，那么到冰岛来尝试一下，也许会改变你的看法。在冰岛徒步，你还没看够眼前的风光大片之时，另一片美景又会出现在面前。一路的惊喜不断让你完全没有疲劳的工夫，只会在抵达线路终点的时候感叹旅途的短暂。冰岛有两条著名的徒步路线。有经验的徒步爱好者可根据情况自行徒步。如果没有经验，或者想尝试难度较大的线路，可报名当地徒步团，价格 800 人民币起。徒步线路通常只在夏季开放。

○ Laugavegurin
线路：兰曼德纳劳卡 – 索斯莫克（Thorsmork），全长 55 公里
冰岛当下最热门的徒步线路，整条线路走下来堪称一场丰富的地质景观之旅，舒适的温泉、尚在活动的火山、壮丽的冰川、奔腾的河流、青翠的山谷都是你会在路上邂逅的景象，每走一段就换一个样，仿佛穿梭于不同的世界中。徒步路途中有小木屋可供休息，不过需提前半年预订，否则只能自带帐篷、睡袋在营地露营。

○ Fimmvörðuháls
线路：索斯莫克 – 斯克加尔（Skógar），全长 23 公里
艾雅法拉火山（Eyjafjallajökull）的喷发让这条路线变得著名。新形成的火山口不停地冒着白烟，温度高得足以烤熟食物。

感受"冰与火之歌"

"冰岛"这个名字听起来就和冰雪少不了关系，事实上也是如此。千年冰川衍生出了多样的旅游项目：冬季的冰洞探索、夏季的冰河湖游船、全年都能进行的冰川徒步，别致的体验让你惊呼，原来地球上还有如此梦幻之景。
瓦特纳冰川徒步主要分两种：Glacier Wonders 和 Glacier Explorer。徒步时间越长，看到的冰川地貌就越丰富。另外，还有一些难度更高的项目，比如攀冰。
索尔黑马冰川（Sólheimajökull）是冰岛第四大冰川米达尔斯冰

雷克雅未克（Rekjavík）

亮点：雷克雅未克大教堂、"太阳航海者"雕塑、观鲸

雷克雅未克是冰岛的首都，也是冰岛最大的城市。这座承载着冰岛悠久历史的城市，是冰岛绝对的政治、经济、文化中心。与冰岛其他地区不同，首都的景观以人文建筑为主，比如著名的雷克雅未克大教堂和"太阳航海者"雕塑。因为城市本身不大，景点均可步行或骑车到达，无须花太多时间即可游遍。除了作为游客出入冰岛的大门，雷克雅未克也是很多特色项目旅行团的大本营，不打算自驾的游客可考虑参加跟团游。

南部（South Iceland）

亮点：黄金圈、蓝湖、黑沙滩、冰川徒步、冰河湖游船

若说南部是整个冰岛最精华的区域一点也不为过，它是每位游客的必到之地。这里有冰岛旅游最热门的"黄金圈"（Golden Circle Route），包含大间歇泉、议会旧址和黄金瀑布三个著名景点，因其散布在一条环形的公路上，故被称为旅游黄金圈。此外，南部还囊括了蓝湖、维克黑沙滩、瓦特纳冰川国家公园、杰古沙龙湖等众多明星景点，温泉、冰川、火山、瀑布这些冰岛最具代表性的景观都可在此地找到。如果时间不够充足，可以选择只游览南部和首都地区。

东部（East Iceland）

亮点：斯堪的纳维亚风情小镇、峡湾风光

冰岛东部没有什么著名景区，但风景变化多样，以秀美的峡湾风光和具有斯堪的纳维亚风情的小镇为主。峡湾区域道路曲折，加之雨雪天气较多，每年9月至次年5月的路况都不太好，所以其间游客很少。大部分旅客会将这片区域作为环岛路上的休息区，或者仅仅是路过。

北部（North Iceland）

亮点：米湖、上帝瀑布、黛提瀑布、惠尔山

冰岛北部火山活动频繁，比起南部和西部，这里显得更为粗犷，到处都是红色的岩石，给人一种视觉上的冲击。这里坐落着阿库雷里、胡萨维克等著名城市，相比于雷克雅未克的繁华，这里则显得很惬意。由于纬度较高，北部也是观测极光的极佳地点。

西部（West Iceland）

亮点：教会山、斯奈菲尔火山、历史小镇

冰岛西部主要指斯奈山半岛区域，著名的教会山就坐落于此。如果对冰岛文化感兴趣，可以在众多沿海小镇中找寻冰岛历史故事的发生地。冬季期间，路况可能会受积雪影响，出行前请务必查询好天气状况；若能出行，也请选择性能良好的车型。

西峡湾（Westfjords）

亮点：峡湾风光、豪斯川迪尔自然保护区

仅有7000多居民的西峡湾，也许是冰岛最寂静无人的地区，却也是冰岛首个获得"欧洲最佳旅游目的地"称号的地方。这里有着幽深的峡湾、壮观的瀑布，也有漫天的飞鸟、无拘无束的北极狐。孤直的绝壁、阴冷的山林，让你瞬间感觉来到了世界的尽头，迷失在宁静的山间。因为远离环岛公路，即便对于冰岛人来说，西峡湾也是小众的旅行目的地。相比东部的峡湾，这里更加原始、静谧。

实用信息

○ 最佳旅行时间

6-8月是冰岛的旅游旺季，无论是气温还是日照时间都很利于户外出行。此时正值冰岛盛夏，大部分地区气温都在10℃以上，适合进行户外活动。各地路况良好，进入内陆高地、西峡湾的道路比较畅通。太阳几乎不会落下，因此不用赶夜路，自驾出行更加安全。另外，一些徒步线路和冰河湖游船等仅在夏季开放。旺季人多，酒店、各类特色项目旅行团、自驾车辆都会提前订满，一定要早计划、早准备。

11月-次年3月，虽然是长夜漫漫的冬季，却是探索极光和冰洞的首选季节。然而，频繁的降雪为出行增添了不少麻烦。路况较差，许多景点难以到达，自驾危险系数较高，最好根据自身情况谨慎考虑，不要勉强出行。

○ 语言

冰岛的官方语言为冰岛语，旅游服务机构人员可以用英文沟通。

○ 电源

冰岛的电压为220伏，使用欧标的插座，使用中国的电器需要携带转换插头。

○ 货币与汇率

冰岛的官方货币为冰岛克朗，在冰岛文中写作Krona（单数）或Kronur（复数），货币代码为ISK。

汇率：100人民币≈161冰岛克朗（2018年6月28日）

○ 消费水平

冰岛消费水平很高，因其货币近些年持续贬值，所以冰岛的机票和住宿价格用人民币计算相对降低，消费水平和欧洲各国基本持平，但由于食品和生活用品大多依赖进口，物价仍高于其他欧洲国家。

住宿费用：住宿费用较高，三星级酒店标间一般800-1500人民币/间夜；青年旅舍根据不同房型，价格在200-600人民币/间夜。

餐饮：餐饮消费偏高，每天大概200-400人民币/人，简餐套餐约100人民币，一份羊肉汤约120人民币，龙虾汤100人民币。

景点：冰岛的景点大部分为免费，但很多特色体验需要报团参加，根据所含项目和时间的不同而价格差异很大。2018年冬季蓝湖舒适套票价格约600人民币/位。

冰岛，异星飞地

— 详细攻略请扫描 —

冰岛位于北大西洋与北冰洋交界处，为北欧五国之一，虽临近北极圈，却受到暖流影响，相比同纬度的阿拉斯加，气候比较宜人，加之地形多变，显得壮美多彩。

冰岛的自然风光原始、纯净，景致奇异丰富。小小的岛国上，散布着数不尽的舒适温泉、众多壮美的冰川和瀑布、喷薄的间歇泉、活跃的火山、广阔的草原，无疑是摄影师和户外探险者的天堂。冰岛各个区域风景迥异——汇聚冰岛奇景之精华的南部，蛮荒的中部高地，阴森寂寥的西部峡湾，风情独特的东部小镇，都会让你惊叹大自然的创造力。若来到充满魅力的首都雷克雅未克，你又会见到这个国家现代、时尚、极具人情味的一面。冰岛临近北极圈，夏季时凉风习习、满目绿茵，几乎没有黑夜；冬日则银装素裹、冰封万里，看到极光的概率非常高，夜空中的极光变化出五彩的锦带。

冰岛速览

○ 西峡湾：漫步在世界尽头

西峡湾是冰岛最有名的"无人区"，是徒步爱好者的天堂。漫步在人烟荒芜、寂寥而宁静的山林，或是跋涉在辽阔的豪斯川迪尔自然保护区，当你走进这大陆的尽头，会就此不愿归来。

○ 蓝湖、米湖：天然火山温泉浴池

将身体浸泡在蓝湖或米湖清澈纯净而又热气腾腾的水中，享受凉爽的清风，再掬一把湖底的火山泥敷在脸上润泽肌肤，体会冰岛的"冰火魅力"。

○ 雷克雅未克、胡萨维克：观鲸之旅

从雷克雅未克旧港或小镇胡萨维克出发，探寻海洋中神秘的巨大生物鲸鱼，观赏海鸟、海豚和各种各样的海洋鱼类。夏季乘坐观鲸艇在海上欣赏午夜太阳，更是独一无二的体验。不过最好在6-9月来到冰岛，此时才是最佳的观鲸时间。

○ 对夏天的热爱

每年4月19日后的第一个周四，冰岛国内会举行盛大的庆典，庆祝夏天到来，送走漫长的冬季。这也象征着冰岛开始迎来旅游旺季。

冰岛区域

冰岛不大，面积与中国浙江省相当。整个国家大致可划分为雷克雅未克（首都地区）、南部、东部、北部、西部、西峡湾和雷克雅尼斯半岛几个区域。

无论哪个地区，都有值得一看的特色风景和独具特色的活动。如果有5-7天时间，大部分游客会首选在雷克雅未克和南部地区游玩；7天以上可沿1号公路进行环岛游，分支路段还可以通向内部高地和西峡湾地区。

紧急电话

火警：110，报警：112，手机报警：911
救护车：113，外海紧急情况：120

交通

市内交通

○ 自行车
在北欧很多城市都可以租用自行车，方便环保，刷卡取车，用完之后，到市内任何一个租车点还车即可。

○ 出租车
你可以在街边叫车，也可以电话预约。所有的出租车都接受信用卡支付，但乘坐之前最好先与司机确认。

○ 公交车
奥斯陆有大约 50 条公交线路，一直延伸到郊区。大部分公共汽车都会在中央火车站前面的 Jerbanetorget 站停靠，大多数西行的公交车都途经著名的比格迪半岛和维格兰雕塑公园。

○ 有轨电车
奥斯陆的有轨电车线路一直延伸到郊区，大部分有轨电车都会从在中央火车站前面的 Jerbanetorget 站发车，然后开向城市的四面八方。

○ 自驾
奥斯陆的主要道路包括南北向的 E6 公路（奥斯陆峡湾东侧）和东南向的 E18 公路（始于斯德哥尔摩，位于奥斯陆峡湾西侧）。此外，始于卑尔根，从西部延伸而来的 E16 公路还连接着奥斯陆市外的小镇桑维卡（Sandvika）。
市内的主要交通干线包括三条"环路"：
1 环：市中心周围；
2 环：马约尔斯图阿（Majorstua）- 萨格纳（Sagene）- 特耶恩（Tøyen）- 老城（Gamlebyen）；
3 环：吕萨克尔（Lysaker）- 斯梅斯塔（Smestad）- 乌勒沃尔体育场（Ullevål stadion）- 斯图卢（Storo）- 辛森（Sinsen）- 厄克恩（Økern）- 布林莫（Bryn）- 芒格勒鲁（Manglerud）。
奥斯陆收费公路：
在驾车驶入奥斯陆时，你将途经一处收费站。每次进入奥斯陆都需在此缴费。奥斯陆收费站采用电子收费系统，无须停车缴费。
防滑轮胎费：
每年 11 月 1 日至次年 3 月 30 日，使用带防滑钉轮胎的车辆，在奥斯陆市内行驶时都需缴纳此项费用。每年的 4 月至 10 月，奥斯陆市内车辆禁止使用带防滑钉的轮胎。

市外大交通

○ 火车
挪威国家铁路公司所经营的列车折扣票数量有限，最低价格的车票可以从网上和自助售票机购得，但必须至少提前一天购买。对于将在挪威全国旅行的游客来说，购买 InterRail 和 Eurail 卡乘坐火车是十分划算的。挪威列车或车站内均禁止吸烟。

○ 飞机
奥斯陆有三个机场。奥斯陆国际机场是挪威最大的，也是斯堪的纳维亚半岛上第二大的机场，位于市区以北 50 公里处。挪威众多国内和国际航班都会从这里起落。可以乘坐城际列车、长途汽车、火车、出租车或租车前往市中心。
也有一些航班起降在奥斯陆市区西南 110 公里处的桑讷菲尤尔机场（Sandefjord Airport Torp）和市区东南 66 公里处的立格机场（Moss Airport Rygge）。这两座机场都有开往奥斯陆汽车总站的城际大巴线路。

○ 渡轮
每天都有从基尔、哥本哈根和腓特烈港开往奥斯陆的渡轮。所有巡游船只和渡轮都在奥斯陆市中心码头停靠，步行即可到达市内多处景点。

的活动是奥斯陆的儿童游行，卡尔·约翰大街两旁挤满了挥舞国旗的人群，小朋友们按学校分队，举着校旗在乐队的带领下走向王宫，挪威王室家族成员会站在阳台上向他们挥手致意。

○ 奥斯陆爵士音乐节（Oslo Jazz Festival）

奥斯陆爵士音乐节是一场在每年 8 月举行、为期 6 天的节日。20 多年来，该节日为观众带来了更加多元化的爵士乐体验，嘉宾不仅有贝西伯爵爵士乐团，也有比较草根的演奏者，每年都为青年音乐人和默默无闻的音乐人提供了一个展示的平台。此外，音乐节还特别为儿童举办了音乐会。自从 1985 年"开门红"之后，音乐节持续 30 年为爵士乐爱好者带来视听盛宴。许多国际歌星都曾在奥斯陆爵士音乐节上演出过，受到了广大观众的热爱。

○ 厄雅音乐节（Øya Festival）

每年夏天 8 月的第二个周末，奥斯陆市中心附近的中世纪公园内会举办挪威最大的户外音乐节 Øya Festival。Øya 在挪威语里是小岛的意思，因为音乐节最初是在奥斯陆市郊的一个小岛上举行的，后来才移到了现在的场地。音乐节期间，会有来自世界各地的乐队和歌手，在全城的大大小小的俱乐部中演出。

○ 地狱音乐节（Inferno Festival）

挪威是黑金属音乐的主要发源地。20 世纪 90 年代，疯狂的黑金属音乐曾震惊了世界，几支著名乐队的成员自杀、自残、焚烧教堂、殴打观众、用同伴的头盖骨做成小饰品。如今的黑金属音乐已不再那么疯狂，但在挪威依旧很流行，如果你有幸在 4 月份去往奥斯陆，可以去体验地狱音乐节。

实用信息

最佳旅行时间

6 月底至 8 月初是挪威天气最暖和的时期，此时日照时间最长，7 月和 8 月的最高气温可达 25 - 30 摄氏度。同时，空气湿度很低，是旅行的好时节。当然，也可以选择在冬季来奥斯陆，欣赏北欧独特的雪景，或是挑战一下冬季北欧最热门的滑雪运动。

穿衣指南

去奥斯陆旅行，应多带一些轻便、方便穿脱的衣物，防水外套或雨伞，以及舒适的鞋。奥斯陆冬季非常寒冷，必须携带大衣、围巾、手套和保暖的鞋。春秋季节可以带上防水裤和靴子，夏季的晚上也可能会感到寒冷，要多准备一些衣物。

语言

挪威的官方语言为挪威语，英语为通用语言。观光区的挪威人普遍会说英文，但乡村地区的人们几乎不会。

○ 常用挪威语

Ja 是　　Nei 不　　Takk 谢谢　　Vær så snill 请
Unnskyld meg 对不起，请原谅　　Hallo 你好　　Ha det 再见
Jeg forstår ikke 我不明白　　Hvor er ...?……在哪里？
Hvor mye koster billetten? 票价是多少？
En billett til ..., takk. 请给我一张到……的票
Jeg vil gjerne kjøpe... 我想买……
Hvor mye koster dette? 这个多少钱？
Tar dere kredittkort? 可以使用信用卡吗？

○ 常用文字标识

Turistinformasjon 游客中心　　Butikk 商店
Sykehus 医院　　Politistasjon 警察局
Tog 火车　　T-bane 地铁　　Trikk 有轨电车
Jernbanestasjon 火车站　　Flyplass 机场

消费水平

奥斯陆是全球消费水平最高的城市。通常一顿简单快餐 60 - 90 克朗，餐厅主菜 120 - 250 克朗不等，酒吧一杯啤酒的售价也要 50 - 70 克朗，建议在超市采购食物；奥斯陆的住宿价格也很高，一般青年旅社一个床位需要 400 克朗 / 天，经济型酒店双人间也超过 800 克朗 / 间夜。

城市通票

奥斯陆城市通票（Oslo Pass）可以免费参观市内 36 个博物馆和景点，可以免费乘坐公共交通工具，进入游泳馆，并享受餐厅打折等优惠。城市通票按有效期分为 24 小时、48 小时和 72 小时三种，持 72 小时的城市通票还可以免费乘坐奥斯陆峡湾观光游轮。票价：24 小时通票 297 克朗，48 小时通票 436 克朗，72 小时优惠卡 584 克朗。

邮局

除了邮政总局，奥斯陆中央火车站的入口处有一家邮政分局，可以办理邮寄、查收信件等业务。邮局内还可以购买明信片，从奥斯陆寄明信片回中国需要 16 克朗。

总局地址：奥斯陆 Dronningens gate 15 号

旅游咨询

奥斯陆中央火车站和市政厅都设有旅游咨询处。在这里可以拿到免费的地图，另外还可以预订宾馆或购买峡湾观光票。咨询处的工作人员都会说英语，非常热情。

中央火车站旅游咨询处

地址：奥斯陆 Jernbanetorget 1 号

电话：+47 815 30555

市政厅旅游咨询处

地址：奥斯陆 Fridtjof Nansens plass 5 号

台滑雪大赛就在此举行。这项赛事极为壮观，运动员们借助速度和弹跳力，跃向空中，腾空约四五秒钟后落在山坡上，整个动作一气呵成。无论是坐在看台上欣赏，还是想挑战自己，亲身体验，都是极其难忘的体验。

○ 逛逛复古前卫的街区葛鲁尼洛卡

葛鲁尼洛卡街区（Grünerløkka）被称为奥斯陆的Shoreditch（伦敦的一处时髦街区）。这里遍布涂鸦、艺术小店、演出场所、复古集市、黑胶唱片店，对北欧音乐有涉猎的人，可以去淘淘空灵音乐与重金属音乐的唱片。

必游景点

○ 维格兰雕塑公园

维格兰雕塑公园内展出了挪威雕像家古斯塔夫·维格兰的212座雕像作品。公园内的雕像集中突出了人类"生与死"的主题。在众多雕塑中最为著名的当属"愤怒的男孩"（Sinnataggen）和巨型石柱（The Monolith）。巨型石柱十分显眼，足有14米高，上面共雕刻了121个人物。"愤怒的男孩"位于前往巨型石柱的小桥的左侧，不留意很容易错过。

官网：www.vigeland.museum.no/en/vigeland-park

交通：乘坐12路有轨电车至Rådhusplassen站或Aker Brygge站

○ 奥斯陆市政厅

从外观上看，市政厅是一座略显严肃沉闷的办公大楼，但厅内的墙壁上是描绘挪威历史和神话的美丽壁画。市政厅周围有大量雕塑，展现了挪威人民生活的方方面面。奥斯陆市政厅也是除斯德哥尔摩音乐厅外的另一个诺贝尔奖颁奖地，每年的12月10日，诺贝尔和平奖颁奖典礼都会在这里举行。

交通：乘坐公交至Rådhuset站

○ 奥斯陆歌剧院

奥斯陆歌剧院坐落于奥斯陆峡湾，临近中央车站，外观似船，是建筑史上的杰作。这座由大理石和玻璃建造的宏伟建筑是歌剧和其他文化活动的举办地。游客可以登上屋顶漫步，饱览奥斯陆市区美景。

官网：operaen.no/en

交通：乘坐有轨电车或公交至Jernbanetorget站

○ 奥斯陆王宫

奥斯陆王宫是当地最著名的标志性建筑之一，1825年10月1日由国王卡尔·约翰奠基，1849年才正式投入使用。王宫的功能多样，既是国王王后的居所，也挪威君主处理日常事务的地方，国王还会在此召开国会议，举办国宴，招待其他国家的领导人。王宫由丹麦建筑师Hans Ditlev Franciscus Linstow主持修建，占地3320平方米，内部共有173间房间，装饰十分高贵豪华。

这里有专门的接待室，主楼外还有皇家花园和王室广场。花园内绿树成荫、小径通幽，还有几座精美的雕塑。王室广场是挪威最大的庆典广场，每年5月17日的挪威国庆节，王室成员会出现在王宫阳台上，向广场上的游行队伍挥手致意。王宫只在夏季对公众开放，要参观王宫内部必须参加讲解团。讲解团门票可在Narvesen或7-11便利店里买到，王宫现场不售票。

官网：www.kongehuset.no

交通：从中央火车站沿卡尔·约翰大街直走到头即是王宫

○ 阿肯修弗斯城

阿肯修弗斯是一处与奥斯陆相邻的郡，但对于旅游者来说，它也是矗立在阿克海角边一座雄伟城堡及周围军事要塞的名字，从这座城堡几乎可以俯瞰市政厅和奥斯陆市中心全貌。阿肯修弗斯是挪威哈康五世国王为抵御外来侵略者于1300年设计并建造的城堡要塞，是中世纪最具代表性的建筑之一，在1308年国王去世前不久竣工。在1319年之后的60年间，挪威国王一直居住在此。

阿肯修弗斯城堡刚建成不久便成功地抵御了瑞典埃里克公爵的进攻，并且在这以后的历次战役中证明了它的坚不可摧。哈康六世还曾将这座城堡作为他的皇家宫邸。现在我们所见到的这座大型建筑是坚实要塞与华丽宫殿的绝妙组合。这主要应归功于克里斯汀四世时的著名建筑大师汉斯·斯汀文窦，是他在17世纪初时对这座古堡进行了大规模的扩建和装饰。现在城堡文艺复兴式的建筑风格，便是他的杰作。如今，城堡经常被用来招待外国贵宾。

交通：乘坐12路有轨电车至Christiania torv站

节庆活动

○ 霍尔门考伦滑雪节（Holmenkollen Ski Festival）

霍尔门考伦滑雪节，每年3月的第一个星期六在奥斯陆的霍尔门考伦山举行，是挪威仅次于国庆节的第二盛大的节日，始办于1892年。世界滑雪爱好者的盛会——世界闻名的国际跳台滑雪大赛也在此举行。比赛一般要等到挪威国王到达现场后开始。比赛枪声一响，身穿滑雪衣、头戴防风帽的运动员就从跳台上飞速滑下，腾空而起，在空中飞跃几十米，甚至上百米，然后平稳地落在雪道上。精彩的表演会博得看台上观众的阵阵欢呼。霍尔门考伦滑雪节与中国哈尔滨国际冰雪节、日本的札幌雪节、加拿大的魁北克冬季狂欢节并称为世界四大冰雪节。

○ 挪威国庆节（National Festival）

5月17日是挪威的国庆节，也是整个国家最盛大的节日。国庆当天人们会纷纷穿上传统服装，或是佩戴有国旗色的装饰，连宠物也不例外。商家也会早早开始准备应景的商品，如小国旗、饰品、国庆蛋糕、红蓝白三色的国庆花束等。国庆当天最隆重

奥斯陆

奥斯陆是挪威的首都,也是斯堪的纳维亚半岛上最为古老的都城之一。它的名字来源于古老的挪威语,意为"神的草地"。奥斯陆地处挪威东南部,由于三面被群山、丛林和原野环抱,因而既有海滨城市的旖旎风光,又有高山密林造就的雄浑气势。奥斯陆的城市建设保留了浓郁的中世纪色彩,呈现出别具一格的北欧风光。虽然富足,但市内少有摩天大楼,街道两旁大多是六七层高的楼房,建筑物周围是整齐的草坪和各色的花卉。奥斯陆是挪威的政治、经济、文化和商业中心,1952年曾举办过冬季奥运会。奥斯陆还是诺贝尔和平奖的颁奖地,每年的颁奖仪式都在奥斯陆市政厅举行。

奥斯陆必体验

○ 闲逛"博物馆半岛",领略探险家风采

奥斯陆是历史爱好者们心中的天堂,在这里有许许多多的博物馆。游客可以乘游船到达奥斯陆的比格迪半岛,这里又被称作"博物馆岛"。半岛上有5座博物馆,花上一整天时间在这里参观也不为过。5座博物馆中比较著名的是康蒂基博物馆,是为纪念著名的民族志学者和探险家托尔·海耶德尔而建立的。"康蒂基"是海耶德尔1947年横渡太平洋时乘坐的木筏的名字。博物馆内藏有挪威航海家们的生活用品及船只残骸。岛上的海盗船博物馆也很有意思,游客们可以看到古代勇士们的战船。

○ 在维格兰雕塑公园感受一生

维格兰雕塑公园,又名"弗罗格纳公园",是一个以雕塑为主题的公园。公园内的雕像集中突出人"生与死"的主题,从婴儿出世开始,经过童年、少年、青年、壮年、老年,直到死亡。这些雕塑匀称和谐,与周围景物浑然一体,极具震撼的表现力。最引人注目的是一尊号啕大哭的小男孩雕像,他跺着双脚,挥动着胳膊,仿佛正急切地寻求着父母之爱。到奥斯陆游览,维格兰雕塑公园绝对是不可错过的一站。

○ 在霍尔门考伦滑雪跳台,体验肾上腺素激升

霍尔门考伦山是挪威的滑雪胜地,霍尔门考伦滑雪跳台高高耸立在山上,是世界上最高的滑雪台。每年3月,世界闻名的跳

○ 纳柔依峡湾和艾于兰峡湾

乘坐游船游览松恩峡湾是"挪威缩影"一天行程之中的重头戏。松恩峡湾最美妙的风景集中在其分支纳柔依峡湾和艾于兰峡湾处，白雪覆盖的山峰、瀑布和高山农场中的田园风光是这里最大的看点。乘船在峡湾中与海鸥一道前行，深刻体会人与自然的和谐之美。

○ 高山小火车

弗洛姆铁路是世界上最不可思议的火车线路之一，从被深山瀑布包围的小镇弗洛姆出发，一路前往海拔相差865米的米尔达山区，这列绿皮小火车悠悠地驶过20公里，沿途一路都可以俯瞰到松恩峡湾。

哈当厄尔峡湾：田园风光无限好

哈当厄尔峡湾是挪威第二、世界第四长的峡湾，也是距离卑尔根最近的峡湾，以两岸的田园风光和"恶魔之舌"而著称。事实上，挪威有40%的水果产自哈当厄尔峡湾的沿岸地区。

○ 哈当厄尔峡湾

卑尔根 - 沃斯 - 于尔维克 / 努尔黑姆松 - 埃德菲尤尔 - 奥斯陆

你可以搭乘复古绿皮火车、特色高山火车、游船等交通工具欣赏哈当厄尔峡湾的美景，沿途有山谷、河流、高原、瀑布等未加雕琢的自然风光，饱览美景，非常过瘾。此外，你还可以选择沃斯线或努尔黑姆松线等线路，有很大的灵活性。

○ "恶魔之舌"

"恶魔之舌"又称"山妖之舌"，是挪威最令人惊叹的悬崖之一，巨大的岩石凌空横于水面上，站在上面可以俯瞰壮阔的哈当厄尔峡湾，是世界各地游客青睐的徒步旅行目的地和打卡拍照点。

○ 冰川徒步

哈当厄尔的福尔格冰川是有名的冰川徒步旅行地。跟着向导，沿着精心规划的路线体验冰上行走的乐趣，尽览挪威壮美景色，将是挪威之行中难得的经历。

吕瑟峡湾：奇石众多好陡峭

吕瑟峡湾位于挪威南部，靠近斯塔万格，最广为人知的景点是海拔600米的断崖"布道岩"和悬空于峡湾900多米之上、夹在两山之间的"奇迹岩"。

○ 吕瑟峡湾巡游

游船可带你穿越宏伟的吕瑟峡湾，去欣赏田园诗般的岛屿和陡峭的山峰，水流在其间蜿蜒流淌。你还会经过著名三大奇石之一的布道岩，仰视断崖，感受大自然的奇迹。游船四季都可出发，每个季节都有其独特的魅力。

○ 布道岩、奇迹岩双重挑战

峡湾中的断崖布道岩，笔直的悬崖侧面就像是被刀切出来的。站在悬崖上看峡湾风光，美景一览无余，是许多人必去打卡的目的地。

奇迹岩位于谢拉格山，和布道岩隔峡湾相望。奇迹岩夹在两块巨岩之间的裂缝中，海拔984米。为了体验站在900多米的高空俯瞰大地和峡湾的独特感受，每年都有许多大胆的游客来此挑战，在奇迹岩上留下了珍贵的回忆与影像，虽然有点冒险，但有机会与这样特殊的自然景观合影还是十分值得的。

盖朗厄尔峡湾：蜿蜒公路动心魄

盖朗厄尔峡湾背靠挪威海港城市奥勒松。被联合国教科文组织列入世界遗产名录，这里有挪威西海岸最蜿蜒曲折的公路：精灵之路和老鹰之路。

○ 盖朗厄尔峡湾游船

盖朗厄尔 - 海勒叙尔特

清澈湛蓝的盖朗厄尔峡湾沿岸环绕着白雪覆盖的山峰、繁茂青翠的植被以及奔腾而下的瀑布，游船将带你体验挪威最美的自然风光，近距离目睹原始的美丽风景。

○ 盖朗厄尔峡湾 + 老鹰之路

奥勒松 - 海勒叙尔特 - 盖朗厄尔 - 老鹰之路 - 埃兹达尔 - 林格 - 舍霍尔特 - 奥勒松

盖朗厄尔峡湾景色奇绝，你可以在陡峭的山边欣赏倾泻的瀑布，参观当地的小农场，有时间还可以在盖朗厄尔自行观光购物，或者参观挪威峡湾中心。在返回奥勒松的途中，你会经过壮观的老鹰之路！

○ 盖朗厄尔峡湾 + 老鹰之路 + 精灵之路

奥勒松 - 林格 - 埃兹达尔 - 老鹰之路 - 盖朗厄尔 - 精灵之路 - 翁达尔斯内斯 - 奥勒松

如果你对挪威公路爱得深沉，那么精灵之路也应该加入你的行程中，可以在观景台停留，俯瞰附近的高山和峡湾。

○ 大西洋公路自驾天堂

奥勒松附近有不少国家公路，上面提到的老鹰之路、精灵之路便是其中的两条，此外还有被誉为"挪威世纪性建筑"的大西洋公路。大西洋公路呈S形，蜿蜒绵长，高低错落，穿越了12座靠近海面的低桥，横跨西部峡湾城市莫尔德和克里斯蒂安松之间的所有岛屿，巧妙地将阿沃尔群岛中的一系列岛屿与大陆相连。由于公路建在小岛和礁岩之间，时常会有海浪席卷到路面，特别是当飓风来临时，这里的景象气势磅礴超乎想象。

挪威峡湾与景观公路

攻略原文及预订

挪威国土狭长，西南海岸线曲折，有无数知名的峡湾，其中最知名的莫过于四大峡湾：盖朗厄尔峡湾、松恩峡湾、哈当厄尔峡湾和吕瑟峡湾。这里的冬天有绚烂极光，夏天有不落的午夜太阳，保留着没被破坏的自然景色。陡峭的群山、深深的峡湾、迷你小村庄……都等着你去探索。

松恩峡湾：挪威缩影

如果游览时间有限，那么松恩峡湾将会是挪威之旅的首选：松恩峡湾是世界上最长、最深的峡湾，全长204公里，最深处达1308米。峡湾两岸山高谷深，许多陡峭的山坡几乎是垂直的，一路延伸至1500米高的峰顶，近观极其震撼。游览松恩峡湾可以选择购买旅游产品"挪威缩影"，四季均可游览。线路包含了挪威的精华风景：峡湾、山谷、河流、瀑布、高原、冰川，让人目不暇接。

"挪威缩影"基本线路

"挪威缩影"共由5段线路组成，共乘坐4种交通工具，路线成熟，衔接时间合理。购票时可选择不同的往返地点，可于一日内看遍挪威最精华的峡湾风景，也可将行程拆分为多日进行。实际旅行中，如果认为"挪威缩影"套票的行程过于死板，也可以根据个人情况，分别订购火车票、游船票和高山小火车票。

○ 经典线路（卑尔根 - 奥斯陆或奥斯陆 - 卑尔根）

卑尔根 - 沃斯 - 古德旺恩 - 弗洛姆 - 米达尔 - 奥斯陆（可反向）
上午8点从卑尔根出发，晚上10点至奥斯陆结束行程，全程路线不重复，能充分体验整个"挪威缩影"的沿途风景。

- 卑尔根至沃斯乘火车；
- 沃斯至古德旺恩乘大巴；
- 古德旺恩至弗洛姆乘游船；
- 弗洛姆至米达尔乘高山小火车；
- 米达尔至奥斯陆乘火车。

○ 奥斯陆往返

奥斯陆 - 米达尔 - 弗洛姆 - 古德旺恩 - 沃斯 - 卑尔根 - 奥斯陆

○ 卑尔根往返

沃斯线：卑尔根 - 沃斯 - 古德旺恩 - 弗洛姆 - 米达尔 - 卑尔根
米达尔线：卑尔根 - 沃斯 - 弗洛姆 - 古德旺恩 - 沃斯 - 卑尔根
卑尔根往返有沃斯线、米达尔线两种路线可选，但均不经过奥斯陆。

"挪威缩影"沿途不可错过的特色体验

○ 城市与小镇

卑尔根作为"挪威缩影"的起点和终点，有着最值得欣赏的城市风景。布吕根码头联排的彩色木屋，成为一道独特的风景。沃斯是一个迷你小镇，开阔的峡湾边就是雪山，不少人会在这里停留一夜，入住挪威经典木屋。

这三把插在地上的巨剑雕塑是当时的国王哈拉尔德一世下令铸建的，展示了维京时期的雄风。

在奥斯陆，比格迪半岛（Bygdøy Peninsula）可谓是博物馆岛，岛上集中了别有特色的维京海盗船博物馆（Vikingskipshuset）、民俗博物馆（Norsk FolkemuSeum）、"弗拉姆号"博物馆（Frammuseet）等，来到岛上就如同沉浸在古代的挪威世界。

自驾游览国家公路风景线

挪威共有 18 条国家级景观公路，而漫长西海岸上分散的众多景点可以最大限度地发挥自驾游览的灵活性，你可以沿着湖泊森林穿山越海、横跨岛屿，真正深入体验挪威风光。

挪威的每一条景观公路都很有特色，其中大西洋之路（Atlanterhavsveien）长约 8.7 公里，被挪威人评为"世纪建筑"，也是英国《卫报》评选出的世界上最好的公路旅行地之一。沿着这条大西洋海滨公路驾驶，壮观的海岸线一直延伸到胡斯达维卡（Hustadvika）。在罗弗敦群岛路段，公路像一条绳子一样把岛屿串联起来，两侧的海面上山岛耸立，独特的线路设计可令行驶在路上的人以最好的视角领略美景。

挪威国家美术馆　李冬 / 摄

品尝肥美优质的海鲜

挪威是世界上第二大海鲜出口国，全球每天有无数人在享用着来自挪威海岸的海鲜。挪威海鲜的品质很高，因为周边海域冰冷清冽的海水保证了海鲜肉质的鲜嫩。来到挪威，当然不能错过海鲜盛宴，挪威各地的鱼市（Fish Market）都会售卖当天捕捞的海产，并有现做的海鲜可以品尝。

最具代表性的传统挪威美食有烟熏三文鱼（smoked salmon）、烟熏鳟鱼（smoked trout）、腌制鲑鱼（gravlax）以及肥美的鳕鱼（cod）烹饪。其他常见的海产有牡蛎、扇贝、龙虾和海蟹。如果想要精心挑选一家餐厅品尝海鲜，可以参考《白色手册》（The White Guide），这是为北欧地区餐厅评级的权威手册，其中挪威有 60 多家餐厅都获得了推荐。

罗弗敦群岛　小小喷子 / 摄

领略世界顶级艺术

爱德华·蒙克可谓是挪威的国宝级画家，是现代表现主义绘画的先驱。他出生于奥斯陆，因而奥斯陆到处都有蒙克的艺术痕迹。蒙克博物馆（Munch Museum）有上千张画家的手稿，而蒙克最有名的代表作《呐喊》现在被收藏在国家美术馆之中，在这里你还能看到毕加索以及马奈、塞尚、莫奈等印象派代表人物的画作藏品。

挪威是一个文化艺术发展兴旺的国家，有众多顶级的剧院、博物馆和艺术展馆，票务也有很多优惠，国家美术馆的门票当天也可用于参观奥斯陆的当代艺术馆、建筑博物馆等其他几个艺术机构，如果购买城市卡，则全部博物馆都可免费参观。

挪威海产品　芬达姐 / 摄

○ 使领馆

中国驻挪威王国大使馆

地址： TUENGEN ALLE 2B, VINDEREN 0244,OSLO, NORWAY

值班电话： 22493857, 22921978 （传真）

网址： www.chinese-embassy.no/chn

电子邮箱： webmaster@chinese-embassy.no

挪威必体验

徒步峡湾，登临悬崖看海

斯堪的纳维亚半岛上有着纯澈而灵秀的山水、壮美的冰川峡谷，其中挪威最具特点的就是独一无二的峡湾，漫长海岸线上的岛屿也格外出众，是户外活动的首选之地。挪威有多条经典户外线路，三大奇石（布道岩、奇迹岩、"恶魔之舌"）是登山、徒步的最佳地标，吸引着无数游客。站在崖边，切身感受那绝伦千尺的壮阔景象，很少有人不会为这临渊而立的一刻动容。

"恶魔之舌" 蒋立煌 / 摄

出海观鲸，漫游世外群岛

在挪威北部，极光和冰雪因曲折雄壮的海岸线而变得灵动多姿，打上了独特的挪威印记。其中罗弗敦群岛尤为瞩目，夏季海水碧蓝相间，剔透动人；冬天白雪覆盖在苍劲的山体上面，和岸边满是红色木屋的村庄构成一幅完美的图画，被誉为挪威最美小镇的雷讷是游玩挪威北部时的必打卡景点。

在罗弗敦群岛可以体验不少特色出海项目，从雷讷码头出发，跟随专业渔船，可以尝试深海垂钓，亲手捕获鳕鱼和帝王蟹；另外，从特罗姆瑟到罗弗敦群岛，都可预订观鲸团队游，在极地出海观鲸，一定是终生难忘的体验。

等候极光，探访永夜之城

挪威依山傍海，峡湾众多，观看极光降临在峡湾之上可谓人生一大美妙体验。在挪威，极光的最佳观赏时间是每年10月至次年3月，尤其以10月前后和2、3月最佳。极光出现最频繁的时段是晚上6点至凌晨1点。其实一年四季都有极光出现，不过夏天北极圈附近处于极昼，因而无法看到。

挪威国土有很大一部分都位于北极圈内，特罗姆瑟是挪威观赏极光最热门的城市，冬季极夜中仍然灯火辉煌，有狗拉雪橇、雪地摩托等丰富的体验项目可以参加。

特罗姆瑟极光 小小喷子 / 摄

列车旅行，体验"挪威缩影"

挪威是一个非常适合乘列车旅行的国家，沿途都是亮丽的湖泊、森林美景，甚至夏季也可以搭乘火车穿行于壮美的雪山之中。挪威国家铁路（NSB）特意设计了一款旅行产品，叫"挪威缩影"（Norway in a nutshell），主要以奥斯陆和卑尔根为起止点，有多条出行线路。"挪威缩影"的游览核心是中部的松恩峡湾，其中的纳柔依峡湾（Naroyfjord）更是被列为世界文化遗产。游客可以在网上和各大火车站购买"挪威缩影"的车票，通过换乘不同交通工具进行多样的峡湾观光体验。

高山火车 芬达姐 / 摄

感受维京历史与文化

8世纪末，北方海盗们的航船从挪威绿色画卷一般的峡谷中开出，缓缓驶向深海，从此欧洲掀起一场维京风暴。挪威从南至北有众多维京遗迹，博物馆中也展出了许多相关文物。在吕瑟峡湾游玩时，不妨到斯塔万格的"岩中之剑"（Sverd i fjell）游览，

卑尔根乃至挪威的一张重要风景名片。另外，登上佛罗伊恩山（Fløyen）的吊车直达山顶，可以看见卑尔根市和七大山的壮丽景观。

卑尔根附近的沃斯（Voss）和弗洛姆（Flåm）有着风光旖旎的村庄和最具挪威特色的高山火车线路，可报团游玩。另外，作为挪威的第二大城市，卑尔根还是挪威和北欧的重要交通枢纽。从卑尔根出发，可乘坐渡轮或者火车到达周边的松恩峡湾、哈当厄尔峡湾和吕瑟峡湾游览，其中斯塔万格有著名的峡湾地标布道岩。

奥斯陆（Oslo）

亮点：首都、奥斯陆歌剧院、博物馆胜地

奥斯陆是挪威的首都，也是挪威最大的城市。古典与现代在这座城市交汇，其中奥斯陆市政厅（Oslo City Hall）和挪威王宫（Det Kongelige Slott）及周边的广场是市区中最有代表性的建筑，而极具现代风格的奥斯陆歌剧院（Den Norske Opera & Ballett）如一块白色的极地浮冰铺陈在水边，独特的造型也让它成为这座城市的重要地标。

奥斯陆还是一座艺术、文化繁荣的北欧大都市，如果对历史、戏剧和当代艺术感兴趣的话，国家美术馆（Nasjonalgalleriet）藏有爱德华·蒙克最出名的画作《呐喊》，易卜生博物馆（Ibsen Museet）、维京船博物馆（Viking Ship Museum）、阿斯楚普费恩利现代艺术博物馆（Astrup Fearnley Museum of Modern Art）等都有在别处难得一见的藏品。

特罗姆瑟（Tromso）

亮点：极地之城、极光、户外活动

特罗姆瑟位于北极圈内，是挪威北部的海港，它处于山海之间，由一座壮丽的拱桥连接岛屿与陆地。很难想象在纬度如此之高的地方还有这样一座繁华精致的城市，大学城、小酒馆和咖啡厅更使这个几乎处于极昼极夜交替中的城市魅力无穷。

特罗姆瑟的吸引力不仅于此，它还是挪威北部最佳的极光观测地，在这里报名参加滑雪、雪地摩托、麋鹿或狗拉雪橇等跟团项目也很方便。此外，乘坐缆车（Tromsø Cable Car）登上斯托尔斯泰纳山山顶，可以看到特罗姆瑟全景，运气好的话还能看到飘舞在城市上空的极光，是绝佳的观景地，缆车线路在冬季和夏季分别开放到晚上 8 点和凌晨 1 点。

罗弗敦群岛（Lofoten）

亮点：世外群岛、E10 公路、雷讷小镇

罗弗敦群岛拥有北欧最美的几处风光，仅仅看过这里的照片就一定会难以忘怀，山岭耸立的岛屿链由上古的冰川雕蚀而成，冬季尤其显现出超尘孤傲的意境。

E10 高速公路在罗弗敦群岛的全段都被评为挪威国家级风景线路，雷讷小镇有一流的海岸红房子风景，整个群岛上还有许多博物馆和艺术馆可以在闲暇时游览。在罗弗敦群岛非常适合徒步、骑行或骑马，也有众多出海钓鱼、浮潜、观鲸的户外体验项目，冬日更是观测海岛极光的极佳地点。

实用信息

○ 语言

挪威的官方语言为挪威语，但整个北欧地区的英文普及度都非常高，使用英文几乎可以在挪威畅通无阻地交流。

○ 电源插头与电压

挪威的电压是 230 伏，使用欧标的插座，可以插进两个圆脚插头。在挪威使用中国电器需带上转换插头。

○ 支付方式

挪威信用卡非常普及，不管是住宿、吃饭还是购物都可以用 Visa 或 MasterCard 支付（挪威很少有可以刷银联卡的地方），在挪威全境旅行几乎不用携带现金。

○ 货币与汇率

挪威的法定货币是挪威克朗（Kr），货币代码为 NOK，1 克朗等于 100 欧尔。面额有 50 克朗、100 克朗、200 克朗、500 克朗、1000 克朗的纸币，和 20 克朗、10 克朗、5 克朗、1 克朗的硬币。100 人民币 ≈ 128 挪威克朗（2018 年 06 月 28 日）

○ 消费水平

挪威是全世界消费水平最高的国家之一，即使在北欧各国中，挪威的消费水平也是最高的。

景点：景点内的消费不是挪威旅行的主要开销，挪威的绝大多数景点都不需要门票。与峡湾相关的著名景点无一例外，都免费向游人开放。

餐饮：挪威的餐饮价格很高，普通餐厅一份简餐的价格大约 100－200 克朗，麦当劳套餐价格在 100 克朗左右，一瓶 600ml 的可乐在超市中的价格约 25 克朗。

交通：交通费用是挪威旅行主要开销之一，不管是市内交通还是城际交通价格都很高。以奥斯陆为例，公交车单程票提前购买价格为 33 克朗，上车购买的价格为 55 克朗。奥斯陆到卑尔根的火车票价格为 950 克朗。

住宿：挪威的青年旅舍床位价格约 300 克朗 / 天；三星级酒店标间旅游旺季约 1500－2000 克朗 / 间夜，淡季约 800－1200 克朗 / 间夜（每年 4－9 月为旅游旺季）。

○ 时区

挪威属于东一区（GMT+1），冬令时比北京时间晚 7 个小时；夏令时比北京时间晚 6 个小时。挪威每年 3 月的最后一个周日变为夏令时，10 月的最后一个周日变为冬令时。

挪威，山海交接处

马蜂窝攻略作者：盗眉尘

— 详细攻略请扫描 —

"挪威"一词意为"通往北方之路"。挪威全称挪威王国，领土南北狭长，沿海岛屿很多，又称"万岛之国"。海岸线极其蜿蜒曲折，构成了挪威特有的峡湾景色。这里有美丽的罗弗敦群岛，神奇的北极光，壮观的约斯特谷冰原，还能体验午夜阳光。这里是理想的滑雪、徒步和垂钓胜地！你可以来挪威北部猎寻北极光，追逐世界上最奇妙的幸运和幸福之光；你可以来欧洲大陆最北端的挪威北角，吹着海风，欣赏永不落下的午夜太阳；你可以来希尔科内斯亲手捕捞帝王蟹，让自己的味蕾充分满足；你可以来到坐落在峡湾线上的卑尔根，在夕阳西下的布吕根码头，品尝挪威最为正宗的海鲜；你更可以自在地划着皮划艇徜徉于世界上最深最长的峡湾——松恩峡湾中，抑或挑战自我攀爬布道岩和"恶魔之舌"，抒发一览众山小的豪情壮志。

挪威速览

○ 峡湾风光
挪威以峡湾风光闻名，峡湾是冰川侵蚀河谷所形成的地形。在这里，风景优美的村庄点缀在陡峭曲折的深谷两侧，磅礴的山，玄碧的水，勾画出史诗般的绝色风光。

○ 公路之旅
挪威共有18条国家级景观公路。沿着曲折的海岸线游览峡湾，再穿越群峰与湖水一路开到雄伟壮阔的冰原，公路之旅可带你穿越整个国家，大自然的静谧、庄严与万物勃发的生机在此中可一览无余。

○ 极地群岛
挪威漫长的海岸线和特殊的冰原构造，孕育了数以万计的岛屿，相比热带的海岛沙滩，这里人迹罕至，但岩石嶙峋，拔地而起，别有一番壮阔之景。夏季可出海游猎、观鲸，秋冬绚丽的极光笼罩在海陆之间，观赏极光可谓旅行中的顶级体验。

○ 维京文化
维京海盗曾演绎了北欧历史上一段引人遐想的传奇，给欧洲带来了深刻的影响，北欧诸神和海上勇士也成为当代无数文学影视作品的灵感来源。而今挪威也依然留有维京时代的古迹和传说，不少遗址、航线和博物馆都能令人领略历史上的维京文化。

热门城市

挪威南北狭长，北部有北极圈穿过。热门的旅游城市和地区主要有卑尔根、奥斯陆、特罗姆瑟、罗弗敦群岛等。

卑尔根（Bergen）
亮点：第二大城市、布吕根木屋、游览峡湾中转地

卑尔根无疑是挪威最具魅力的城市之一。这座美丽的港城坐落在陡峭的峡湾线上，精致的建筑依山起落，环海相望，而洋流影响下的多雨气候，常使卑尔根幽静雅致的风景浸润在云雾湿气之中，平添独特的韵味。

卑尔根最值得一去的就是旧城区布吕根，这里有众多18世纪早期建成的木屋，被评为世界文化遗产，这些彩色的木房子是

邮政标识为 Posti，o 为蓝色，其他字母为橘黄色，寄信到中国需购买 1.1 欧元的邮票。

地址：Elielinaukio 2 F, 00100helsinki

交通

市内交通

○ 出租车

赫尔辛基的出租车价格昂贵，起步价 5.9 欧元，20:00 之后起步价 8.6 欧元，每公里 1.52 欧元，超过两位数乘客乘车、携带超大件行李和大型宠物都要额外付费。如果从机场出发还要多付 2 欧元。你可以选择在出租车等候点打车，或使用电话叫车服务。

乘坐出租车费用参考：从市中心至机场约 30 欧元，至港口露天广场约 10 欧元，至 Espoo 地区约 40 欧元。

赫尔辛基出租车预约电话：+358 (0)100 0700
机场出租车电话：+358 (0)600 555 555 （机场到市区特价）
海港快车电话：+358 (0)9 2316 5070 （港口到市区特价）
Lähitaksi 公司电话：+358 (0)100 7300
Kovanen 公司电话：+358 200 6060

○ 公共交通

芬兰的所有城镇均设有便捷的公共交通系统。赫尔辛基地区拥有公共汽车、有轨电车、地铁、短途火车和芬兰堡渡轮等，出行非常方便。除了购买单程票，日票可以在 1－7 天的有效期内无限制地使用。跨区票则可以在赫尔辛基、艾斯堡（Espoo）、考尼艾宁（Kauniainen）和万塔（Vanta）跨区乘车。

如果准备在赫尔辛基长期停留，你可以办一张公交卡，在市内大型的交通枢纽中心都可以办理。

○ 租车

赫尔辛基的万塔机场和市中心都可以办理租车服务，不同的租车公司，门店不同，取车地点也不同。租车价格每天 45－90 欧元不等，如果你的方向感不好，一定要问清车内是否装有导航系统，或者自行准备 GPS。

○ 水上巴士

从赫尔辛基露天市场可乘坐水上巴士 JT-Line 前往芬兰堡，整个航程大约 15 分钟。乘坐水上巴士可以使用赫尔辛基旅游卡，但不接受赫尔辛基交通卡。

网址：www.jt-line.fi

○ 自行车

赫尔辛基道路总长约 750 公里，路况良好，四通八达的自行车道网可以让热爱自行车运动的人尽情驰骋。赫尔辛基市中心不大，骑车十分方便，租赁自行车一般一天需付 20－30 欧元不等。不过尽量不要在冬季租赁自行车。

Greenbike 自行车租赁公司
地址：赫尔辛基 Bulevardi 32 号
网址：www.greenbike.fi

Bicycle clean 自行车租赁公司
地址：赫尔辛基 Luotsikatu 14 号
网址：www.bicycleanhelsinki.com

市外大交通

○ 飞机

赫尔辛基万塔机场位于市中心以外 19 公里处。飞往中国的航线由芬兰航空公司（Finnair）经营，与中国国航代码共享，每日有航班从北京、上海、重庆、西安和香港飞往赫尔辛基。

○ 火车

赫尔辛基中央火车站与芬兰其他主要大城市之间都有列车线路，包括北部的拉普兰地区。此外，赫尔辛基每天还有开往莫斯科和圣彼得堡的火车。火车票可以在自动售票机、服务台或官网购买，官网还会不时发布优惠信息。

网址：www.vr.fi
地址：赫尔辛基 Kaivokatu 1 号

○ 汽车

芬兰的汽车网络方便快捷、覆盖面广，从赫尔辛基可以乘坐长途汽车到达芬兰各地，去往其他芬兰大城市的巴士大约每小时就发一趟车。来自芬兰境内各个地区的长途巴士都会抵达位于赫尔辛基康比广场的市中心公交车站（Matkahuolto），可以上车买票，也可以在官网购票，如果提前购买价格会便宜一半。

地址：赫尔辛基 Narinkka 1 号
网址：www.matkahuolto.fi

○ 船

"维京号"游轮公司是芬兰主要的游轮公司之一，其豪华游轮每日往返于赫尔辛基、土尔库、奥兰岛与瑞典的斯德哥尔摩以及爱沙尼亚的塔林之间。船上有桑拿浴室、室内游泳池及冲浪池，乘客还可在船上购买到各种免税商品。

1、斯德哥尔摩往返赫尔辛基的渡轮，往返均是下午出发，需要在海上航行一天半才能到达，票价 80 欧元起。
2、塔林往返赫尔辛基的渡轮每天一班，2.5 小时即可到达，票价 30 欧元起。

奥林匹克码头（Olympia Terminaali）
交通：乘坐 1A 或 2、3 路公交至 Eira/ Nordenskiöldinkatu 站
卡塔亚诺卡码头（Katajanokan Terminaali）
交通：乘坐 4 路或 4T 路有轨电车至 Tove Janssonin p 站

品牌"A & A Design"和"Sasu's playhouse"栖身店中，若是对芬兰设计大师们的作品产生了审美疲劳，这里的东西绝对会让你充满惊喜。

地址：Iso Roobertinkatu 32, 00120, Helsinki

节庆活动

○ 戴帽节（Vapunpäivä eve）

戴帽节在每年的4月30日举行。届时，赫尔辛基市中心的南码头广场上会聚集成千上万名戴着白色学生帽的年轻人，他们吹奏着欢乐的乐曲，泼水清洁"波罗的海的女儿"雕像，然后为她戴上学生帽，开始了每年一度的彻夜狂欢。

○ 桑巴狂欢节（Samba Carnival）

每年6月，一群来自芬兰各地的桑巴舞者就会来到赫尔辛基大道上游行狂欢。他们有的衣着雍容华贵，戴着水晶王冠，举着芬兰国旗；有的穿着性感的比基尼、透视装；有的穿着大裙摆的艳丽礼服，在队伍中跳着桑巴，引来许多游客和本地人驻足围观。

○ 仲夏节（Juhannus）

每年的仲夏节在6月24日前后，芬兰各地都会按照民间传统习俗举行各种庆祝活动，而首都赫尔辛基的伴侣岛则是仲夏节庆典活动的中心。节日前夕的伴侣岛，到处都装点着鲜嫩的小桦树枝，立在草坪上的仲夏节花柱最为醒目。花柱顶端有风车和风向标，上面扎满用五颜六色的鲜花和翠绿的树叶编成的花环。人们会在那天穿上传统服饰翩翩起舞。

○ 国际背夫人比赛（Wife Carrying World Championships）

7月，在距赫尔辛基550公里的苏卡湖城（Sonkajärvi），来自世界各地的壮汉们会背着自己的夫人蹚过水坑、跨过障碍。观众挤在赛道两旁，一边为选手大声加油，一边被种种滑稽场面逗得乐不可支。

○ 维堡爵士节（Viapori Jazz）

每年8月底在芬兰堡内举办，为期四天，每晚都会有不同的活动。届时可以听到有很多爵士乐队参演的大型音乐会，还可以在宴会厅和俱乐部进行餐饮、娱乐活动。

○ 圣诞节（Chrismas）

芬兰是圣诞老人的故乡，因此圣诞节来临之际，来自北极圈内的圣诞老人就会乘坐驯鹿拉雪橇从芬兰北部的耳朵山来到首都赫尔辛基，参加在市中心亚历山大大街举行的传统圣诞节开灯仪式。当地人会装扮成小雪花、森林动物、白雪公主等，牵着来自北部地区的驯鹿，兴高采烈地参加游行庆祝活动。

实用信息

最佳旅行时间

5-9月是出游赫尔辛基的最佳时间，气候非常宜人，也是那里最美的时候。此时前往会看到满眼的绿色和波光粼粼的海面，非常适合进行垂钓、远足、露营、打高尔夫、骑自行车、划独木舟等活动，Senera水上乐园也会在这个时间段内营业。但如果想在游览完赫尔辛基后再去圣诞老人村逛一逛，建议在圣诞节期间来访，不仅能赶上赫尔辛基各大商场的打折季，还能看到新年烟火和Lux灯光秀，欣赏芬兰的洁白雪景。

穿衣指南

赫尔辛基春天的温度会在0℃左右徘徊，需要带一件厚风衣或棉衣御寒。夏季气候比较温和，不会出现高温炎热的天气状况。每年最热的时节是7-8月，此时昼夜温差较大，可以考虑带长袖外套、短袖上衣及牛仔裤。芬兰天气偏冷，即使在九十月份也是需要穿加厚风衣的。冬天最低气温会达到零下30℃，最高气温也在零下5℃。冬季旅行时需要穿厚羽绒服和保暖内衣。不过在室内或车上，暖气还是很足的，可以多参观一些室内景区。

语言

芬兰的官方语言是芬兰语和瑞典语。81.9%的人母语为芬兰语，5.9%的人说瑞典语，另外12.2%的人使用其他语言。但是你不用害怕，因为街上的每个人都可以用简单的英语交流。

○ 常用芬兰语

Moi - Mo yi 你好　　Kiitos - Gi dou si 谢谢
En puhu suomea - En pu hu suo mi a 我不会说芬兰语
Hyvää huomenta - Hy wa huo men da 早上好
Hyvää iltapäivää - Hy wa yi ao da ba yi wa 下午好
Ei mitään - Ei mi da 不用谢，没关系
Rakastan sinua - Rua ke sa teng si nu a 我爱你
Anteeksi - An dai ke si 打扰了，对不起
Apua - A bu a 救命　　Näkemiin - Na ge ming 再见
Joo - Ei 是的　　Yao - ei 不是
Paljonko tämä maksaa- Ba le yong k tama ma ke sa 多少钱
Minä ostan sen - Mi na ou si ten sen 我买了

○ 常见文字标识

Mies - Nainen 男　　Mi ye si -Na yi nen 女
Posti 邮局，Pankki 银行　　Poliisiasema 警察局
Sairaala 医院　　Apteekki 药店　　Kauppa 商店
Ravintola 餐馆　　Museo 博物馆　　Kirkko 教堂
Koulu 学校　　Katu 街道　　Aukio 广场

邮局

在邮政总局可以买到邮票和明信片，但明信片会比纪念品店的贵。市内邮筒遍布，在便利店门口、超市内等地都可以找到，

○ 芬兰堡

芬兰堡是芬兰最重要的地标，可以说是近 300 年来芬兰历史的缩影。它不是一座城堡，而是一组建在赫尔辛基外海小岛上的建筑，建于 250 多年前，是现存世界上最大的海防军事要塞之一。这里建造了长而坚固的城墙、近 300 座大炮机房，足以见证当年芬兰堡的战略重要性。你可以看到斑驳的城墙，郁郁葱葱的植被，还有私家游轮穿梭在小岛间。此外还有各式各样的趣味博物馆值得一览，包括介绍芬兰堡历史及建筑工事的芬兰城堡博物馆，展览瑞典统治时期文物的艾伦怀特博物馆，搜罗了 19 世纪以来旧玩具的玩具博物馆，展览古代军备设施的马内基军事博物馆，维斯高潜艇博物馆，陈列城堡不同时代重炮的海岸大炮博物馆和详述旧日海关工作与历史的海关博物馆。

官网：www.suomenlinna.fi/en
交通：从露天市场的码头乘坐渡轮直达芬兰堡（大约 15 分钟）

○ 议会广场 / 赫尔辛基大教堂

议会广场不仅是市民活动的中心，也是观赏新古典主义风格建筑的最佳场所，被视为芬兰的重要地标。广场的中心是塑于 1894 年的沙皇亚历山大二世像，以纪念他给予了芬兰充分的自治权。站在广场上可以看到建筑大师恩格尔的三件杰作：大教堂、政府大楼和赫尔辛基大学。广场东南角是芬兰最古老的石楼房西德霍姆宫。步行不远，就能找到同样由恩格尔设计的大学图书馆。夏日，广场上经常举行露天音乐会和其他表演。

赫尔辛基大教堂是这里的地标性建筑，希腊式廊柱及淡青色的青铜圆顶展现了教堂恢宏的气度。每当教堂的钟声响起，整个教堂广场都会沉浸于静谧之中，众多游人也可以一同感受心灵宁静的时刻。此外，由于教堂主体全白色，纯净无瑕、结构精美，也受到了很多新人的青睐，成了非常热门的婚纱照外景拍摄地。

官网：helsinginseurakunnat.fi/tuomiokirkko
交通：乘有轨电车至 Senaatintori 站

○ 乌斯别斯基大教堂

赫尔辛基的乌斯别斯基大教堂建于 1862 至 1868 年间，从外部看去，金绿圆顶和红砖墙很为醒目，具有俄式建筑风格。十三座金顶与古雅的红砖外墙，突显了俄罗斯在芬兰宗教史上留下的痕迹。在旁边的两棵大树的映衬下，教堂显得庄严凝重。精雕细琢的拱顶和花岗岩石柱是乌斯别斯基大教堂的两大特色，教堂内部的绘画都是由俄国画家完成的，完全保留了传统东正教堂的艺术风格。

官网：hos.fi/fi/uspenskin-katedraali
交通：从赫尔辛基大教堂步行 5 分钟可到达

○ 露天市场

在生活步调极慢的赫尔辛基，就连位于艾斯普那帝大道（Esplanadikatu）尽头的大型露天市场，也找不出丝毫的杂乱与匆忙。一个个小摊位贩卖着花草、家常食物、一般日用品、手工艺品等，充满了芬兰的生活风情。阳光明亮的夏天，可看到色彩缤纷的小棚子底下陈列着各式各样的新鲜鱼类、蔬果及鲜花。在市场中央，还有一座古埃及式的方尖碑，是 1833 年为了纪念俄皇尼古拉一世及其王后访问芬兰而建的，一般被称为 Czarina's Stone。市场西侧有一座喷水池，中央为"波罗的海的女儿"铜像，在这座人鱼像的四周围绕着海狮铜像，设计颇为精巧。市场北侧则为政府机关林立的街道，其右后方为总统官邸，门前有穿着灰色制服的卫兵站岗。在市集广场的尽头，便是风光明媚的南码头（South Harbour），北欧著名的豪华游轮"诗丽雅号"（Silja Line）及"维京号"（Viking Line）都在此泊岸。

交通：从赫尔辛基大教堂向南步行 5 分钟即可到达

○ 赫尔辛基设计街区

1999 年芬兰把设计和创新作为"软实力"正式提升到了国家竞争的战略层面，赫尔辛基设计区因此诞生。设计区内街道干净整洁、景色优美，区内住户大多也是受过良好教育的中产阶级。设计区还在不断发展，共有 25 条街道，聚集在此的设计商店与机构已逾 200 家。

1、Iittala 玻璃与 Arabia 陶瓷店

位于赫尔辛基设计区东北角，毗邻赫尔辛基码头市场。这是一家集合了 Iittala 玻璃制品和 Arabia 陶瓷品的设计商店。芬兰国宝级设计师们的作品，在这里都能找到。

地址：Pohjoisesplanadi 23, 00100, Helsinki

2、玛莉美歌服装店（Marimekko）

如今走在赫尔辛基街头，无论是何季节，总能见到穿着 Marimekko 的芬兰人。男女老幼皆穿着印有经典罂粟花图案的服饰，色彩斑斓，却并不俗套。玛莉美歌服装店内装潢并不奢华出挑，有芬兰特有的内敛。朴实的氛围中，图案与色彩是不变的主题。服装上奇幻的图案和绚丽的色彩反映了芬兰人沉默外表下充满温情的内心世界。

地址：Mikonkatu 1, 00100, Helsinki

3. 阿尔泰克二手商店（Artek 2nd Cycle）

谈到芬兰设计，阿尔泰克是一个绕不过去的名词。这一品牌创立于 1935 年，背后的推手，是当年四个具有理想主义精神的年轻人。在创立之初，阿尔瓦·阿尔托作为首席设计师，便立志通过芬兰的美学传统和实用精神，创造一种"能为普通大众所用"的家具。除此之外，通过展示和教育手段出售家具，并促进现代文化生活也是阿尔泰克的宗旨之一。

地址：Pieni Roobertinkatu 4-6, 00101, Helsinki

4. 大隐隐于市：普洛图设计咖啡馆

普洛图咖啡馆内部装潢深沉古朴，以黑、灰及深棕色为主，和店内陈设的实木设计品风格协调。在暖黄色灯光的映衬下，小店内咖啡的浓香，透出一股暖洋洋的温情气息。两个年轻设计

赫尔辛基

赫尔辛基是芬兰首都，地处北欧，濒临波罗的海，与爱沙尼亚首都塔林隔海相望。位于北纬 60 度的赫尔辛基，也是世界上纬度最高的首都之一。这是一座古典美与现代文明融为一体的都市，既有欧洲古城的浪漫情调，又充满国际化大都市的韵味。同时，它又是一座将都市建筑与自然风光巧妙结合在一起的花园城。市内建筑多用浅色花岗岩建成，有"北方洁白城市"之称。在大海的衬托下，无论夏日水碧天蓝，还是冬季流冰遍浮，这座港口城市总是显得美丽洁净，被世人赞美为"波罗的海的女儿"。在赫尔辛基的海港市场上，有一尊名叫"波罗的海的女儿"的铜像，就是这座城市的象征。

赫尔辛基必体验

○ **赫尔辛基的夏日狂欢**

每逢夏季，赫尔辛基就摇身一变，成了一个缤纷多彩的节庆城市。在这里既能体验热闹的节庆气氛，亦能参与当地特有的小型活动。4 月 30 日的戴帽节、6 月的桑巴节、7 月的重金属音乐节等节日可以让你尽情狂欢；8 月的赫尔辛基设计节能让你看到来自世界各国的设计精品。此外还有各类美食活动，5 - 8 月的"餐馆日"里，遍布城市的小吃摊、酒吧和美妙的音乐，绝对不会让吃货朋友失望。

○ **现代与古典建筑的完美结合**

来到赫尔辛基，建筑是不能不说的。繁华的街道两边，建筑风格大有不同，颜色也是多样的。建于 250 多年前的海上堡垒芬兰堡，融合了斯堪的纳维亚文化与俄罗斯文化、传统的民族浪漫主义风格与现代流行趋势，风格独特。市内的西贝柳斯公园坚持将现代感进行到底，市中心，特别是议会广场周围，也聚集了许多大型建筑，造型独特，风格迥异。与此同时，这里也有传统的俄式建筑风格的乌斯别斯基大教堂，从岩石内部挖掘修建起来的岩石教堂，气势宏伟壮观的赫尔辛基大教堂，以及北欧建筑设计的"活古董"赫尔辛基中央车站。

○ **桑拿过后是冬泳**

在芬兰，很多人都会带着一身寒气冲进桑拿房，在一室的蒸汽里，两个人即使只相隔几米也是只闻声音不见人影。只需一小会儿，就全身冒汗，寒气全无。这时候再跳进湖中游个冬泳，那感觉别提多畅快了。是不是也心动了，想体验一把？邻水而建的 Rastila 度假村、家湾桑拿房（Kotiharju Sauna）及赫马尼桑拿房（Sauna Hermanni）就可以满足你。

必游景点

○ **岩石教堂**

岩石教堂是世界上唯一一座建立在岩石中的教堂，外观彻底颠覆了传统教堂的概念，看起来像着陆的飞碟，入口就像个隧道口。200 多家建筑杂志都对它不吝赞美。教堂整体位于半地下，只有椭圆形的教堂大厅沐浴在日光下。外部墙壁以铜片镶饰，内壁则完全保留了天然的花岗岩石壁纹理，芬兰人崇尚自然古朴的审美理念在此得到了充分体现。教堂共两层，可容纳近 1000 人。教堂内部在岩壁的回音作用下传声奇佳，因此很多音乐会选择在这里举行。

交通：乘有轨电车至 Kauppakorkeakoulut 或 Sammonkatu 站

民俗表演通常也会被包括在这类行程之中，一些驯鹿周边制品会在农场中出售。只是才和大驯鹿亲密接触过，扭过脸就被招待驯鹿肉汤，这感觉确实有些怪怪的！

酒店的房间中配有一个睡袋，由不同颜色的灯光和冰雕组成不同主题，但是不配有洗手间和电灯以外的其他电器，所以是体验为主，没什么享受可言。

驯鹿 兔知知／摄

冰屋酒店 海盗王-基德／摄影

滑雪

北欧滑雪运动的普及程度令人惊叹，在这里三岁的小孩子都懂得怎么使用滑雪板，真真让远道而来的人汗颜。有很多来自欧洲大陆的旅行者利用漫长的冬季专程来到芬兰滑雪，这里的雪质上乘，再加上自然的山脉造就的天然滑雪场，是滑雪爱好者必去的朝圣之地。比较出名的滑雪场位于萨利色尔卡和类维，这里的滑雪设施完善，配套的酒店和周边服务都相当成熟。没有雪具的旅行者若想小试身手，也有全套的设备可供租借，而且相对国内雪场，整体性价比更高。但是需要留意的是，这里的雪场难度级别比国内的更高，如果是初学者，不建议贸然进入雪场，还请以自身安全为重。

湖区之旅

"千湖之国"是芬兰的别名，这里坐落着大大小小约18.8万座湖泊，尽管在漫长的冬日里，大部分湖泊都处于冰封状态，但这并不代表这里的夏日索然无味。在夏天，芬兰南部的湖区呈现出了最好的景致，这里遍布国家自然公园，没有城市与工业文明的侵扰，是整个欧洲最好的避暑地之一，也是芬兰人眼中国家灵魂的象征。北部的湖泊结束了将近半年的封冻，在夏季展露出欣欣向荣的活力，你很难想象这些在冬日里能骑着雪地摩托驰骋而过的冰湖，此时一洗冷艳，四处生机盎然。

冰屋酒店

在冬季，北欧几个国家都会推出的独特冰屋酒店，这种酒店在芬兰不难体验，但是要分清它的两种形式：一种是玻璃穹顶的独立房屋，由可加热的玻璃材料制成，房内设备一应俱全，造型像一个因纽特人的小冰屋，方便客人夜间在房间内观测极光；另一种是真的由冰块搭建的酒店，只在冬季营业，到了4月份会自然融化，住客们可以体验一晚睡在冰窖里的感觉。后一种

littala 玻璃制品

作为以设计闻名的北欧国家，芬兰 littala 的玻璃制品可谓世界上最好的玻璃制品之一，也是各位游客们最为青睐的伴手礼。littala 品牌迄今已有上百年，以线条简洁的玻璃餐具为主打，不过一些花纹线条复杂却风格清新的款式同样很受欢迎。在赫尔辛基机场、罗瓦涅米圣诞老人村和赫尔辛基的主要商店里都能找到 littala 的柜台，店内可以申请退税。

littala 玻璃制品

芬兰的特色冰屋酒店和玻璃穹顶酒店，需要留意预订时间限制，价格也相对高昂，玻璃穹顶酒店的价格在每晚 3000 人民币以上。

餐饮：在赫尔辛基，传统的北欧菜每餐价格在人均 30-50 欧元之间。在旅游区，一顿有牛排、三文鱼排等主菜的正餐人均价格大约在 60-80 欧元之间。

娱乐活动：芬兰的户外活动项目，根据季节有所变化，不同的户外公司价格也有所不同，但是大体来说差别不大。一般极光游每人 160 欧元左右，驯鹿雪橇 + 驯鹿农场参观 200 欧元左右，哈士奇雪橇 220 欧元左右。

○ 时区
芬兰位于东二区（GMT+2），夏季比北京时间晚 5 小时，冬季比北京时间晚 6 小时。

○ 使领馆
中国驻芬兰大使馆
地址：赫尔辛基 Vanha Kelkkamäki 11 号
办公室电话：40061852

芬兰必体验

圣诞老人村

圣诞老人村坐落在芬兰北部拉普兰省的省会罗瓦涅米市郊，这里有一条粗粗的白线，踏入这条线以北就进入北极圈内了。罗瓦涅米大半年都被冰雪覆盖，充满梦幻感。1995 年圣诞节前，联合国秘书长往此地寄了一封出自圣诞老人亲启的信件，由此这里成了"全世界唯一被认证的圣诞老人村"，吸引了来自全世界各地笃信圣诞老人存在的游客。在这里，游客可以进入圣诞老人的会客厅，与他聊天或提问、拍照，也可以在圣诞老人官方邮局寄出一张意义非凡的明信片。

追寻极光

北极光是出现在北半球高磁纬地区夜空中的特殊天文现象，在远古时代人们无法解释北极光的出现，于是赋予了它神秘的色彩。如今北极光的奥秘已被破译，人们仍认为它是神奇而浪漫的景观，不远万里也要亲眼一见。一年中的大部分时间，芬兰北极圈内的拉普兰地区适合观测北极光。最佳的观测时间是相对晴朗的秋季，大约从每年 9 月开始，持续到 11 月。进入冬季以后，北极圈内降雪量增大，也增加了观测极光的难度，因此在春节期间前往芬兰观测极光可能不会很顺利。

赫尔辛基城市游

首都赫尔辛基是芬兰最南端的大城市，大部分游客会去往市中心雄伟的赫尔辛基大教堂，它展露了这座冬日格外漫长的城市冷峻的一面。深度探索赫尔辛基至少需要两三天的时间，从世界上现存最大的海防要塞芬兰堡到世界唯一一座建在岩石中的教堂，赫尔辛基有很多隐藏的秘密景点等待旅行者去发现。赫尔辛基的建筑有厚重感，穿行其中会有置身俄罗斯的错觉，但是夏季里这里又处处充满活力。记得预留出一天的时间，从这里搭船前往塔林，那将会是一趟相当有趣的旅程。

赫尔辛基大教堂 兔知知 / 摄

桑拿必体验

芬兰人热衷于蒸桑拿，酒店的房间里会设有专门的桑拿间，社区中心的洗浴区也会有公共桑拿房。芬兰北部山地林里的桑拿屋最具当地特色，在冬季，蒸过桑拿后，跳到户外湖面上预先开凿好的冰窟窿里"冰镇"一下，是最为传统的芬兰浴。也有一些只在冬季开放的冰屋酒店会提供冰屋桑拿，想想这冰火两重天的体验，应该是个勇敢者的游戏。建议旅行者根据自己的身体条件谨慎选择。

芬兰浴 长日之间 / 摄

驯鹿农场

作为圣诞老人的坐骑，驯鹿可爱的形象深入人心。在芬兰的大部分冰原地区，驯鹿是当地游牧民族萨米人忠实的伙伴……和口粮。如同温带平原圈养的牛羊一样，不畏寒冷的驯鹿是萨米人饲养家畜的最佳选择。这里有相当多的驯鹿农场，可以通过当地的旅游公司参加半日游，近距离接触驯鹿（抚摸、投喂、合影）并搭乘驯鹿雪橇出游。作为驯鹿农场的主人，萨米人的

赫尔辛基（Helsinki）

亮点：芬兰首都、教堂、港口

芬兰的首都赫尔辛基是芬兰最大的城市，从中国搭乘航班前往芬兰通常会在此落脚，一些包含北欧多国的旅行线路，到芬兰时也只会在赫尔辛基停驻。这里最著名的景点莫过于岩石教堂（Temppeliaukion Church），是全世界唯一一座修筑在岩石内部的教堂。除此之外，位于市中心的白色建筑——赫尔辛基大教堂（Senate Square and Cathedral）也吸引了很多游客前往。赫尔辛基适合停留2—3天，除了游览市区，还可以从赫尔辛基搭船前往爱沙尼亚的首都塔林一日游。冬天赫尔辛基的温度很低，尽管这是芬兰最南端的城市，但旅行者仍然要做好保暖措施。

罗瓦涅米（Rovaniemi）

亮点：圣诞老人村、北部旅行起点

罗瓦涅米是芬兰拉普兰省的省会，位于拉普兰省的最南端，是一座北极圈上的城市。这里最为出名的，是坐落在市郊的圣诞老人村。作为被联合国盖章认证的圣诞老人的故乡，每年有无数的游客到这里，只为一睹圣诞老人的真容。游客可以进入圣诞老人的会客厅与他拍照留影，圣诞老人村中还有纪念品商店与邮局，你可以寄出一张相当有纪念意义的明信片。

伊纳里（Inari）

亮点：雪上活动集散中心、自然风光

如果和芬兰的萨米人多聊聊，你就会频繁地听到"伊纳里"这个地名，这座位于芬兰北部、距离罗瓦涅米约4小时车程的小城，是当地游牧民族的聚居地之一。想要充分体验芬兰的雪上活动，这里也是重要的游客集散地之一。

伊纳里紧邻面积巨大的伊纳里湖，这座湖拥有超过半年的冰封期，非常适合在冬季拜访，欣赏极光。城里的活动中心可以预订哈士奇雪橇、驯鹿农场参观、雪地摩托等活动。夏季可以从这里出发，探索伊纳里湖的风光，以及周边地域广阔的森林公园。

实用信息

○ **最佳旅行时间**

芬兰一年四季皆适合旅行，不同季节中会呈现出不同的风光，都值得驻足欣赏。

极光季：9月-11月

虽然芬兰的冬季相当漫长，非常适合观测极光，但极光并非天气寒冷就一定能观测到的。若想在芬兰旅行期间欣赏到极光，请尽量在秋季和初冬前往，北极圈内的天气在秋季不算多变，雪天较少，晴朗的夜晚更适合观测极光。

雪季：11月-次年4月

芬兰冬季的雪量惊人，春节也是中国游客前往芬兰旅游的热门时节。冬季在芬兰旅行可以体验居住冰屋酒店、乘坐哈士奇雪橇、户外蒸桑拿等活动，也可以在芬兰的专业雪场一试身手。但是出行要注意交通安全，另外这时降雪天气集中，想要观测极光还是要凭点儿运气。

夏季：6月-8月

夏季可以前往芬兰南部的图尔库群岛避暑，这里的中国游客比较少，是最佳的避暑之地。周边有无数不少的国家公园，很适合亲子旅行。被称为"千湖之国"的芬兰在夏季会展现出与冬天截然不同的盎然生机，热爱户外活动与自然风光的旅行者不可错过。

○ **冬季装备**

冬季前往芬兰，"到底有多冷"和"到底需要穿多厚"是首先需要关注的问题。在冬季，芬兰北部极圈内的温度会降至零下40摄氏度，且多风多大雪，中长款的厚羽绒服是必须要准备的，此外要带上加绒保暖裤、防风保暖裤等。羽绒服最好选择防水材质的，因为北极圈内多雪。鞋子务必选择防水、防滑款，最好是靴子，保证脚踝不受凉。保暖的帽子（最好能护住耳朵）、耳罩、围巾、手套都是必备的，手套最好能防水。各种暖宝宝也都可以考虑携带。如果在芬兰参加冬季户外活动，正规的活动公司都会提供给游客保暖的服装、鞋子、手套等装备，保证游客在户外活动时不会被冻伤。

○ **语言**

芬兰的官方语言是芬兰语和瑞典语，芬兰语难学难懂。可以使用英文与酒店、商店服务人员，户外活动公司的向导，景区的工作人员交流。

○ **货币与支付方式**

芬兰使用欧元，在出行之前应该多准备一些零钱，100元面值以上的欧元在当地属于"超级大票"，普通的小店会拒绝收取。Visa和MasterCard在当地比较通行。

○ **电源**

芬兰使用欧标插座，使用中国电器需要带上转换插头。芬兰天气寒冷，电子设备耗电量大，随身携带移动电源是很必要的。

○ **消费水平**

整体来说，去芬兰旅游的消费不低。普通的7日大环线旅行，除机票外每人大约需花费一两万人民币。

交通成本：赫尔辛基至罗瓦涅米（北极圈内）之间的VR过夜火车是旅行者们最常乘坐的，单程票价约800欧元/人。

不同的巴士公司，票价有所不同，有些公司只在某些特定城市开通线路。赫尔辛基市内的单程巴士票价是2.9欧元/人。

住宿成本：以圣诞节假期为例，赫尔辛基假日酒店房费约1000人民币/间夜，罗瓦涅米的普通酒店价格高达2000人民币以上。

芬兰，必须桑拿

— 详细攻略请扫描 —

芬兰南临芬兰湾，境内的湖泊与狭窄的水道、短河、急流相连，有"千湖之国"之称。芬兰国土被大片森林覆盖，以松树和云杉为主，占国土面积的66.7%。严峻的气候条件，特殊的地理环境，给了芬兰独特的冰雪风光，仿佛童话里的冰雪王国，也使芬兰人形成了极富北欧特色的文化和与众不同的民族性格。作为旅行者，可以从时尚的赫尔辛基，到生机盎然的群岛区，再经过宁静绝美的湖区，一路向拉普兰壮丽的北极荒原前行。饿了，你可以去森林里采摘浆果和蘑菇，用纯天然的食材做一顿美味的晚餐；累了，你可以跨进一间热气腾腾的桑拿屋，享受鼎鼎大名的芬兰浴；困了，你可以在玻璃穹顶酒店里倒头躺下，让头顶绚丽的北极光伴你入眠；醒了，你可以驾着哈士奇或驯鹿雪橇在北极荒原中尽情奔驰，或者登上破冰船探索冰河。

芬兰速览

○ 圣诞老人

圣诞老人的故乡位于芬兰北部拉普兰省的省会罗瓦涅米市市郊，在北极圈以内。游客可以在雪季时感受冰雪圣诞节的梦幻景象，也可以进入圣诞老人的客厅与他亲切交谈。这里的圣诞老人们来自专门的培训学校，会说很多种语言，对于来宾（特别是小孩子）古怪刁钻的问题总能应付自如，让你相信世界上真的有圣诞老人。

○ 极光

大部分来到芬兰的人，都怀有追寻极光的愿望。这里确实是世界上最适合观测极光的地区之一。芬兰观测极光的最佳时间是每年的9月至11月，甚至可以延续至次年4月，但是雪季里频繁的坏天气对于观测者来说是一大挑战。

○ 漫长雪季

芬兰的雪季非常漫长，造就了这个国家以冰雪为主题的旅行项目。芬兰境内有非常成熟的旅行公司，在各个城市、旅游点附近设有办公室，提供哈士奇农场体验、驯鹿农场之旅、玻璃屋酒店住宿等。旅行者可以体验冰钓、雪地摩托、破冰船（凯米市内）、追寻极光等丰富多样的冬季冰上项目。滑雪爱好者们可以专程前往当地的滑雪场，纯天然的雪地、山地间的越野雪道，以及身边技术超群的同行者们，会为滑雪增添无限乐趣。

○ 芬兰设计

芬兰设计不仅体现在某一个作品中，而是无处不在的芬兰文化，加之悠久的手工艺传统，使这里涌现出许多世界知名的设计杰作、设计师以及设计品牌。玛莉美歌（Marimekko）、伊塔拉（littala）、阿拉比亚（Arabia）、阿尔泰克（Artek）等经典芬兰品牌仍然焕发着生机，与此同时，许多新兴设计品牌也在崛起。

○ 姆明一族（Moomin）

姆明当属芬兰国民偶像了，备受大家宠爱。姆明是一种精灵，长得像河马，是芬兰作家兼画家托芙·扬松（Tove Jansson）20世纪40年代创作的儿童故事里的主人公。坦佩雷美术馆（Tampere Art Museum）下设的姆明谷博物馆中，托芙·扬松的原画手稿和姆明系列以多媒体的形式独家展出。

热门城市

芬兰国土狭长，从最南端的首都赫尔辛基算起，大城市屈指可数。要想参加北部拉普兰地区的雪上活动，可选择从这些城市出发。

还出售地图和纪念品，并可预订食宿。

紧急电话

医疗服务：320100

警察局：4010000（国王岛），4010300（南城）

消防队／救护车／警察：112

交通

市内交通

○ 公共交通

Storstockholms Lokaltrafik（SL）经营着整个斯德哥尔摩地区的地铁列车、地区列车和公共汽车。中央火车站的地下室大厅有 SL 的办公室，提供列车和公共汽车的时刻表，并出售 SL 旅行卡和斯德哥尔摩交通卡。

无优惠卡乘坐地铁 36 克朗／次，乘坐公交 20 克朗／次。SL 旅行卡适用于整个大斯德哥尔摩地区的公共交通。

○ 当地特色交通

历史悠久的 No 7 tram 往返于 Norrmalmstorg 和斯堪森之间，经过动物园岛绝大多数的旅游景点。No 7 tram 不仅是一辆电车，还是一个移动咖啡厅。落座后会有打扮复古的列车员小姐为你点餐，选择好饮料后，小姐会端来满满一盘传统瑞典点心供你挑选，肚子很饿的话也有三明治可以选择。整趟旅程需要买车票并付费点餐，以瑞典的物价来说非常实惠。可以使用斯德哥尔摩旅游卡和 SL 旅行卡乘车。

○ 出租车

可以电话预订出租车服务，也可以前往出租车集合点，或直接在街上叫车。从斯德哥尔摩机场到不同的区域，车费为 435、475、520、535 克朗不等，出发之前要问清价格。司机通常接受信用卡支付。根据瑞典国家路政管理部门的有关规定，出租车司机必须在车辆内外清楚地标示价格信息。

○ 自驾

斯德哥尔摩路况很好，设有方便辨认的交通标识，如果你想按照自己的意愿去了解这座城市，可以选择自驾游览。瑞典最大的几家汽车租赁公司在全国的主要机场和城市中都设有办事处，出发前可以通过汽车公司预订租车服务，节日期间往往会有折扣。主要的汽车租赁公司有 Avis，Auto Europe Car rental，Budget，Europcar，Hertz，Holiday Autos，Sixt。

在瑞典，拖车可以按周租用，房车的租价为每周 11000 克朗起，如果是单程租赁，通常还会收取额外的收车费用，需要支付预订费和押金。

市外大交通

○ 飞机

中国国际航空公司有从北京飞往瑞典斯德哥尔摩阿兰达机场（Arlanda）的直航班机，每周三班，飞行时间约 8 小时。上海与斯德哥尔摩之间没有直航班机，可选择北欧航空、奥地利航空、法国航空、荷兰皇家航空等转机前往斯德哥尔摩。从阿兰达机场可乘坐机场快线列车、机场巴士、通勤列车或出租车去往市区。

○ 火车

瑞典的铁路网络由国内最大的几家铁路公司运营：SJ、Tågkompaniet、Veolia Transport 以及 Inlandsbanan。可以购买欧洲铁路瑞典通票（Eurail Sweden Pass）或欧洲铁路斯堪的纳维亚通票（The Eurail Scandinavia Pass）乘坐火车。

○ 长途巴士

在瑞典南部和中部的大型城镇之间以及斯德哥尔摩和北部城镇之间，有着发达完善的快车服务网络。瑞典最大的巴士运营商是 Swebus Express，在全国设有 300 个目的地站点。儿童、25 岁以下且持有效学生证（CSN、SFS 或 ISIC）的学生以及老年人购票时享受八折优惠。自 2011 年 1 月 1 日起，瑞典的巴士车厢内不再提供售票服务，需在站点购票。

交通：乘坐 2、43、55 和 76 路公交至 Slottsbacken 站或 3、53 路公交到 Riddarhustorget 站；或乘地铁至 Gamla stan 站

○ ABBA 博物馆

这里有关于瑞典著名流行乐队 ABBA 的互动展览，呈现了这支乐队从成立到成员单飞后的大起大落。在这里，ABBA 的作品以一种现代的、互动的形式展出。

网址：www.abbathemuseum.com

交通：乘坐 7 路公交至 Liljevaljchs /GrönaLund 站；或乘坐 67 路公交到 Liljevaljchs /GrönaLund 站

节庆活动

○ 沃尔帕吉斯之夜（Walpurgis Night）

也译作"沃普尔吉斯"之夜，是瑞典的传统节日之一，也是一个公共假日。每年的 4 月 30 日或 5 月 1 日，为了迎接春天的到来，人们会在沃尔帕吉斯之夜举行一系列狂欢庆祝活动，通常有篝火晚会、舞蹈表演及游行。

○ 斯德哥尔摩味道美食节 (Smaka på Stockholm)

6 月的第一周在 Kungsträdgården（空斯特拉德花园）举办的盛事，为期一周，其间不光可以品尝到来自斯德哥尔摩顶级餐厅的各种美食，还可以观摩大厨之间的厨艺比拼。

○ 仲夏节 (Midsummer Day)

仲夏节是瑞典最重大的节日之一。仲夏节前后，瑞典处于一年中日照最充足的时节，几乎没有黑夜，因此人们在这一天庆祝光明驱散黑暗，万物争荣生长。在每年 6 月 21 日之后的第一个周五和周六，人们会在广场上竖起一根用花环和桦树枝装饰成的"五月柱"。在明朗的仲夏之夜，配合着小提琴和手风琴的旋律，穿着民族服装的人们会在柱子的四周跳民族舞、饮酒作乐。

○ 斯德哥尔摩爵士节 (Stockholm Jazz Festival)

这场国际知名的爵士音乐节于每年 10 月在船岛举办。多年来，该节吸引了一些灵乐和 R&B 领域全球顶级的音乐人。作为瑞典历史最悠久、最知名的音乐节之一，斯德哥尔摩爵士音乐节每年都会吸引成千上万的爵士迷。斯德哥尔摩久负盛名的枨欢节爵士酒吧会在节庆期间的晚上举行活动，是最不可错过的。

网址：www.stockholmjazz.com

○ 斯德哥尔摩同性恋游行 (Stockholm Gay Parade)

斯德哥尔摩同性恋游行从 1998 年开始，于每年 7 月下旬到 8 月中旬举行。它比哥德堡春天举行的 HBT 节和马尔默秋天举行的彩虹节规模都大，是欧洲规模最大的同性恋游行节之一。游行最初是为了政治示威，如今已被视为一场夏季嘉年华派对。斯德哥尔摩的包容性很强，基本感受不到歧视同性恋的气氛，也就没有了游行示威的必要。最负盛名的是嘉年华游园环节，

将整个活动推向高潮。

○ 斯德哥尔摩电影节 (Stockholms Film Festival)

斯德哥尔摩国际电影节创办于 1990 年，每年 11 月在瑞典首都斯德哥尔摩举办，为期 9 天左右。多年来，电影节以求新求异为选片宗旨，力求将电影节打造成电影界新秀与观众和评论家交流的平台。电影节评委规定，角逐电影节最高奖项铜马奖的参赛影片导演最多只能执导过 3 部作品，以此鼓励各国电影新秀崭露头角。

实用信息

最佳旅行时间

斯德哥尔摩位于瑞典东海岸，冬季短暂寒冷，夏季气候温和，日照和白昼时间较长。5 月初至 6 月末，瑞典会出现极昼现象，是观光游览的好季节。

穿衣指南

斯德哥尔摩夏季天气温和舒适，适合穿带夏季休闲衣物，如轻薄的毛衣、夹克或雨衣。外套在春秋冬三季是必不可少的。

语言

瑞典的官方语言是瑞典语。瑞典语中有许多词来自德语和法语，尤其是近代融合了许多英语词，但这些词通常都会转化为瑞典语的拼写方式。英语在瑞典的使用率非常高，因此即使不会瑞典语，也不用太担心沟通问题。

○ 常用瑞典语

Hej! 你好！　　　Tjena! 嗨！（非正式）
Talar du engelska? 你说英语吗？
Hur står det till? 你好吗？（正式）　　Hur mår du? 你好吗？
Smör 奶油　　Ost 奶酪　　Bröd 面包　　Knäckebröd 饼干
Kött 肉　　Fisk 鱼　　Skaldjur 贝类海鲜　　Kyckling 鸡肉
Vegetariskt 素食者
Jag gillar dig 我喜欢你　　Jag älskar dig 我爱你

邮局

斯德哥尔摩全市有很多邮寄点，可购买邮票，报摊和超市中也可邮寄信件，只要你能找到瑞典的邮政标志——蓝色背景上的黄色图案。在市中心 Ahlens 百货商场地下的 Hemkop 超市旁边有一家邮局分支机构。

旅游咨询

标有"I"标识的旅游办公室乐于为你提供咨询，如斯德哥尔摩的风景名胜、短途景点、往返游等等。除了当地旅游信息，他们还可推荐周边一日游以及瑞典全境的旅游信息。旅游办公室

必游景点

○ 斯德哥尔摩市政厅

市政厅位于斯德哥尔摩市中心南部的国王岛上，两侧临水，是一座红色的砖瓦塔楼。市政厅是斯德哥尔摩的地标性建筑，由建筑师 Ragnar Ostberg 在 1911－1923 年间建造，共使用了 800 万块红砖和 1900 万块马赛克瓷砖，规模相当宏大。市政厅的金色大厅墙面上是小块玻璃拼成的马赛克画，其中蓝厅是市政厅里最大的厅，也是举行诺贝尔奖晚宴的地方。虽然叫蓝厅，但其实它是红色的：最初设计时，本想在这里铺上蓝色马赛克瓷砖，但红砖砌成后，Ostberg 觉得红砖带来的典雅美感更适合市政厅的形象，所以就没再贴蓝色瓷砖，但"蓝厅"这个名字被沿用了下来。登上市政厅塔楼可以将整个斯德哥尔摩的风景尽收眼底。市政厅必须在讲解员的带领下参观。

网址：international.stockholm.se/the-city-hall
交通：乘坐地铁蓝线至 Rådhuset 站向西 300 米，或乘 3 路或 62 路公交至 Stadshuset 站

○ 瓦萨沉船博物馆

瓦萨沉船博物馆位于动物园岛上，主要展示了沉船"瓦萨号"战船。这是世界上唯一保存完好的 17 世纪船舶。"瓦萨号"战舰由当时的瑞典国王古斯塔夫阿道夫二世下令建造，以显示瓦萨王朝的财力，提防邻国的侵袭。1628 年春天完工后，战船在 8 月进行首航，但在航行中却遇上大风浪，船身倾斜，又因船体过重而沉没，直到 333 年后的 1961 年瑞典当局才下令打捞。航行历史虽然很短，但瑞典人仍视之为国宝，因其呈现了 17 世纪瑞典人造船的技艺，船上的木雕尤其精美。这座沉船博物馆是斯堪的纳维亚地区最受欢迎的博物馆之一。博物馆中所有珍贵的藏品都是从海底打捞上来的。

网址：www.vasamuseet.se
交通：乘坐 7 路有轨电车到 Nordiska museet / Vasamuseet 站；或乘坐 69 路公交到 Djurgårdsbron 站

○ 斯德哥尔摩老城

斯德哥尔摩老城建立于 13 世纪，距今已有 700 多年的历史，城内有中世纪小巷、圆石街道和古式建筑，深受北日耳曼风格影响。漫步在老城街道，古老的教堂，悠长的鹅卵石小巷，空气中氤氲的咖啡香气，让时间停留。老城区除了历史遗迹外，还有许多咖啡店、餐厅和手工艺品店。由于瑞典在近 200 年来没有战争，老城保存完好，非常值得花时间漫步其间，尤其是临河和临海的街道上。老城中的主要景点有王宫、斯德哥尔摩大教堂、诺贝尔博物馆和骑士教堂。

交通：乘坐 2、43、55、76 路公交至 Slottsbacken 站；或乘地铁绿线或红线至 Gamla Stan 站

○ 斯德哥尔摩王宫

斯德哥尔摩王宫即瑞典皇宫，其历史可追溯至中世纪，最早是一个军事堡垒，17 世纪末经过逐步改造、扩建，成了今日的王宫。这里是国王办公和举行庆典的地方，是斯德哥尔摩的主要旅游景点。王宫富丽堂皇，大厅的墙壁上挂着历代国王和王后的肖像。夏季中午，卫队换岗仪式会在王宫前举行，卫兵庄严肃穆换岗的场面是游人不可错过的。现在王室已经搬到郊外的皇后岛宫居住，但斯德哥尔摩王宫仍是瑞典国王的官方居所。除了用作王室居所的楼层外，王宫其余部分还有其他用途，如古斯塔夫三世文物馆（Gustav III:s antikmuseum）、宝藏展览厅（Skattkammaren）、军械展览厅（Livrustkammaren）和位于地下的三王宫博物馆（Museum Tre Kronor）。

交通：乘坐地铁绿线或红线至 Gamla Stan 站；或乘坐地铁蓝线至 Kunsträdgården 站；或乘坐 2、43、55、71、76、96 路公交至 Slottsbacken 站

○ 斯德哥尔摩大教堂

斯德哥尔摩大教堂是斯德哥尔摩历史最悠久的建筑之一，是瑞典国王加冕的地方。教堂虽然并不那么宏伟高大，却气度庄严，是瑞典砖砌哥特式建筑的重要代表。教堂里展示着历代皇家骑士的徽章和一座有名的圣乔治屠龙木雕（St. George and Dragon），非常值得一看。

交通：乘坐 2、43、55、71、76 路公交至 Slottsbacken 站；或乘坐地铁绿线或红线至 Gamla Stan 站

○ 斯堪森露天博物馆

这是世界上最早的露天博物馆。在林间，有 100 多座从瑞典各地迁移至此的传统建筑物，如农舍、教堂等。这座博物馆不仅藏品精致，工作人员更是会穿上 20 世纪的服饰，或喂食家禽家畜或专心手作，完美再现瑞典传统的生活和工作方式。馆内时常举办各种特色活动，可留意官网信息。

网址：www.skansen.se/sv
地址：斯德哥尔摩 Djurgårdsslätten 49 号

○ 当代美术馆

该馆位于斯德哥尔摩船岛，邻近东亚博物馆。美术馆收藏了瑞典、北欧和世界各地 20 世纪至今的当代艺术品，包括巴勃罗·毕加索和萨尔瓦多·达利的作品。

网址：www.modernamuseet.se/sv/Stockholm
交通：乘 65 路公交至 Stockholm Arkitekt/Moderna museet 站

○ 诺贝尔博物馆

博物馆位于市中心老城区，建于诺贝尔奖举办百年之际的 2001 年。博物馆内有获奖者介绍、历史回顾、诺贝尔奖介绍，诺贝尔生平等，在科学、教育、文化等方面具有重大的国际性意义。

网址：nobelcenter.se/languages/zhongwen

斯德哥尔摩

斯德哥尔摩是瑞典的首都，也是瑞典的第一大城市，是瑞典的政治、文化、经济和交通中心，瑞典国家政府、国会以及王室的宫殿都设在此。斯德哥尔摩位于瑞典的东海岸，濒临波罗的海，是梅拉伦湖入海处，著名的旅游胜地。整个斯德哥尔摩由14座岛屿和一个半岛构成，被人们称为"北方威尼斯"。

斯德哥尔摩城区有着悠久的历史，现有100多座博物馆和历史名胜，同时也是一个高科技的城市，拥有众多大型企业，工业发达。斯德哥尔摩是阿尔弗雷德·诺贝尔的故乡，从1901年开始，每年12月10日诺贝尔逝世纪念日，斯德哥尔摩音乐厅就会隆重举行诺贝尔奖颁发仪式，瑞典国王亲自授奖，市政厅会举行晚宴。

斯德哥尔摩必体验

○ 屋顶漫步

你可以在专业向导的带领下行走于屋顶之上，以独特的视角感受这座城市以及瑞典的历史及现状。在登上屋顶之前，需要穿戴好全套的安全设备，并连接到建筑物的绳索系统中以确保安全。活动中，你可能要手脚并用，沿着简易楼梯爬上爬下，但这并不是一项高风险，高难度，或以刺激肾上腺素为目的的极限运动，而是一项更偏重于趣味性、独特性的观光活动。每条徒步路线约300米，沿途有数个观光平台。

官方网站： www.upplevmer.se

○ 斯德哥尔摩地铁，世界最长的艺术博物馆

说到斯德哥尔摩，不能不提美丽的地铁。进入地铁站时，人们要乘扶梯进入很深的地下，空气突然变得很冷，甚至有种入地狱的感觉。然而进入"地狱"之后，你会发现这里是艺术的天堂。斯德哥尔摩的地铁站是世界上最长的艺术博物馆，在这个全长108公里的地铁网络中，人们可以在100多个地铁站内欣赏到不同艺术家的作品。

○ 观一场冰球赛，感受冰上热情

瑞典冰球超级联赛（Swedish Elite League，简称SEL）是瑞典第一级别的冰球职业联赛，也被认为是欧洲最好的冰球联赛之一，仅次于北美冰球联赛和俄罗斯冰球联赛。旅行中闲暇之时可以看一场瑞典的冰球联赛，感受一番冰上的热情似火。

○ 皇后岛夏宫，瑞典的凡尔赛

皇后岛距市中心15公里，属于瑞典王室领地，内有皇后岛夏宫、宫廷剧院、中国宫和花园。因夏宫的设计受凡尔赛宫的启发，故有"瑞典凡尔赛"的美称，是瑞典第一个被列入世界文化遗产名录的景点。

○ 享受瑞典生活

瑞典人的生活究竟是什么样子？走进当地的超市逛一圈就能体会！在斯德哥尔摩的大型超市，你能轻松买到物美价廉的北欧奶制品以及天然无污染的新鲜蔬菜，如果想要带些特色食品作为伴手礼，超市也有包装精美小巧的姜饼和点心。具有瑞典特色的藏红花小面包（Saffransbullar）、肉桂面包卷（Kanelbullar）和各种各样的小盒海鲜沙拉都是绝佳的早餐之选。如果你恰好住在带厨房的民宿，那么肉丸和三文鱼是最值得购买的食材，简单烤制，撒上盐和胡椒，就是一道佳肴。

最美的徒步线路之一。

在集合店选购瑞典设计品和杂货

瑞典不只有宜家和H&M！可以说，设计理念贯穿到了生活的方方面面。到瑞典你不可错过三种店铺：二手店、买手店、生活方式集合店。

二手店在瑞典非常常见，货品涵盖服饰、杂货、家具和图书等等，耐心挑选的话往往能以极低的价格买到一些复古风格的包、腰带、配饰和北欧厨具。买手店的店主一般会以个人或品牌品味为标准购入特定风格的单品，大多包含服装和杂货，也有纯卖服装的店铺。相比巴黎伦敦，斯德哥尔摩的很多买手店并不过分偏重一线奢侈品，因此一般游客也可以淘到小众好物。生活方式集合店主打家居杂货，每一季会推出不同的主题，从厨房到书桌，这里可以满足你对北欧风格的全部幻想。

瑞典的生活方式和设计集合店 GRANIT

在特色博物馆品味历史与风土人情

瑞典有大量艺术博物馆、美术馆、特色博物馆，你能够看到与众不同的展品，从17世纪的古战船"瓦萨号"到哥德堡自然历史博物馆中的巨型蓝鲸标本；还有露天博物馆——其中展示了古代北欧市镇的生活风貌以及珍禽野兽，会令你看到这片海陆才能孕育出的历史与风土。这些展览形式生动有趣，尤其适合合家参观。

漫步于古典的街巷

瑞典各大城市都保有不少古老的建筑，深受北日耳曼式风格影响，彩色的楼宇和窗棂在北欧阴郁的冬季显得非常夺目，而春夏来临时，沐浴在阳光里，行走在那些百年小巷、圆石街道和建筑当中，仿佛看到古典的生活方式在这里优雅地绵延了几个世纪，久久未散。在南部的小镇，你会发现人们依旧生活在几个世纪以前的房屋和庭院里。若在乡村，瑞典人还会把屋前的花园精心装点一番，在这里可以踩着石子路经过联排的浅色老屋，伴着远处教堂的钟声，自由漫步。

隆德大学图书馆　盛崖余 / 摄

Fika 一下！

Fika是瑞典的国民文化，人们在Fika时间喝咖啡、吃茶点、聊天。Fika对于瑞典人来说有着很深的社交含义，代表一种非正式的社会聚会，是同事、朋友和邻居间沟通的主要途径。从瑞典的校园到各大公司，人们在学习工作的间歇总会抽空放松一下，一般上下午各一次。虽然相比美国人，瑞典人更加内敛，但还是比东方人开放许多，在某个街头的小店中享受咖啡和肉桂卷的时候，不妨也和身边的瑞典人聊聊吧。

瑞典人常吃的肉桂卷

文岛一日

文岛是镶嵌在厄勒海峡上的一座娇小迷人的岛屿，虽然面积不到8平方公里，却是北欧田园风光和海天交相辉映的一处绝妙之地。乘坐渡轮从兰德斯克鲁那出发，仅需30分钟即可到达。在这里，你可以坐在开满各色野花的田野边享受慢时光，或眺望远处的灯塔和蔚蓝的大海。岛上还有羊驼农场，可以租一只可爱的羊驼，牵着它散个步，或是租一辆自行车进行悠闲的环岛骑行。除此之外，岛上还有伯克弗比威士忌酿酒厂、南德曼农庄、高尔夫俱乐部和第谷·布拉赫博物馆等。

轮渡：Landskrona-Ven轮渡最早的两班船次为早上6:05和8:20，Ven-Landskrona轮渡最晚两班船次为18:15和20:55；单程票约7.5欧 / 人。

文岛官网：ventrafiken.se

加红酒的餐饮在一家中等餐厅人均花费约 300–500 克朗。米其林星级餐厅及当地高档餐厅人均需花费在 500 克朗以上。大多数饭店在午餐时间都有"今日特色"菜肴（Dagens rätt）供应。

出行方面，瑞典出租车计费标准整体较高。不同城市出租车的起步价在 45–65 克朗之间，在斯德哥尔摩打车 3 公里约花费 150 克朗。

住宿方面，夏季是北欧是热门的旅行季节，在斯德哥尔摩，青年旅舍每个床位的价格在每晚 200–300 克朗之间，民宿价格相似；三星级酒店 1000–1800 克朗/间夜，四星级及以上 1800 克朗/间夜以上。同等条件的住宿费用在瑞典其他城市会便宜三分之一。冬季是看极光的热门季节，尤其是北极圈内，住宿最好提前半年到三个月预订，价格较高，普通住宿人均每晚 500–800 克朗，度假酒店房价则更高。

○ 货币与汇率
瑞典使用的货币为瑞典克朗（SEK），100 欧元 ≈ 1036 瑞典克朗，100 人民币 ≈ 135 瑞典克朗（2018 年 6 月 28 日）

○ 优惠卡
持斯德哥尔摩卡（Stockholmskortet），可以在规定时间内免费使用斯德哥尔摩及周边地区的公共交通，免费参观 80 座博物馆和旅游景点，免费乘船观光，免费停车，并享受其他优惠。在斯德哥尔摩及周边地区的游客信息中心、SL（斯德哥尔摩交通管理局）信息中心、大多数露营地及青年旅舍，都可以买到斯德哥尔摩卡，也可以在斯德哥尔摩旅游局的网站上购买。

○ 小费
斯德哥尔摩大多数的酒店账单中已包含服务费，你可以付给服务生其他小费，但这不是强制性的。餐厅账单中也包含小费，但晚餐须另付小费。

○ 时区
瑞典位于东一区（GMT+1），夏季比北京时间晚 6 小时，冬季比北京时间晚 7 小时。

○ 使领馆
中国驻瑞典大使馆
地址：瑞典斯德哥尔摩 Lidovagen 8 号
办公室电话：57936407，57936403（传真）
使馆领保电话：57936428，+46（0）763383654
网址：www.chinaembassy.se
电子邮箱：chinaemb_se@mfa.gov.cn

瑞典必体验

斯德哥尔摩地铁之旅

走进斯德哥尔摩的地铁，随着扶梯缓缓下降，就如同进入了一座宫殿般的"地下洞穴"，凹凸的墙壁和鲜艳的色彩映入眼帘，列车不时地从两边开过，磅礴而魔幻，仿佛穿行于一座神秘灿烂的地底迷宫。只需要一张小小的地铁票，就可欣赏这座全长 108 公里的艺术博物馆。100 多个地铁站点中布满 150 多名艺术家的作品，从 20 世纪中叶到今天的雕塑、壁画、装置艺术等，规模宏大、变化多样。

探访诺贝尔奖的诞生地

瑞典的斯德哥尔摩是诺贝尔的故乡，每年的 12 月 10 日，诺贝尔奖都会被授予在物理、化学、医学等领域对人类做出重大贡献的学者。诺贝尔奖主要由瑞典的学术机构主持评选，由瑞典国王亲自在斯德哥尔摩音乐厅颁发，市政厅还会举行晚宴。除此之外，还可到位于斯德哥尔摩的诺贝尔博物馆游览，馆内有多媒体影音和各种资料，生动地展示了过往获奖者的成就，可以说推动人类社会进步的思想与科学汇集于此。

诺贝尔博物馆的门票　K 森 / 摄

冰河世界的极光之行

阿比斯库是瑞典最适合观赏极光的地区，因为这里有拉普兰地区最大的湖泊托讷湖，后者被誉为"阿比斯库的蓝色之洞"（The Blue Hole of Abisko）。这座湖很好地调节了周边的气候，无论天气如何变化，上方都是一片蓝色晴空。住在湖岸边的旅馆中最为方便，屋外就是浩荡湖水皑皑雪山，在寂静而漫长的冬夜，水岸山端似有神祇居住。当欧若拉女神降临，绿色绸带环绕着湖泊上方的穹顶幽幽飘过，随后绿、紫色的光带交杂爆发，穿梭游走在星空之中，不断飘动闪耀，像一场光雨，从宇宙间徐徐坠落。

阿比斯库国家公园官网：www.visitabisko.com

户外徒步

瑞典库斯莱登的国王之路，位于 Hemavan 和 Abisko 之间，全长 400 多公里，北部在北极圈内。走过苍凉的地表，用脚步丈量绝美风景，冬日线路和春夏秋季线路行走起来是两种完全不同的体验，是欧洲绝美的徒步线路之一，也被评为世界十大

世纪街道中，而新城区则高楼林立，街道整齐，苍翠的树木与粼粼的波光交相映衬。往来的汽车、轮船、飞机，以及空中飞翔的鱼鹰和海鸥，给城市增添了无限的活力，斯德哥尔摩的地铁也穿梭在一个个设计独特的地铁站之间。

斯德哥尔摩主城区周边的众多小岛散落在澄净湛蓝的海洋上，每一个都美得惊人，当地人常常在周末节假日开游艇出海游玩。

基律纳（Kiruna）

亮点：极光、极地娱乐、阿比斯库国家公园

基律纳是瑞典北部的一个重要旅游城市，因为地处北极圈以北145公里，会集了众多追寻极光的游客。想要邂逅极光，在这里停留2-3天比较好。

冬天的基律纳一带是滑雪爱好者的驰骋佳所，也可拜访萨米人和驯鹿，体验冰钓、狗拉雪橇、雪地摩托等最具有代表性的极地娱乐项目。除了白雪皑皑的冬季，每年6月份，基律纳的太阳昼夜长长，许多游客也选择在此时前来感受奇妙的午夜阳光。

基律纳附近的阿比斯库坐落于托讷湖边，是瑞典的极光观测点之一。夏季，阿比斯库国家公园（Abisko National Park）气候温和，人们走过"国王之路"（King's trail，瑞典语：Kungsleden），在众多徒步线路中体会森林原野的壮阔美景。

哥德堡（Goteborg）

亮点：博物馆、圣诞集市、西海岸群岛

哥德堡位于瑞典西南部海岸，是瑞典的第二大城市。来到哥德堡的大多都是进行瑞典深度游的旅人。这里米其林星级餐厅众多，市区内的艺术博物馆（Goteborgs Konstmuseum）藏品丰富，自然历史博物馆（The Natural History Museum）、沃尔沃博物馆（Volvo Museum）也很值得一逛。每年冬天，里瑟本游乐园（Liseberg）还会举办北欧地区最大的圣诞集市，绚烂的夜色浸透着浓郁的北欧风情。

哥德堡的近海处散落着无数迷人的群岛，交通便捷，是瑞典人的度假胜地之一，游泳、钓鱼、捉蟹、烧烤、参加音乐节是体验瑞典式假日的最佳方式；乘船环游群岛，深入西海岸，皮划艇、潜水、捕捞海鲜等活动更是令人非常难忘的体验。

马尔默（Malmo）

亮点：旋转大楼、北欧小镇、田园风光

马尔默位于瑞典南部，是瑞典的第三大城市，这里和丹麦的哥本哈根隔海相望，因而可以和哥本哈根一起玩赏。

马尔默有许多值得一看的城市建筑，临近海岸的旋转大楼（HSB Turning Torso）是马尔默的"地标"，马尔默图书馆（Malmö City Library）跨越百年历史连接了古典和现代。另外，位于市区小广场的北欧现代设计中心（Form/Design Centre）每年约有20场关于建筑、设计、工业设计和手工艺品的展览，游客可在此一饱眼福。

马尔默周边有众多各具特色的北欧小镇，每个小镇花半天或一天时间即可游览完毕。隆德历史悠久，是北欧最古老的大学城之一；于斯塔德色彩斑斓的老建筑如从画中淌出；春夏之交，在南部的整个斯科纳省，油菜花沿着碧蓝的波罗的海岸盛放；来到文岛骑马、摘树莓，可以看尽北欧田园风光。

实用信息

○ 最佳旅行时间

瑞典以温带大陆性气候为主，最南部属温带海洋性气候。

6-9月：瑞典夏季基本无高温天气，全境昼长夜短，哪怕是瑞典最南端也要接近午夜时候才会日落，各地草木葱茏。夏季是这里最美的季节，适合在城镇中漫步以及进行各种户外活动。

12-3月：冬季最适合到瑞典北部看极光，进行雪地户外活动，北极圈附近气温可达零下30摄氏度，但一般旅游景区的室内供暖系统都非常完善。瑞典南部并无极寒，最低温约零下10摄氏度，但多雨雪。冬天可以充分体验黑夜笼罩大地的感觉，最南部的马尔默下午3-4点日落，北极圈内的基律纳则只在正午有短暂昏暗的日光。

○ 语言

瑞典的官方语言为瑞典语。整个北欧地区英语的普及率非常高，会说英语即可在瑞典无障碍旅行。

○ 支付方式

瑞典信用卡的使用非常普及，几乎所有消费场所都可以刷卡。准备一张Visa或MasterCard就可以很方便地在瑞典消费。瑞典外汇银行（Forex Bank）是当地最常见的货币兑换机构。也可以用Visa或MasterCard在任何标有"Bankomat"或"Minuten"标志的自动提款机内提取现金。

○ 通信

使用国内的手机卡即可，可以在到达斯德哥尔摩之前开通国际漫游业务。斯德哥尔摩市内几乎是找不到公用电话的，你可以选择办理一张当地的SIM卡，沃达丰公司提供需要预付电话费的当地SIM卡，很多商店，包括加油站和Pressbyra商店内都可购买话费充值卡。

○ 电源插头与电压

瑞典的电压是230伏。瑞典使用欧标插座。在瑞典使用中国的电器需要带上转换插头。

○ 消费水平

瑞典居民消费水平指数约是北京的3倍。在瑞典的几大城市，简单就餐一顿需花费75-125克朗。一顿有三道菜（3-course

瑞典，未来之国

马蜂窝攻略作者_盛崖余

— 详细攻略请扫描 —

瑞典位于斯堪的纳维亚半岛的东南部，是北欧五国中面积最大的国家，海岸线长 2181 千米，总面积约 45 万平方公里。瑞典南北狭长，特殊的地貌带来了四季风格迥异的自然风光。瑞典中部以及南部地区的旅游旺季是夏秋季节，被称为"世界最美首都"的斯德哥尔摩绝不能错过；游览瑞典南部斯科纳省或瑞典西部的最佳方式，是尝试一些具有当地特色的活动，如在美丽的文岛骑行、在南部沙滩捡拾琥珀、在西海岸群岛出海捕捞等等；瑞典北部更适合秋冬季前往，每年 9 月至次年 4 月可以邂逅神秘的极光。除此之外，瑞典绝对超乎你想象地有趣，基律纳的冰雪酒店、吕勒奥的树屋、达拉纳地区的铜矿、北雪平的视觉体验中心、林雪平的皇家空军博物馆、韦克舍的城堡酒店和玻璃工坊、斯科纳的城堡与庄园……这些地方都充满了无限的乐趣。

瑞典速览

○ 寻觅极光
当极夜降临瑞典北部，在基律纳的白色原野或阿比斯库的托讷湖岸，每年有无数旅人仰望夜空，等待绿光降临，企盼一睹那让人终生难忘的绚丽画面。

○ 户外天堂
与自然和谐共处是瑞典人的一贯奉行的准则，在这里人与自然共存共荣，万物生生不息。人们热衷于野外采摘、登山、徒步、滑雪、帆船……雄伟广阔的自然和"自由漫步权"让瑞典成为户外运动胜地。

○ 魔幻地铁
瑞典有高度发达的社会经济，首都斯德哥尔摩是北欧最大的城市，岛屿密布，风光宜人，市内古典建筑交融着现代气质，尤其是斯德哥尔摩的地铁，因其每一站独特的装置和风格被誉为"世界上最美的地铁站"。

○ 设计大国
瑞典社会设计和创新氛围浓郁，除了宜家、H&M 这些全球知名的大品牌外，还有不少优质的瑞典设计。走在街头，从图书馆、餐馆、咖啡厅，到每一扇小小的橱窗，都蕴含着简洁的美感和巧思。

热门城市

瑞典从北至南呈长条形，北部领土在北极圈内。瑞典从北至南主要有基律纳、斯德哥尔摩、哥德堡、马尔默 4 大旅游热门城市。

斯德哥尔摩（Stockholm）

亮点：首都、诺贝尔奖、群岛漫步、最美地铁站

斯德哥尔摩是瑞典的首都，也是连通北欧各地的一大交通枢纽，建议在此游玩 1－2 天。这里名胜和博物馆众多，更是诺贝尔的故乡，每年的诺贝尔奖通常会在斯德哥尔摩音乐厅（Konserthuset）颁发。这座美丽的城市共包括 14 个岛屿和一个半岛，其中国王岛(Kungsholmen)、动物园岛(Djurgården)、骑士岛（Riddarholmen）、船岛（Skeppsholmen）最为热门。老城区的宫殿金碧辉煌，气势不凡的教堂尖塔耸立在幽狭的中

哈根的热门景点多在1-2区间内（哥本哈根机场在4区间），2-3区间的车票在上车后1小时内有效，4-6区间的在1个半小时内有效，7-9区间的在2小时内有效。公交购票方式与火车相同，同时还可以上车后向司机购票。同一张车票可用于乘坐地铁、公交车、火车和港口巴士。要记得随身携带车票，以备售票员查票。

公交路线及时间查询网址：www.moviatrafik.dk

○ 城市观光巴士

你可以乘坐 City Sightseeing 观光车游览整个哥本哈根市的景点，车上配有耳机，你可以听到所处每一站景点的介绍（无中文，但有英语）。你不用担心落下了某个景点，也不用操心每一个景点的路线安排，只需花上21美元（成人）或10美元（儿童）就可以享受到与跟团旅游一样的待遇。

小贴士：City Sightseeing 是国际观光车公司，官网购票需使用美元、欧元或英镑，你也可以在趣伏里公园对面的巴士总站用丹麦克朗购票。

网址：city-sightseeing.com/en/16/copenhagen

地址：哥本哈根市政广场

○ 自行车

丹麦人特别喜欢低碳出行，而哥本哈根市内也专门划分出了自行车专用道，如果你想融入当地人的生活，不妨租一辆自行车四处游玩，在自行车上探索城市的乐趣。租车地点及费用参考如下：

1、Copenhagen Bicycles 自行车租赁公司

网址：www.copenhagenbicycles.dk/rent

地址：哥本哈根新港44号

营业时间：日租于每天上午11:00开始

参考价格：6小时90丹麦克朗，24小时110丹麦克朗，2天160丹麦克朗

2、Bike the City，哥本哈根市内最古老的自行车租赁公司，自行车上配备有GPS，可让公司为你安排自行车的骑行线路。

网址：www.bikethecity.dk

地址：哥本哈根 Gothersgade 大街157号

营业时间：周一至周五 8:30-17:00，周六 10:00-14:00

参考价格：自行车225丹麦克朗，迷你耳机15丹麦克朗

○ 出租车

哥本哈根出租车的起步价约25克朗，每公里收取11.5克朗，若是在16:00至次日6:00或节假日乘车，则每公里12.5克朗，周五和周六的23:00至次日7:00每公里15.8克朗。车票含服务费，无须另付小费。你可以在路上乘有"Fri"（空载）标志的出租车，也可以通过电话预订出租车。

出租车预订电话：+45 3535 3535

市外大交通

○ 飞机

哥本哈根凯斯楚普机场（丹麦文：Københavns Lufthavn, Kastrup）是丹麦最大的航空港，在市中心东南方8公里处。目前有北欧航空可以直飞中国的北京、上海和香港。转机比较常见的航空公司有汉莎航空和阿联酋航空。

网址：www.cph.dk

电话：+45 3231 3231

○ 火车

长途列车都在哥本哈根中央火车站发车和进站，可以从此处乘车到达丹麦境内的其他大型城市，也可以出境前往马尔默、汉堡、维也纳、阿姆斯特丹等地。可以在附近的 Kioski 超市买票，或通过官网、自动售票机或 App 进行购票。

哥本哈根中央火车站

网址：www.dsb.dk

App：DSB

电话：+45 7013 1415

交通：乘坐 6A、26、93N、10、14、2A、5A、9A、97N 路公交车到达 Hovedbanegården 站或乘坐所有到达 København 的火车

○ 船

你可以乘坐 Scandline 短途渡轮，从赫尔辛格前往瑞典海港城市赫尔辛堡，每天有70多班船，全程仅20分钟，可在官网或码头购票。你可以在船上享用餐饮，也可以在船上购买免税产品。

赫尔辛格码头

网址：www.scandlines.com

地址：赫尔辛基 Færgevej 8号

电话：+45 3315 1515

交通：乘坐火车到达 Öresundståg 站或乘坐 90N、342、353、388、390R、802、803、840 路公交车至 Havnepladsen (Helsingør) 站下车，步行150米

你可以乘坐 DFDS Seaways 公司的游轮前往挪威首都奥斯陆，全程19小时（在船上过夜），每天一班，票价30欧元起。最好提前预订船票，在线预订需7欧元手续费，电话预订需20欧元手续费，如果当场购买可能票价较贵且游轮上可选择的房型较少。游轮上餐厅、娱乐设施、夜生活场所、购物场所应有尽有。

哥本哈根码头

网址：www.dfdsseaways.co.uk

地址：哥本哈根 Dampfærgevej 30号

电话：+45 3342 3300（丹麦），+44 8715 229955（挪威）

交通：乘坐 26、27 路公交巴士至 DFDS Terminalen 站

览，组织圣诞集市和传统的街头表演来庆祝圣诞。

实用信息

最佳旅行时间

每年 4 - 9 月是游览哥本哈根的最佳时间，各大节庆活动频繁举行，各种公共场所的开放时间也最长。游客可以充分享受到长达 20 个小时的难得日照，悠闲地逛街，不用担心商店和景点会早早关门。当然，在冬季的圣诞节期间来到哥本哈根，也能享受到欢乐、浓郁的节日气氛，但要注意的是，12 月 24 - 26 日以及 1 月 1 日，几乎所有的商店和景点都会停业。

穿衣指南

丹麦属温带海洋性气候，1 月气温最低，平均气温为零下 2.4℃，7 月份气温最高，平均 16.6℃，夏季 30℃以上的日子不足一周。初春及秋、冬季需穿着厚实、保暖的外套和衣服，最冷的 1 月，羽绒服、保暖内衣都是必备品，怕冷的话还可以携带暖宝宝。秋季或春季去丹麦，还是需要携带厚风衣或棉衣。夏季可穿比较轻薄的衣物，比如长袖 T 恤和牛仔裤。一般景点着休闲装即可进入，但听歌剧或音乐会时最好穿相对正式的服装。

语言

丹麦的官方语言是丹麦语，属日耳曼语系，部分人会用德语、挪威语和瑞典沟通交流，国民的英语普及程度也非常高。

○ 常用丹麦语

God dag / Hej 你好　　Farvel / Hej hej 再见
Tak 非常感谢　　Mange tak 不客气
Undskyld! 对不起　　Undskyld mig 不好意思
Ja 是　　Nej 不
Hjælp 救命　　Hvor meget koster det? 多少钱？

○ 常见文字标示

Morgenmad 早餐　　Frokost 午餐　　Aftensmad 晚餐
Kylling 鸡肉　　Oksekød 牛肉　　Fisk 鱼肉
Skinke 火腿　　Pølse 香肠　　Ost 芝士　　æg 鸡蛋
Salat 沙拉　　Grøntsager 蔬菜
Udgang 出口　　Indgang 入口　　Billetkontor 售票处
Metrostation 地铁站　　Toilet 洗手间　　Apotek 药店
Åbent 开放　　Luk 关闭

邮局

哥本哈根的邮局门口有"POST"标识。明信片在纪念品店、外币兑换点、便利店或是邮局内都可买到，价格在 5—10 克朗之间，邮寄到中国需花费 14 克朗。如果已备好了明信片和邮票，可直接将信投入街边的红色邮筒中。

哥本哈根火车站邮局
网址：www.postdanmark.dk
电话：+45 7070 7030
营业时间：周一至周五 8:00 - 21:00，周六、日 10:00 - 16:00

交通

交通卡

○ 哥本哈根卡（Copenhagen Card）

持卡者可无限次乘坐哥本哈根市区的公交车、地铁和港口巴士。还可以免费参观市内 75 处主要旅游景点和博物馆，并可享受餐饮、景点门票、游船、租车等方面的折扣。
购票官网：www.copenhagencard.com

○ 丹麦铁路通票

如果你想乘坐火车畅游丹麦，可以购买一个月内有效期为三至八天的通票来节省路费。Eurail 欧洲铁路丹麦通票可以让你无限次搭乘列车，也可以自由换乘。除夜间列车和高速列车外，不需要预订座位。在网站上可用人民币购票，一张丹麦铁路通票的售价为 942 - 1853 元（通票有效期越长，价格越高）。

市内交通

○ 城际列车（S-train）

连接哥本哈根的市中心、郊区和哥本哈根周边城市的区间铁路，其中许多车站都与城市地铁和公交系统相连。城际列车的运营时间为 5:00 - 17:00。需在车站购票，然后在站台的打卡机上打卡，否则视为逃票，如果是在自动售票机上购买车票则不需要打卡。

○ 地铁

哥本哈根的地铁只有 2 条线，M1 线从 Vanlose 火车站到哥本哈根机场，M2 线从 Vanlose 火车站到 Vestamager（8 字形住宅附近），每 4 - 6 分钟发一趟车，夜间运营则是 15 - 20 分钟一趟。地铁上可以免费携带自行车，购票方式与乘火车相同。
网址：www.dsb.dk

○ 公交车

公交哥本哈根的公交车由 Hovedstads Trafik 公司（简称 HT）运营，市区的交通收费都是统一的，地铁、公交票价都是按区间而定，以火车站为中心向外扩散，有多达近 100 个区间，包括部分郊区。公交车分 A 类巴士、S 类巴士和 N 类巴士，A 类是市中心的主要巴士，7:00 - 17:30 运行；S 类站点较少，因此速度比 A 类巴士快很多；N 类为夜间巴士，运营时间是凌晨 1 点至早上 5 点，全年无休，不用担心因为玩到太晚回不去宾馆。而且夜间巴士的票价和白天的巴士一样。对于游客而言，哥本

克森进行雕刻，现位于丹麦哥本哈根长堤公园（Langelinie）的港口岩石上。在童话中，小美人鱼15岁时救了一位王子并倾心于他，但是王子离开了她。铜像则表现了痴情的"小美人鱼"日复一日地坐在海边的岩石上，等待王子归来。2012年，雕塑家埃尔姆格伦及德拉格桑特在小美人鱼遥望的赫尔辛格岛上铸造了王子的雕像，小美人鱼等待了百年之后，终于不再孤单。

交通：乘坐地铁或12路公交在Østerport站下车，步行5分钟

○ 阿美琳堡宫

这是丹麦现在的王宫，如果你看到广场上的旗帜是升起的，说明丹麦女王正在宫中。这座王宫由四座造型相同的宫殿组成，目前，游客可参观四座宫殿中的两座：克里斯汀八世宫（部分用作格吕克斯堡王室的博物馆）和克里斯汀七世宫（女王在这里接待客人和官方代表）。

网址：www.kongernessamling.dk/en/amalienborg

交通：乘坐地铁或350S公交到Kongens Nytorv站，或乘坐26路公交在DronningensTværgade站下车

○ 罗森堡宫

罗森堡宫俗称"玫瑰堡宫"，始建于1606年，1720年之前是王室的住所。罗森堡宫中有许多景点：在大厅中，你可以看到著名的罗森堡挂毯，描绘了丹麦国王在斯堪尼亚战争中取得的胜利；在宫殿中，你可以看到女王与医生约翰·弗里德里希·施特林泽的肖像画，据说女王曾与他有过一段婚外情；在地下展厅中，还有王冠与王冠宝石。

网址：www.kongernessamling.dk/en/rosenborg

交通：乘坐S-trains、Metro、Regional Trains到Nørreport站，或乘坐14、42、43、184、185、5A、6A、173E、150S、350S路公交至Nørreport站

○ 吉菲昂喷泉

位于哥本哈根港口的长堤公园，和小美人鱼铜像一样闻名于世。喷泉由吉菲昂女神和四条牛及套犁等一组铜塑组成，由丹麦雕塑家昂拉斯·蓬高花费10年时间铸造而成，于1908年竣工。这座喷泉的灵感来源于一个美丽的民间传说：国王答应赐予吉菲昂女神一片土地，一天能犁多少地，就送多少，于是吉菲昂女神把她的四个儿子都变成了猛牛，日夜不停地犁地。

交通：乘坐地铁至Kongens Nytorv站，步行500米可达

○ 克里斯钦自由城

克里斯钦自由城是哥本哈根一处非常特别的景点，因为这里对外宣称独立于欧盟之外，是一块自治区域。自由城最初由一群嬉皮士建立，他们在此建立了自己心目中的乌托邦，丹麦政府对这片区域虽然颇有微词，但始终没有将其彻底拆除。

自由城现在成了一处很受欢迎的旅游景点，这里的街道上到处都是夸张的涂鸦，与哥本哈根其他整洁的街区形成了鲜明的对比。自由城定期还会举办各类演出活动，艺术气息浓厚，当今丹麦乐坛最红的歌星卢卡斯·格拉汉姆就来自自由城。

交通：乘坐M1或M2线地铁至Christianshavn站，步行到达

节庆活动

○ 狂欢节

每年5月初的狂欢节是哥本哈根一年中重要的节日，开幕时，热爱艺术的人们会走上街头参加娱乐活动，音乐演出和各种表演应有尽有。

○ 哥本哈根三日设计节

丹麦的家具和室内设计举世闻名，这与国民兼收并蓄的开放心态分不开。哥本哈根三日设计节云集了全球在设计领域最为出色的设计公司和设计师，展示他们最得意的新作。

○ 哥本哈根马拉松大赛

大赛大约在每年5月下旬举办，是北欧最大的马拉松赛事。哥本哈根马拉松的比赛线路围绕老城中心与港口展开，上万名专业运动员与跑步爱好者都将参与其中。现场呐喊加油声震耳欲聋，运动员顽强拼搏，场面浩大壮观，值得一看。

○ 仲夏节

仲夏节在每年6月24日前后举行，是丹麦的全国性节日。这一天，人们会在新港点燃篝火，并燃烧"女巫布偶"。岸边有很多街头艺人演奏音乐，当篝火燃尽，音乐停止，人们又会涌入周围的酒吧继续欢庆。节日当天，你能看到许多篝火晚会和舞会。

○ 爵士音乐节

每年7月初，享誉世界的大型爵士音乐节将在哥本哈根开幕，为期10天。超过850场音乐将会在哥本哈根的趣伏里公园，以及各剧场、音乐厅，甚至街头巷尾和广场花园中举办。届时，公园、咖啡馆、运河游船和酒吧中都会挤满狂欢的人群。

○ 哥本哈根同性恋节

该节在每年8月第三周的周三举办。哥本哈根是同性恋人的天堂，所以同性恋节也是哥本哈根很重大的节日。届时有同性恋演出、游行活动，有的需要买票才能参加。

○美食烹饪节

每年8月底举办的烹饪节，是斯堪的纳维亚地区最大的美食盛会之一。该节旨在弘扬北欧的烹饪方式和传统，人们可以在节日期间到各大餐厅品尝特色美食。

○圣诞节

从10月中旬起，趣伏里公园就开始了一年一度的圣诞会，游客可以感受到浓浓的圣诞气氛。自11月底开始，老城区将举办展

哥本哈根

知道哥本哈根的人，可能多半因为这里是安徒生童话的发源地，也可能因为哥本哈根气候大会，或是哥本哈根减肥法，但是哥本哈根的魅力远不止于此。它是北欧拥有米其林星级餐厅最多的城市，是当之无愧的北欧美食天堂；它拥有顶尖的设计师和发达的交通系统，是现代大都市的典范；它还拥有许多古堡与皇家别院，古典气息浓厚。市中心茂密的绿林、漂亮的沙滩、明净的湖泊、随处可见的美人、琳琅满目的各色商品、擦身而过的骑车少年，都是哥本哈根靓丽而独特的风景。

哥本哈根必体验

○ 与值守卫兵合影
就像无数游客都喜欢以不同的姿势与比萨斜塔合影一样，哥本哈根阿美琳堡宫的值守卫兵也常常出现在游客照片中。与卫兵合影时，你需要与他保持1.5米的距离，虽然值守时不能说话，但他如果同意合影，通常会点头示意，然后你就可以尽情摆造型合影啦。

○ 参观嘉士伯啤酒厂
嘉士伯啤酒厂是世界七大啤酒厂之一，在这里能看到啤酒的生产和装配过程，还能品尝到最正宗的嘉士伯啤酒。酒厂内部非常壮观，各种大型机械应有尽有。这里还是世界上最大的啤酒瓶收藏地，可以看到各式各样的玻璃瓶在流水线上不断移动。

○ 骑马漫步于皇家鹿园
"皇家狩猎"似乎是鹿园的代名词，但其实鹿园真正值得欣赏的还是自然风光。在哥本哈根看倦了各色城堡与雕塑，绝对会觉得这里别有风味。租一匹小马，漫步于鹿园之中，时不时地还能看到鹿群在远处悠闲地吃着草料，四只细长的腿奔跑跳跃，这一切都能让你远离喧嚣，感受中世纪的欧洲风情。

○ 品尝北欧美食
丹麦人以他们的饮食为荣，熏烤技术更是堪称一流，哥本哈根的海岸线上遍布着加工鲱鱼、鳗鱼、鳕鱼肝、虾以及其他海产品的熏烤屋，食材都是刚刚打捞上来的，绝对新鲜，加工过后的食物毫无腥味，值得品尝。此外，哥本哈根的米其林星级餐厅数量位列北欧城市第一。更有连续三年夺得"世界顶尖餐厅"称号的Noma，以其北欧创意菜式享誉全球。

○ 精致购物
丹麦物价比较高，但哥本哈根有欧洲最长的步行街Strøget。在丹麦最畅销的品牌莫过于ONLY、VERO MODA、Jack Jones，都可以在Magasin商场找到，如果碰上打折季，70%的折扣十分划算。ILLUM商场则有很多本土品牌，皮质手套等配饰价格为700 – 1000丹麦克朗，价格偏高但可终生使用。

必游景点

○ 新港
新港是最能品味哥本哈根风情的地方。岸边色彩丰富的老物、鳞次栉比的啤酒屋和餐厅、运河里各种竖着桅杆的木船。在Vaffelbageren甜品店里喝一杯丹麦最有名的嘉士伯啤酒，欣赏新港的日落和风土人情就是个不错的选择。
交通：乘坐M1或M2地铁至Kongens Nytorv站，再步行450米或乘坐1A、15、26、66路公交至Nyhavn站

○ 小美人鱼雕塑
这座以安徒生童话《海的女儿》为蓝本的青铜雕塑是哥本哈根乃至丹麦的标志。小美人鱼铜像由新嘉士伯啤酒公司的创始人卡尔·雅各布森（Carl Jacobsen）出资建造，由雕刻家艾瑞

阿美琳堡宫的卫兵 芬达姐 / 摄

丹麦最北端的灯塔 左左 / 摄

感受乐高国度

乐高玩具在全世界拥有无数拥趸,作为乐高的故乡,丹麦有很多与乐高相关的景点,其中最著名的莫过于坐落于比隆的乐高乐园。乐园中有很多用乐高积木拼出的奇幻场景,乐园核心区域的微观世界更是令人叹为观止。即使没有机会前往比隆的乐高乐园,你也可以在哥本哈根大街上的乐高旗舰店体验一把这小小积木的巨大魅力。

体验新港的游船之旅

哥本哈根的新港是这座城市最著名的旅游景点之一,这里的运河及河边的彩虹房子是丹麦的旅游名片。在这里,游客可以选择观光船项目,乘坐游船穿梭于哥本哈根水道纵横的老城之中。游船的终点正是大名鼎鼎的小美人鱼铜像。在游船上,沐浴着波罗的海仿佛有魔力的阳光,你将体验到哥本哈根不同寻常的美。

哥本哈根新港的运河 李小脑 / 摄

观最北端的两海交汇

位于丹麦最北端的小城斯卡恩也是丹麦的著名旅游城市。这里旅游资源丰富,有浩瀚的大海也有广袤的沙漠景观,有"丹麦最美日落"也有"被掩埋的教堂"。当然斯卡恩最吸引人的还是两海交汇的奇观——波罗的海与北海交汇于斯卡恩的格雷嫩角,在这里可以看到泾渭分明的两片海域,也可以感受两片海互相撞击、交融的神奇。

逛欧洲最长的步行街

如果想要购物,Strøget 步行街是最好的去处。这里是整个欧洲最长的步行街之一,当地华人习惯性地把它称作"走街"。走街位于哥本哈根市中心,这里店铺林立、非常繁华,从快销型连锁品牌到国际大牌应有尽有,其中也不乏丹麦当地的品牌专卖店,比如乐高、Royal Copenhagen 瓷器、斯卡恩手表、Georg Jensen 银器、琥珀屋等。这里还是街头艺人的聚集处,在购物的间隙,停下来看看路边艺人精彩的表演,也是不错的体验。

品尝丹麦美食

提起北欧,很多人会觉得这里是美食的荒漠。但其实发源于丹麦的"新北欧料理"近些年在世界范围内备受追捧,以此见长的 Noma 餐厅更是多次被评为"世界顶尖餐厅"。新北欧料理从食材的来源到最终的摆盘,都强调返璞归真,回到自然,这也与北欧的整体气质几乎一致。

如果觉得高冷的新北欧料理不接地气,可以去尝尝丹麦最地道的民间美食"开放式三明治"。与普通三明治的不同点在于,这种三明治只有一片面包,馅料都堆在面包片上方,形成一种"开放"的状态。开放式三明治虽算不上大餐,但营养、健康,是丹麦本地人日常最喜爱的食物之一。

Noma 餐厅的新北欧料理

○ 时区

丹麦属于东一区（GMT+1），冬令时比北京时间晚 7 个小时，夏令时比北京时间晚 6 个小时。

丹麦每年 3 月的最后一个周日变为夏令时，10 月的最后一个周日变为冬令时。

○ 使领馆

中华人民共和国驻丹麦王国大使馆

地址：Øregårds Alle 25, 2900 Hellerup

网址：dk.china-embassy.org

办公时间：周一至周五 上午 9:00 - 12:00

电话：+45 394 60889

丹麦必体验

看波罗的海边的小美人鱼

小美人鱼雕像是整个丹麦最著名的景点，这尊雕像距今已有超过百年的历史。虽说它并不高大雄伟，又总被无数游人包围，但来到丹麦旅行，这尊波罗的海岸边的青铜小美人鱼塑像一定是不得不去的景点，因为这就是丹麦的标志。

趣伏里公园 左左 / 摄

骑行穿越城市

丹麦是欧洲名副其实的"自行车王国"，全国上下，从首相、市长到中小学生，都把自行车当作出行的主要交通工具。丹麦的城市建设也对自行车骑行者相当友善，每条道路都有专门的自行车道。对于游客来说，这里也有很多提供自行车租赁的店铺，来丹麦旅行，一定要入乡随俗，骑上自行车在城市中穿梭。

行走在古典与现代间

丹麦城市的老城区几乎都保留着百年前的样貌，充满了古典美，漫步其中总会给人穿越的错觉。除了古典庄重的美，丹麦城市也有时尚的一面。以哥本哈根的阿迈厄岛为例，建筑师们在这里建造出了最具未来感和设计感的建筑群，为这座古老的城市增添了年轻的元素。所以，在丹麦旅行，你就会不经意地行走在古典与现代之间。

小美人鱼塑像 芬达姐 / 摄

追寻安徒生的足迹

《安徒生童话》是很多人对丹麦的第一印象，甚至有人专门为此来到丹麦旅行，于是探寻安徒生的足迹就成了丹麦旅游的一条独特线路。丹麦有太多与安徒生相关的景点，有建在他的故乡奥登塞的安徒生博物馆，在哥本哈根新港 20 号的安徒生故居，还有埋葬安徒生的阿西斯滕斯公墓。

畅游最古老的游乐场

坐落在哥本哈根市中心的趣伏里公园是世界上历史最悠久的游乐场之一。虽然已有一百多年的历史，但依旧是哥本哈根最受欢迎的景点之一。趣伏里公园是丹麦这个"童话王国"中最具童话气质的景点，几乎每晚都有各类表演活动，如烟花表演、花车游行、舞台剧、演唱会等。

哥本哈根大学学生宿舍 左左 / 摄

观看皇家卫兵换岗仪式

英国白金汉宫门前的皇家卫兵换岗举世闻名，同为君主立宪制国家的丹麦也有着卫兵换岗的传统。丹麦皇家卫队会在每天中午 11 点半从罗森堡宫出发，并于 12 点在阿美琳堡宫前举行换岗仪式。卫兵们个个头戴熊皮帽，身穿黑色古军装，像极了安徒生童话中的人物。每天中午 12 点都会有大批游人聚集在阿美琳堡宫的广场，共同观看这场颇具丹麦特色的换岗仪式。

热门城市：哥本哈根、赫尔辛格、罗斯基勒

丹麦全国由大大小小数百个岛屿组成，西兰岛是丹麦本土最大的岛屿，隔厄勒海峡与瑞典相望。它也是丹麦首都哥本哈根所在的岛屿，是丹麦旅游的重中之重。小美人鱼、新港、哈姆雷特堡、腓特烈堡这些丹麦最著名的景点都坐落在西兰岛上。

菲英岛区域概况

热门城市：奥登塞

菲英岛位于西兰岛与日德兰半岛之间，是丹麦第二大岛屿。因为安徒生的故乡奥登塞就坐落在这座岛屿上，所以这里也成了丹麦旅游的必到之处。菲英岛交通便利，从哥本哈根搭乘火车出发，仅需1个多小时便可到达奥登塞。

日德兰半岛区域概况

热门城市：奥胡斯、比隆、斯卡恩、奥尔堡

日德兰半岛位于北海与波罗的海之间，构成了丹麦国土的大部分。丹麦第二大城市奥胡斯、乐高乐园所在地比隆、丹麦最北点斯卡恩以及"生蚝泛滥"的利姆水道地区都位于日德兰半岛。

海外属地区域概况

丹麦本土的面积很小，但是海外自治领地却很广阔，包括格陵兰地区和法罗群岛地区。格陵兰以极地风光闻名，而法罗群岛也有高纬度岛屿所特有的壮美风光。旅行中前往这两处海外自治区都需从哥本哈根搭乘飞机。

实用信息

○ **最佳旅行时间**

6月–9月：丹麦的夏季气候凉爽，晴天也很多，昼长夜短，可能到深夜才会日落。这时是到丹麦旅行的最佳时间，非常适合进行各种户外活动。

11月–次年3月：受暖流影响，丹麦的冬季气温并不算特别低，大部分时间在0摄氏度左右。但丹麦冬天雨雪天气较多，且昼短夜长，比较不适宜户外活动。不过观看早晨10点的日出和下午4点的日落，也算是特别的旅行体验。

○ **语言**

丹麦的官方语言为丹麦语。但整个北欧地区英文普及率都非常高，使用英文就可以在丹麦愉快地旅行了。

○ **支付方式**

丹麦的信用卡非常普及，几乎所有消费都可以用刷卡的方式完成。准备一张Visa或MasterCard就可以很方便地在丹麦消费。

○ **通信**

丹麦电信公司较多，比较大型的运营商有TDC、Telenor、TeliaSonera和"3"，但是在丹麦办理电话卡需要出示身份证件（护照）和银行卡信息，电话话费也较贵。丹麦的电话号码为45后连接8位数字，没有区号。而在丹麦拨打其他国家电话时，则需加拨被呼叫地的国家代码，中国的国家代码是0086。

急救、报警：112　　查号台：118

○ **自行车**

作为欧洲的"自行车王国"，丹麦街头的自行车数量非常多，人们的骑行速度也很快。马路上设有专门的自行车道，游客切勿在自行车道上行走，以免发生碰撞。

○ **电源插头与电压**

丹麦的电压是220伏，使用欧标的插座，插头为两孔圆柱形。在丹麦使用中国的电器需要用转换插头。

○ **货币**

丹麦的货币是丹麦克朗，货币符号为DKK，在丹麦、法罗群岛及格陵兰岛可以通用。1克朗等于100欧尔。丹麦克朗的面额有50、100、200、500、1000克朗的纸币和20、10、5、2、1克朗及50欧尔的硬币。

除了以女王头像为图案的普通硬币，还有很多纪念版硬币在丹麦市面上流通，这些硬币的图案包括"安徒生童话系列"、"维京战船系列"、"丹麦塔楼系列"等。在买东西获得找零后，可以留意硬币的图案，特别版的硬币非常具有纪念意义。

○ **汇率**

100欧元≈745丹麦克朗

100人民币≈97.4丹麦克朗（2018年6月28日）

○ **消费水平（以丹麦克朗计算）**

北欧是世界上物价最高的地区之一。在北欧国家中，丹麦的物价水平仅次于挪威，与瑞典并列第二位。在衣食住行各个方面，丹麦的消费水平都比中国的一线城市高出不少。

景点：丹麦的著名景点几乎都免费向游人开放，即使是收费景点，票价也不高，比如哥本哈根圆塔和嘉士伯博物馆的票价都是40克朗。

餐饮：丹麦的餐饮价格并不便宜，普通餐厅一份简餐的价格大约在80–150克朗之间，麦当劳套餐价格约60克朗，一瓶600ml的可乐在超市中的价格约20克朗。

交通：丹麦的公共交通发达，但票价也很昂贵。以哥本哈根为例，市内短程公交车票、地铁票价格为24克朗。而从哥本哈根到奥登塞，仅仅1.5小时车程，火车票的价格就是250克朗。

住宿：丹麦的青年旅舍床位价格约200克朗/天；三星级酒店标间旅游旺季约1000–1800克朗/间夜，淡季700–1200克朗/间夜（每年4–9月为旅游旺季）。

丹麦，北欧门户

— 详细攻略请扫描 —

丹麦是安徒生童话的故乡，也屡次获得了"世界上最幸福的国度"的称号。这里处处呈现着童话般的诗意和满满的元气感，更有丹麦独有的代表舒适惬意的 Hygge 文化。

来到丹麦，你可以探访哈姆雷特城堡，身临其境地体验一场莎士比亚戏剧；你可以到哥本哈根的新港码头，悠闲地喝一杯当地酿制的嘉士伯啤酒；你可以来安徒生的故乡奥登塞，追寻安徒生的足迹，发现童话背后的故事；你可以在街道转角处的餐厅落座，品尝最具丹麦特色的开放式三明治；你更可以像丹麦人一样生活，在白沙碧海间欣赏自然风光，随心所欲，怡然自乐。

首，这也让丹麦成了公认的"世界最幸福国家"。富足、悠闲、快乐也确实是丹麦人的生活常态。来到丹麦旅行，便可以切身感受到这份幸福感。

○ 自行车王国
丹麦是名副其实的自行车王国，这里每条道路都配有自行车道。不管刮风下雨，这里的大街小巷总有自行车穿行，也形成了属于丹麦独特的风景线。

丹麦速览

○ 北欧门户
丹麦是北欧五国中最靠南的国家，南接德国，北部与瑞典、挪威隔海相望，是进入北欧的门户。首都哥本哈根是北欧著名的旅游城市，也是前往北欧旅游重要的航空港。

○ 童话国度
提到丹麦，很多人会想到安徒生，因为他的童话，丹麦也获得了"童话王国"的美誉。在丹麦旅行，确实会有非凡的感受，古老的游乐场、彩虹般的彩色房屋、精致的教堂都会让人仿佛置身童话世界。

○ 最幸福的国家
在联合国公布的世界国家幸福指数的排名中，丹麦数次高居榜

哥本哈根街头的骑行者　芬达姐 / 摄

区域概况

西兰岛区域概况

○ 101酒店（101 Hotel）
位于冰岛雷克雅未克，由冰岛设计师 Ingibjörg Pálmadóttir 开设运营，客房采用黑白配色，尽显北欧的简约设计。酒店也收藏了众多艺术与设计作品。
预订：www.mafengwo.cn/hotel/188173.html

热门城市酒店

○ 斯德哥尔摩大酒店
具有传奇色彩的五星级豪华酒店，位于海滨，地理位置绝佳，正对瑞典王宫。住在这里不要错过 Mathias Dahlgren——米其林二星绝佳餐厅，由瑞典最有名的主厨之一 Mathias Dahlgren 主理。
预订：www.mafengwo.cn/hotel/189355.html

○ 斯德哥尔摩创造者旅舍
一家现代化、自助服务式酒店，干净整洁，只能在每天下午4点以后办理入住。
预订：www.mafengwo.cn/hotel/6550241.html

○ 阿普尔豪斯酒店
位于瑞典哥德堡，拥有室外玻璃底游泳池。
预订：www.mafengwo.cn/hotel/7286732.html

○ 霍波酒店
酒店的所有客房均拥有别致的工业设计风格和带卫星频道的平板电视，在部分客房可观赏斯德哥尔摩城市景致。
预订：www.booking.com/hotel/se/hobo.zh-cn.html

○ 酒厂酒店
酒店位于瑞典斯德哥尔摩的索尔纳（Solna），拥有一间内部酒庄，可让客人观看葡萄酒的生产过程。酒店内有设有一座季节性室外游泳池和公共露台，提供免费 Wi-fi。
预订：www.mafengwo.cn/hotel/16644627.html

○ 魔术酒店
位于挪威卑尔根，房间有设计感，家具来自大牌设计师，窗外风景优美。
预订：www.mafengwo.cn/hotel/16780873.html

○ 斯堪迪克尼德伦酒店
交通非常方便的酒店，距离挪威特隆赫姆中央火车站和 Solsiden 购物中心仅有5分钟步行路程。
预订：www.mafengwo.cn/hotel/7274762.html

○ 纳尔维克斯堪迪克酒店
酒店在挪威纳尔维克的主街道 KongensGate 上，建筑很高很好找，附近有 Narvik 车站。酒吧露台的视野超棒，早餐也丰富美味。如果进行观看极光和观鲸之旅，这个酒店是很好的选择。
预订：www.mafengwo.cn/hotel/7278077.html

○ 斯堪迪克伊萨维斯酒店
位于挪威特罗姆瑟，多数房间是海景房，在屋内可看到对面的雪山，景色壮丽唯美！酒店门口可直接乘坐机场巴士。
预订：www.mafengwo.cn/hotel/7275948.html

○ 奥斯陆大陆酒店
酒店在挪威奥斯陆国家剧院马路对面，到步行街 Stortingata 只有一个街区，离漂亮的公园和宫殿都很近。
预订：www.mafengwo.cn/hotel/72143.html

○ 希尔顿雷克雅未克诺帝卡酒店
酒店位于冰岛雷克雅未克的商业区，在许多客房均可看到 Akrafjall Mountain 山、Esja Mountain 山或 Faxaflói Bay 湾的景致。
预订：www.mafengwo.cn/hotel/188181.html

○ 凯亚司古琪雷克雅未克酒店
少数在市区里拥有免费室内停车场的酒店，非常适合自驾游。距离 Laugavegur 购物街只有140米。
预订：www.mafengwo.cn/hotel/9490776.html

○ 维德哈菲德旅馆
位于冰岛西部，就在海边，性价比很高。旅馆的公共空间很宽敞，厨房里厨具很齐全。
预订：www.mafengwo.cn/hotel/16455837.html

○ 卡塔亚诺卡酒店
位于芬兰赫尔辛基，由一座原建于1837年的监狱改建而成。
预订：www.mafengwo.cn/hotel/71641.html

○ 避风港酒店
酒店位于芬兰赫尔辛基 Esplanadi 购物街的拐角处，距离露天自由市场只有200米。
预订：www.mafengwo.cn/hotel/71601.html

○ 坎普酒店
酒店坐落于芬兰赫尔辛基 Esplenade 公园对面，在一幢迷人的19世纪建筑内。离赫尔辛基大教堂只有6分钟的步行路程。
预订：www.mafengwo.cn/hotel/6530859.html

○ 哥本哈根生活酒店
如果你想在哥本哈根寻找一家交通便捷的酒店，那没有比哥本哈根生活酒店更合适的选择了。
预订：www.mafengwo.cn/hotel/6558690.html

名设计师阿诺·雅各布森之手。

预订：www.mafengwo.cn/hotel/72529.html

○ 康福特努韦沃酒店（Comfort Hotel Nouveau）
酒店位于瑞典赫尔辛堡市中心，客房有鲜明的艺术风格装饰。距离建于13世纪的Kärnan塔楼只有不到15分钟的步行路程，离市政厅也很近。

预订：www.mafengwo.cn/hotel/7302571.html

○ 宜家酒店（IKEA Hotel）
酒店位于瑞典艾尔姆胡尔特，各处均用宜家家居用品布置，餐厅供应肉丸、三文鱼及其他瑞典特色菜肴，另外有享用餐后饮品的绝佳场所——酒吧。夏季，客人还可以在花园内享用餐点。酒店对面即是可以免费参观的宜家博物馆（IKEA Museum）。

预订：www.mafengwo.cn/hotel/7287756.html

○ 树屋酒店（Treehotel）
位于瑞典北博滕，由北欧著名设计师和建筑师共同设计。"树屋"这种有趣而独特的旅居理念已风靡全球。这家酒店包括六间"客房"，每间"客房"在设计和形态上都迥然不同，但拥有相同的设计理念：与自然保持和谐。住进这家酒店，你将伴着森林的芬芳和树梢的风语进入梦乡，并在婉转的鸟鸣声中醒来。

预订：www.mafengwo.cn/hotel/7314831.html

○ SP34酒店（Hotel SP34）
位于丹麦哥本哈根，大堂墙上悬挂着Georg Jensen的古董自行车。客房配备有木质家具和高品质的Ren Clean Skincare洗浴用品。客人可以在17:00-18:00免费享用葡萄酒。

预订：www.mafengwo.cn/hotel/77380.html

○ 尼布酒店（Nimb Hotel）
酒店位于丹麦哥本哈根著名的蒂沃利花园，在一座摩尔风格的建筑中。酒店的所有客房均拥有典雅的古董家具和四柱床。在酒店里宽敞现代的Nimb Brasserie小酒馆和Terrasse餐厅，都可以欣赏蒂沃利花园的景致。

预订：www.mafengwo.cn/hotel/6409449.html

○ 哥本哈根贝拉天空万豪AC酒店
（AC Hotel Bella Sky Copenhagen）
由丹麦著名设计师事务所3xn设计，建筑由两座倾斜的塔楼组成，中间有一架连接桥，曾获"欧洲最佳建筑奖"。

预订：www.mafengwo.cn/hotel/77352.html

○ 哥本哈根皇家丽笙酒店
（Radisson Blu Royal Hotel, Copenhagen）
酒店原由阿诺·雅各布森设计，大多数客房内还拥有他设计的时髦的天鹅椅与蛋形椅。酒店翻新后，一些时髦的元素为经典的北欧设计注入了新的活力。

预订：www.mafengwo.cn/hotel/6558658.html

○ 西弗酒店（The Thief）
又名神偷酒店，位于挪威奥斯陆，由知名慈善家Petter Stordalen的团队一手打造。酒店收藏有众多当代艺术品，包含波普艺术大师安迪·沃霍尔及许多北欧艺术家的作品。

预订：www.mafengwo.cn/hotel/6469276.html

○ 北极之光酒店（Arctic Light Hotel）
位于芬兰罗瓦涅米，设有主题各异的现代设计风格客房。酒店内有桑拿浴室、露台和酒吧可供消遣。酒店提供的早餐是由芬兰名厨Sara La Fountain配料烹制的。

预订：www.mafengwo.cn/hotel/8574083.html

○ 克劳斯K酒店（Hotel Klaus K）
位于芬兰赫尔辛基，房间的装饰灵感源自芬兰史诗《卡勒瓦拉》，在部分客房可以欣赏赫尔辛基繁华市中心的景致。

预订：www.mafengwo.cn/hotel/71598.html

○ 莉拉罗伯茨酒店（Hotel Lilla Roberts）
位于芬兰赫尔辛基，是一家以艺术装饰为主题的精品酒店。夏季，客人可以在庭院露台放松身心。

预订：www.mafengwo.cn/hotel/9489159.html

极光降临吧！
预订：www.mafengwo.cn/hotel/7228603.html

○ 艾弗斯达勒农场酒店（Farmhotel Efstidalur）
这家农场酒店不仅出租冰岛马，还提供自制冰激凌给住客享用。游客用餐时还可以看到牛在窗外吃草。这家酒店距离著名的间歇喷泉盖锡尔（Geysir）仅15分钟车程。
预订：www.mafengwo.cn/hotel/7226273.html

○ 斯匹次卑尔根岛极地丽笙酒店
（Radisson Blu Polar Hotel, Spitsbergen）
位于挪威最北端的城市朗伊尔城，号称全球最靠北的能提供全套服务的酒店，设有露天热水浴池。夏季可安排游船、皮划艇活动，冬季可享受狗拉雪橇和冰川游览等活动。
预订：www.mafengwo.cn/hotel/7265978.html

○ 盖伦格联合酒店（Hotel Union Geiranger）
在酒店房间里可以俯瞰挪威四大峡湾之一的盖朗厄尔峡湾。最受住客欢迎的莫过于露天的spa浴池和泳池，在群山环绕中边戏水边观海，可谓是无敌享受。
预订：www.mafengwo.cn/hotel/7235747.html

○ 历史酒店（Fretheim Hotel）
正对挪威的艾于兰峡湾，这是全球最长峡湾松恩峡湾的支线。除了游览壮丽的峡湾，从酒店出发步行5分钟即可到达弗洛姆车站，在那里可搭乘世界上最陡峭的铁路线道之一。
预订：www.mafengwo.cn/hotel/6335972.html

○ 假日俱乐部（Holiday Club Åre）
位于瑞典中部最负盛名的奥勒滑雪场，离缆车站只有500米，可直接在酒店租滑雪设备。就算不滑雪，也有大型水滑梯、泳池与spa设施可供游玩体验，适合全家来此度假。
预订：www.mafengwo.cn/hotel/7279752.html

○ 索尔特&希尔酒店（Salt & Sill）
瑞典第一家漂浮酒店，位于西海岸的原始岛屿Klädesholmen上。现代化的客房位于浮动平台上，游客可直接从平台上跳进海里游泳，酒店中还有桑拿船、独木舟等设施。
预订：www.mafengwo.cn/hotel/7287465.html

设计酒店

○ 船岛酒店（Hotel Skeppsholmen）
坐落于斯德哥尔摩一幢历史可追溯到1699年的古建筑内，酒店的设计由著名设计团队Claesson Koivisto Rune操刀，整体呈现出一种时尚的装饰风格。每间浴室均配有意大利Boffi盥洗池。
预订：www.mafengwo.cn/hotel/189359.html

○ 斯德哥尔摩STF加姆博住宿酒店
（STF Jumbo Stay Stockholm）
这是一家建造在一架波音747飞机里的酒店，居住在这里绝对是一次奇妙的体验。酒店紧邻机场，有免费班车、Wi-fi、早餐、小吃、阳台、微波炉等，各种设施都很齐全，毛巾床单也不另外计价。
预订：www.mafengwo.cn/hotel/7302954.html

○ 收藏家胜利酒店（Collector's Victory Hotel）
酒店位于斯德哥尔摩老城，客房设计灵感来自酒店本身的海员古董收藏品。房间设有海军主题，每间客房都设有立体声系统。
预订：www.mafengwo.cn/hotel/72484.html

○ 里瓦尔酒店（Hotel Rival）
坐落在斯德哥尔摩Mariatorget广场边，是一家很有设计感的酒店，充满了艺术气息，装饰均来自经典的瑞典电影场景，全天24小时提供咖啡和饼干。
预订：www.mafengwo.cn/hotel/72503.html

○ J酒店（Hotel J）
位于斯德哥尔摩，游艇俱乐部风格设计，客房有橡木地板，配有名家设计的海洋主题纺织品。游客能欣赏到海景或美丽的花园，海鲜餐厅、酒吧、休息室也应有尽有。
预订：www.mafengwo.cn/hotel/189296.html

○ 克拉丽奥登陆号酒店（Clarion Sign）
酒店位于斯德哥尔摩，外观是令人印象深刻的花岗岩和玻璃建筑，由瑞典建筑师Gert Wingårdh设计，客房里的家具来自著

住进这些酒店才算到过北欧

马蜂窝攻略作者 | 叶鹰君

酒店攻略及预订

北欧有很多特色酒店，其中不少适合情侣。冬季去的话首推芬兰的玻璃屋酒店，比如列维玻璃屋、欧若拉圣诞酒店玻璃屋。夏季可以体验挪威的峡湾酒店，瑞典和丹麦的艺术设计酒店也不容错过。

自然景观酒店

○ 卡克斯劳塔宁阿克蒂克度假酒店 – 圆顶小屋和小木屋
（Kakslauttanen Arctic Resort - Igloos and Chalets）
在圆顶玻璃屋里，躺在床上看绚丽极光，是一件再浪漫不过的事。酒店位于芬兰拉普兰的萨利色尔卡丘陵地区，提供配有私人桑拿浴室、小厨房和花园区的传统特色小木屋。游客可向酒店预订各种雪地行程，包括哈士奇雪橇之旅、北冰洋之旅等。
预订：www.mafengwo.cn/hotel/7113445.html

○ 北极树屋酒店（Arctic TreeHouse Hotel）
这家酒店坐落在芬兰罗瓦涅米圣诞公园（Santa Park）内，距离圣诞老人村 2 公里。树屋充满设计感，大片玻璃让你在室内就可欣赏森林雪景，还有机会看到极光。可向酒店预订驯鹿农场之旅、越野之旅等。
预订：www.mafengwo.cn/hotel/23223389.html

○ 嘉伟西单塞马查曼特酒店及 spa 度假村
在芬兰的塞马湖（Lake Saimaa）湖畔，设有桑拿室与 spa 浴池。度假活动丰富，包括溜冰、冰上钓鱼、游湖、国家公园远足等。
预订：www.mafengwo.cn/hotel/7102334.html

○ ION 冒险酒店（ION Adventure Hotel）
酒店位于冰岛黄金圈（Golden Circle）上，是游客冒险路上的完美歇脚地。入住这个酒店后，夜里就泡在地热温泉里，等待

油。说是蛋糕，其实它更像馅饼，表面覆盖了烤得脆脆的皮，内里是切碎的苹果丁，吃在嘴里香气非常浓郁。

○ 阿夸维特酒

阿夸维特酒（Aquavit）是挪威国酒，是由土豆发酵，辅以香菜籽、大茴香、莳萝、茴香和芫荽酿制而成的烈酒，是圣诞时的最佳佐餐饮品。

推荐餐厅

○ Smia Galleri

这是当地人特别喜欢的餐厅，甚至都不太愿意和游客分享。夏天，坐在餐厅的露台喝下午茶是无比惬意的一件事。每个星期四晚上，餐厅都会放美妙的爵士乐。

地址：奥斯陆 Opplandsgata 19 号
电话：+47 22 195920
网址：www.smiagalleri.no

○ Frognerseteren Restaurant

你有足够多的理由去这家餐厅：美味的苹果蛋糕、景色、建筑……据说这家餐厅的苹果蛋糕是全奥斯陆最好的。品尝美食之余，你还能欣赏到美丽的海景和美丽的建筑。

地址：奥斯陆 Holmenkollveien 200 号
电话：+47 22 924040
网址：www.frognerseteren.no

○ Aker Brygge

Aker Brygge 位于市政厅南侧的海边饮食街区，价格偏贵。夏天这里很热闹，到处都是露天餐馆和酒吧。来这里一定要尝一尝海鲜，天气好时，你也可以吹着凉凉的海风，畅饮冰啤。

地址：奥斯陆 Postboks 1657 - Vika
电话：+47 22 832680
网址：www.akerbrygge.no

冰岛

冰岛并不是传统意义上的美食大国，岛上自然物资匮乏，却因此自成一套个性鲜明的料理风格。作为岛国，这里的海域天然无污染，渔业发达，海产异常美味。冰岛还盛产羊肉，也许因为这里的羊都是在夏季天然放养的，所以肉质格外鲜嫩美味、羊膻味很轻。冰岛的羊肉烹饪手法十分符合中国人的胃口，所以羊汤、羊排等都是去冰岛旅行必尝的人气美食。

○ 龙虾汤

龙虾汤是冰岛最负盛名的地方美食之一。虽然这道菜并非冰岛独创，但其味道却在众多龙虾浓汤中独树一帜。单看明亮的橙黄色浓汤，你的食欲就会被立刻激起；而层次丰富、类似泰式酸辣汤的鲜美味道，则更加让你食欲大开。汤里通常还会有四五块龙虾肉，入口即化的口感一定会让你难忘。龙虾汤通常会赠送奶油和面包，将面包蘸上浓汤食用，大概是最地道的吃法了。冰岛最好喝的龙虾汤在老海港旁边一家叫 Saegreifinn 的餐厅里，一份龙虾汤的价格大约 100 人民币。

○ 羊肉汤

羊肉汤大概是最受中国人追捧的冰岛美食了。厨师将冰岛当地的羊肉与土豆、胡萝卜等蔬菜一起炖煮，羊肉鲜美、汤汁清甜。一碗热乎的羊汤下肚，整个身子都暖洋洋的，仿佛将冰岛冰雪地的寒冷都隔绝在外了。在很多当地餐馆都可品尝这道美味，价格在 2000 克朗左右。

○ 羊肉热狗

如果要问冰岛性价比最高的美食是什么，那非羊肉热狗莫属，而且必须是 Bœjarins Beztu Pylsur（简称 BBP）的才行。虽然 BBP 直译为"这个镇子最好吃的热狗"，但它早已成为冰岛人民公认的国民美食，更被英国《卫报》评为全欧洲最好吃的热狗。相比普通的热狗，BBP 特别的不只是羊肉和猪肉按一定配比制成的肠——叫作 remolaði 的酱，再配上新鲜和炸过的洋葱，咬了第一口，你就会明白为什么无论是游客还是当地人都对它如此爱不释手。BBP 在雷克雅未克有好几家连锁店，人气最高的永远是旧港、哈帕音乐厅斜对面的小亭子里那家。

○ Skyr

Skyr 是冰岛人用古方制成的一种类似酸奶又不是酸奶的乳制品，吃起来有点像中国的老酸奶，固态程度比较高。除了浓郁的口感，它更因无脂无糖和丰富的蛋白质而受到冰岛人的推崇，甚至成为冰岛的文化象征。天然的 Skyr 比较酸，不是所有人都能接受。为了迎合大众口味，商家在 Skyr 中加入草莓、蓝莓、梨子等进行调和。Skyr 的吃法非常多，除了与果酱、水果、麦片混合的经典吃法，还能做成蛋糕、烙饼等小吃。Skyr 的生产商不多，冰岛本土有一个品牌就叫 Skyr，另外还有 Siggi's、Arla、Smári 等品牌。因为冰岛人并不认为 Skyr 是酸奶，所以说 Yogurt（英文"酸奶"）他们是不懂的。

○ 海鹦肉

黑白相间、小巧可爱的海鹦（Puffin）除了绒毛可以被集做衣服之外，也成了冰岛人的日常美食之一。海鹦肉通常的做法是用牛奶煮或者烟熏，尝起来像牛肝一样。在冰岛的任何城市都能吃到这种食物，在海鹦的聚集地——韦斯特曼群岛上尤为多。

○ 推荐餐厅

雷克雅未克作为冰岛首都，拥有众多极负盛名的餐厅。市区较小，下列餐厅均可步行或乘坐出租车到达：Saegreifinn- The Sea Baron / Vid Tjornina / Icelandic Fish & Chips / VOX Restaurant / Hornid / Austur India Fjelagid。

电话：+45 7525 5400

网址：www.hennekirkebykro.dk

瑞典

瑞典的主食以薯类为主，肉类、鱼类大都与面包、马铃薯、蔬菜搭配。到瑞典旅行，最值得尝试的首推瑞典肉丸。

○ 瑞典小龙虾

瑞典人吃小龙虾，有一种郑重其事的仪式感——每年8月，瑞典有一个"小龙虾开吃日"（Kräftpremiären）。不同于国内重油重口的烹饪，瑞典人讲究的是原汁本味，他们喜欢用盐水、洋葱和莳萝（类似茴香）与小龙虾一同烹煮，之后倒入黑啤，密封几天后食用。所以，在瑞典，你吃到的小龙虾通常都是冷的，通常还要再配上白酒和啤酒。

○ 腌鲱鱼

瑞典式自助餐一定少不了腌鲱鱼，这道深受瑞典人喜爱的菜一直是瑞典自助餐的主菜。当地人通常将腌鲱鱼和香味蔬菜、各种调味品拌在一起，搭配脆面包和煮好的马铃薯。

○ 瑞典肉丸

瑞典肉丸（Swedish Meatballs）是最具代表性的瑞典食物，在瑞典人心中，一口丸子一口土豆泥，堪称完美。斯德哥尔摩被称为世界肉丸之都。在世界各地的宜家店内，肉丸已经成为一道最风靡的美食。

瑞典肉丸餐厅推荐

○ Bakfickan

19世纪时这里是只有上流社会才能光顾的。这里的肉丸是最经典的，肉丸、土豆泥和越橘酱是分开提供的，各自分装在不同的盘子里。

地址：Kungsträdgården 广场 Jakobs torg 12号

○ Meatballs for the People

一家专注于做肉丸的中小餐厅，他们对于肉丸的态度是最认真的。这里的肉丸种类数不胜数，牛肉、麋鹿肉、野猪肉都可以做成肉丸。

地址：斯德哥尔摩 Nytorgsgatan 大街30号

○ Kalf & Hansen

这家位于斯德哥尔摩的本土餐厅，提供的是快餐形式的瑞典肉丸。在传统的食材上搭配有机食材，加入了现代的元素，有奶酪、柠檬和橄榄油等搭配。

地址：斯德哥尔摩 Mariatorget 2号

芬兰

芬兰人对本国的传统美食情有独钟，甚至甜点也用芬兰诗人的名字命名。如果你能够入乡随俗，体验一下当地人的生活方式，肯定会有惊喜的发现。

○ 卡累利阿派

Karjalanpiirakka 这种点心用黑麦制成，里面的馅是土豆、米饭或胡萝卜。它最初源自芬兰东部的卡累利阿地区，那里也是芬兰民族史诗《卡勒瓦拉》的神秘起源地，这部19世纪时编撰而成的宏伟史诗已经成为芬兰民族认同感的一个重要组成部分。

○ 烤肉肠

如果没有烤肉肠，怎么还能算是一个完美的芬兰夏季呢？又大又肥的烧烤专用肉肠，配上芥末酱和啤酒，在夏季木屋里享用，是芬兰人的一大乐事。芬兰人热爱烤肉肠，孩子们也是吃着烤肉肠长大的。

○ 炒鹿肉

驯鹿生活在芬兰北部的拉普兰省，最新研究发现，驯鹿肉是最健康的食品之一，它富含维生素B12和多元不饱和脂肪酸。芬兰人通常会搭配土豆泥食用。

挪威

挪威的消费水平很高，餐厅也是出了名地贵。不过旅行时也可以奢侈一把，在高档餐厅中享受挪威的海鲜和本土美味。

○ Lutefisk

这是把鱼干放入碱水里软化，然后烹制（有时也会烤制）而成的一道菜。典型的配菜有土豆、熏肉、煮豆和芥菜。尽管它最初是一道非常传统的圣诞菜品，但由于受到越来越多人的喜爱，也经常出现在人们的日常饮食中。

○ 三文鱼

挪威三文鱼有"冰海之皇"的美称，肉质鲜美，营养价值高，在所有鱼类中它的 Omega-3 含量也最高，这使得它成为世界上最健康的食材之一。

○ 奶酪

棕色的羊奶酪有地道的挪威风味，是挪威的经典美食之一。这种有甜甜焦糖味道的干酪在挪威以外便很少有人知道，却是挪威男女老少的最爱。甜甜的羊奶酪配上面包片或蜂窝饼非常美味，也是当地人最普遍的吃法。

○ 苹果蛋糕

苹果蛋糕是挪威人最喜欢吃的甜品，最常见的吃法是配新鲜奶

激凌，最重要的是，这里的冰激凌量特别大，是良心店家无疑了。

地址：海勒鲁普 Strandvejen 大街 167 号

Bryggen 11 使用健康的有机奶制品，专注于手工制作冰激凌，他们善于在传统口味上加入新的变化，形成新的味觉组合。譬如柠檬、椰奶、生姜这三样貌似不相干的东西，Bryggen 11 就创造出了这一组合：柠檬椰奶生姜味冰激凌。

地址：哥本哈根 Islands Brygge 社区 11 号

○ 啤酒

无论是日常用餐，还是亲朋好友聚会，丹麦人的手中总少不了啤酒与玻璃杯，据说平均一个丹麦人一年就要喝掉 80 公升的啤酒。现在，丹麦已有上百家精酿啤酒厂。

嘉士伯啤酒始创于 1847 年，嘉士伯啤酒厂是哥本哈根的一个著名景点。在这里你可以了解到嘉士伯啤酒的发展历程，还可以看到许多以往酿造啤酒的大型生产工具。

Nørrebro Bryghus 酿酒厂也是畅饮啤酒的理想场地，这里的酒都是自酿的，厂内还有餐馆提供烤扇贝、炸鱼薯条等食物。

Nørrebro Bryghus 酿酒厂地址：哥本哈根 Ryesgade 大街 3 号

○ 糖果

如果你带孩子去哥本哈根，不要错过 Sømods Bolcher 这家有点隐秘的小小糖果店。这家店始创于 1891 年，他们的糖果都是手工制作的，只简单地借助机器，其中一部分还会供给丹麦王室。在这里，你可以亲眼见证糖果的诞生！

地址：哥本哈根 Nørregade 大街 36 号

食品市场和美食节

○ Torvehallerne 食品市场

位于 Nørreport 地铁站，即使在整个欧洲也算是顶尖的食品市场。这里有各种新鲜食材和卖熟食的小店，你可以直接地感受当地市民的采购日常，还可以挑自己爱吃的水果、沙拉或吃一顿海鲜，甚至直接在这里解决三餐都没问题，性价比超高。

地址：哥本哈根 Frederiksborggade 大街 21 号

○ 哥本哈根烹饪美食节

在北欧热情洋溢的夏天，吃货们一定不要忘记哥本哈根的烹饪美食节，通常在每年的 8 月举办，是丹麦作为一个美食国家的年度盛事，也是北欧最大的美食节日之一。你可以在美食节的 10 天里体验超过 100 种美食活动，比如在热狗制作大赛上吃全世界最好吃的热狗，跟 1500 个自带餐具的吃货们一起在 Frederiksberg Allé 这条街的 400 米长桌子上吃午餐等。

米其林餐厅

新北欧料理自丹麦开始，逐渐在北欧甚至全球掀起风潮，丹麦有 21 家米其林星级餐厅，共获得 26 颗星。新北欧料理主张采摘当地的应季食材，通过创新的烹饪方式，呈上回归自然、具有新鲜感、健康又美味的料理。

○ Kadeau / 米其林二星

"团队充满活力，像一家人，料理风格精致而复杂"是旅游指南对这家餐厅的评价。餐厅采用博恩霍姆的应季食材，再加上诸如干燥、发酵、腌制和烟熏等古老的处理方法，让客人一年四季都能品尝到富有小岛风情的美食。14 道菜的套餐"bornholmerbank"价格是 1800 克朗，5 道菜和 8 道菜的套餐价格分别是 800 和 1000 克朗。博恩霍姆岛店只在每年的 5 月至 9 月开放。

哥本哈根店地址：Wildersgade 大街 10b 号
博恩霍姆岛店地址：Åkirkeby 镇 Pedersker 村 18 号
网址：www.kadeau.dk

○ Geranium / 米其林二星

运营人是 2011 年"世界最佳大厨"莱斯慕思·科福特（Rasmus Kofoed），餐厅的特点是简单、透明、活力。餐厅的宗旨是让美食触发所有感官，回归味道，挑战创新，丰富美食。

地址：哥本哈根 Per Henrik Lings Allé 大街 4 号
网址：www.geranium.dk
电话：+45 6996 0020
邮箱：info@geranium.dk

○ Noma / 米其林二星

大厨里恩·莱德赞比（Rene Redzepi）非常擅长做斯堪的纳维亚美食，食材来自冰岛、法罗群岛、格陵兰岛及丹麦本土。餐厅位于克里斯蒂安沙根区的一座翻新海滨仓库内，布置独特。

地址：哥本哈根 Strandgade 大街 93 号
网址：www.noma.dk
电话：+45 3296 3297
邮箱：noma@noma.dk

○ Kong Hans Kœlder

这是哥本哈根第一家米其林星级餐厅（1983 年获得），直到现在也是提供高端服务的法式餐厅之一。餐厅使用的食材来自不同地方，餐厅的理念是最大化地保持食材的完整性。

地址：哥本哈根 Vingårdstræde 大街 6 号
电话：+45 3311 6868
网址：www.konghans.dk

○ Henne Kirkeby Kro

Henne Kirkeby Kro 是丹麦最好的餐厅之一，如果你喜欢高级烹饪品，一定要来这儿品尝，2002 年它被评为丹麦的"年度餐厅"。在超过 175 年的时间里，Henne Kirkeby Kro 一直为食客提供独一无二的美食体验和用餐氛围。餐厅选用新鲜高级的食材，部分食材就是从餐厅自己的花园中采摘的。

地址：丹麦 Henne Kontakt Strandvejen 地区 234 号

北欧料理巡礼

北欧饮食素来只以面包和海鲜闻名,因为近年来兴起的"采摘烹饪"概念,新北欧料理也开始风靡全球。

丹麦米其林,新北欧料理

丹麦人以他们的饮食为荣,他们的熏烤技术更是堪称一流,哥本哈根的海岸线上遍布着熏烤屋,等待加工的海产品都是刚刚打捞上来的。此外,哥本哈根的米其林餐厅数量位列北欧第一。

传统美食

○ 脆皮烤猪肉

猪肉是丹麦饮食的重要组成部分,脆皮烤猪肉这道菜可以说是丹麦的国菜,也是圣诞大餐的传统菜式,对丹麦人而言,这道菜就是家的味道。做法是将带皮的猪颈肉或猪胸肉用盐、胡椒、丁香等数种香料腌制后放到烤箱里炙烤。在高温和盐的作用下,肥肉会融化,只留下泛着金黄色小气泡的焦脆肉皮和被油脂滋润了的鲜嫩瘦肉,搭配焦糖土豆和甜菜根一起食用口感更佳。

○ 热狗

来到哥本哈根,一定要尝尝有机热狗。有机肉类、绿色蔬菜、不添加脂肪和乳制品的酱料以及有机软饮,让热狗成为美食和健康的完美组合。尤其推荐经典烤猪肉香肠热狗,它曾获得2014年丹麦消费者委员会的"人民选择奖"和"最值得尝试奖"。
有机热狗摊 DØP
地址:哥本哈根 Købmagergade 购物步行街 52 号

○ 面包

丹麦人一日三餐都离不开黑麦面包(Rugbrød),这种以黑麦粉和小麦粉为原料,由面团发酵制成的面包含糖量低,甚至完全无糖,很符合丹麦人崇尚健康的饮食理念。开放式三明治就是用黑麦面包托底,加上配菜做成的。丹麦还有很多好吃的面包,像肉桂卷、维也纳面包、丹麦酥(Wienerbroed)等。
Meyers Bageri 面包店
地址:哥本哈根 Amagerbrogade 购物街 48 号
Grød 早餐店(推荐网红燕麦粥)
地址:哥本哈根 Jægersborggade 大街 50 号

○ 开放式三明治

这是丹麦的国民小吃,也是很多丹麦人的午餐选择。在黑面包上放新鲜蔬菜、肉类、鱼类等,可以有上百种搭配组合。配菜可以是简单的火腿加奶酪、纯蔬菜沙拉,还可以是烟熏三文鱼和鲜虾仁配蛋黄酱,或者香烤牛肉配洋葱和红甘蓝菜。
Ida Davidsen(1888 年成立,提供 250 多种搭配)
地址:哥本哈根 Kongensgade 大街 70 号

○ 鲱鱼

鲱鱼是一种冷水海鱼,富含脂肪,营养价值高,北欧人历来有盐渍和发酵吃鲱鱼的传统,味道相对奇怪。盐渍鲱鱼虽然口感清奇,但吃起来很方便,又富含钙质和维生素 D,而且不用吐刺,在丹麦还是很受欢迎的。博恩霍姆岛有最原始的熏味房,尤其是 Rogeriet i Svaneke,有一流的熏制食品,千万不要错过品尝熏鲱鱼。

○ 冰激凌

北欧冰激凌有香浓顺滑的口感和醇厚的滋味,实在是太好吃了,造型可爱的冰激凌还特别适合拍照。
Lydolph 是最传统的丹麦冰激凌店,提供 20 多种不同种类的冰

冰岛，行走于风光大片中

○ 旷野徒步
冰岛徒步线路通常只在夏季开放，一路的惊喜让你完全没有疲劳的工夫，只会在抵达终点时感叹旅途的短暂。冰岛有两条著名的徒步路线 Laugavegurin 和 Fimmvörðuháls（可以在 68 页找到详细路线）。

○ 漫步冰河时代
行走在冰川上会让人惊叹于自然力量的神奇，北欧冰川形成于冰河时期，还在不停移动。位于挪威柯以的乔斯特达尔冰川，和冰岛的四大冰川都是受欢迎的徒步地点。花几个小时穿着冰爪在向导带领下来一场徒步，去看华丽的冰塔、蓝色冰洞以及漆黑深邃的冰隙，一定是一次难忘的体验。

○ 邂逅巨鲸
从雷克雅未克旧港或小镇胡萨维克出发，在惊涛骇浪中探寻海洋中神秘的巨大生物——鲸鱼，并观赏海鸟、海豚和其他丰富的海洋鱼类，是在冰岛不可错过的旅行项目。夏季乘坐观鲸艇在海上欣赏午夜阳光，更是独一无二的体验。6－9 月是最佳的观鲸时间，游客甚至有可能与它们近距离接触。

夏日推荐行程

○ 斯堪的纳维亚的梦幻夏日（自驾）
行程：斯德哥尔摩 - 卑尔根 - 弗洛姆 - 勒尔达尔 - 斯塔万格 - 哥本哈根
建议：10－12 天
预算：2.2 万－3 万人民币 / 人

这一行程包含了深度自驾游挪威峡湾，既能各种角度看绝美峡湾，也可以享受瑞典、丹麦充满夏日乐趣的慵懒假期。

从斯德哥尔摩开始，在屋顶漫步看不一样的城市风光，参观不可错过的瓦萨沉船博物馆，再小小体验一下艺术地铁站。接着乘飞机直抵峡湾门户卑尔根，走过彩色的布吕根，乘弗洛伊恩缆车来一次北欧的眺望。再开启自驾模式探索峡湾，在艾于兰峡湾尽头的最美小镇弗洛姆住上一晚，沿着明信片一般的两条国家风景路线——哈当厄尔之路和吕菲尔克之路走走停停，攀登布道岩俯瞰吕瑟峡湾。

最后从斯塔万格飞往哥本哈根，在有爱的城市看建筑、逛乐园、享用新北欧料理！如果还有时间，可以去丹麦的乡村待上几天，去菲英岛看丹麦古堡，到斯卡恩看两片海洋相遇——这才是夏日的打开方式。

○ 重返自然，纯净北欧（非自驾）
行程：哥本哈根 - 卑尔根 - 弗洛姆 - 奥斯陆
建议：8－11 天
预算：1.8 万－2.5 万人民币 / 人

8 天短期旅程比较容易凑够假期，玩转峡湾无须自驾，全程公共交通也不会遗失北欧的精彩——只需选择经典的"挪威缩影"线路，乘坐游轮拥抱峡湾，把自己交给温柔的山水，然后从峡湾深处氤氲着雾气的小镇清晨中醒来，乘着最美的小火车翻山越岭。这几座北欧经典的城市，自然与人文巧妙相融，亲身感受过之后，你也许就会明白北欧人对"幸福"的定义。

○ 盛夏的童话，丹麦亲子之旅
行程：哥本哈根 - 菲英岛（奥登塞）- 比隆乐高乐园 - 斯德哥尔摩 - 卑尔根 - 弗洛姆
建议：10－13 天
预算：2.4 万－3 万人民币 / 人

这个北欧三国的亲子行程，适合全家人一起享受童话般的北欧夏日。从哥本哈根开始探索菲英岛和日德兰半岛，去安徒生的故乡奥登塞聆听他的故事，到充满诗意的乡村寻找最美的弗洛姆，还可以在比隆乐高乐园嗨翻玩乐，还有精彩的斯德哥尔摩会让你发现——北欧不只有童话。

如果你想要和孩子度过一个轻松、愉快的北欧假期，又不知道有哪些适合亲子游玩的地方，可以找熟悉当地的团队帮你定制最适合自己的行程。

注意事项

○ 峡湾小镇的住宿、餐厅要早早预订
热门小镇弗洛姆的旺季住宿总是处于紧张状态，越早预订越好，先下手为强。餐厅也不例外，那些看起来棒棒的北欧餐厅，不管是在大城市还是不起眼的乡村，如果不预订就没有位置！还有，北欧几大首都米其林餐厅遍布，但想吃也得趁早打算。

○ 自驾不一定适合所有人
虽然说自驾能享受时间和行程安排上最大的自由度，但自驾也有一定难度。在陌生环境的初次驾驶，地势、路况的复杂情况以及变幻莫测的天气都对司机的驾驶技术有着很大考验。考虑好自身情况，选择合适的交通方式才能玩得舒爽！

○ 北欧的夏天没有夏天的温度，雨水不可预测
也许在你的想象中，北欧的夏天每天有很长时间的日照，但实际很可能遇到不停的雨水。但是没关系，在卑尔根、弗洛姆、斯德哥尔摩，下雨天反而会让城市更具诗歌般的浪漫氛围。北欧夏天的大部分时间，都不会像北京的"三伏天"似的有三十几度，而是凉爽得要命，人们得穿两件。比如在哥本哈根，万一气温接近 30 摄氏度，就会热得当地人猛吃冰激凌，连番跳海去了。

还有一个不得不说的地方是比隆乐高乐园。比隆是因乐高而发展并闻名的小镇，是人们假日的好去处。乐园内有大量积木搭建而成的景观和各种新鲜的玩乐设施，特别适合带小孩子来玩耍。提前买票有折扣哦。

○ 尽情玩乐——最棒的美术馆

对北欧人来说，美术馆不只是看艺术展的地方。丹麦的美术馆都与自然有紧密的联系，好的美术馆能够让人们在夏天的好天气里尽情玩乐。

奥德罗普格美术馆，地处哥本哈根以北的一片静谧森林中。在这里不仅可以看到室内展出的丹麦黄金时代作品，还可以在室外体验设计大师埃利亚松的装置艺术作品《天气，天气》(Weather the Weather)，拍照时你就像从仙境中走出来。

网址：www.ordrupgaard.dk

路易斯安那现代艺术博物馆，位于哥本哈根以北的海边。绝美的海景，由若干展厅和连廊围合而成的庭院式建筑，以及丰富馆藏带来的各种展览，让一次参观所包含的内容无比丰富。永久展包括毕加索、贾科梅蒂、草间弥生的作品，从室内到室外，走着就能巧遇大师的作品。

网址：www.louisiana.dk

○ 名扬海外的设计——丹麦建筑

丹麦设计早就扬名海外，具有设计感的建筑更是成为哥本哈根的风景线。当地著名的建筑项目包括：山形住宅、VM 住宅、8字形住宅、哥本哈根的学生宿舍、丹麦皇家剧院、歌剧院、以及黑钻石图书馆等，个个都别具风格。

比如 VM 住宅，因从空中俯瞰时呈 V 和 M 形而得名。每套住宅都有的凸出的三角形阳台是其标志性特征，这让每一户都享有最好的采光和开阔的风景。这座外面看上去像刺猬一样的"豪宅"还曾当选世界最佳住宅建筑。

山形住宅位于 VM 住宅隔壁，下半部分的山坡是车库，住宅呈梯式向上延伸，每一间都向阳。楼顶有四季常青的植被，在阳台上可以看到城市海岸的风景，内部的停车场被漆成了彩虹色，居民可以直接把车停在宽敞的空间中。你可以来这些住宅参观，一瞥北欧人民的幸福生活。

瑞典，无数人的仲夏夜之梦

○ 仲夏节

仲夏节（Midsummer Festival）是北欧国家的传统节日，在每年 6 月 24 日前后举行。最初是为纪念夏至而设定，后为纪念基督教施洗者约翰的生日（6 月 24 日）而设，如今其宗教色彩逐渐变淡，成为民间节日。篝火晚会是仲夏节的重要活动。按古老传统，篝火要由新婚夫妇点燃。人们身穿民族服装进行各种传统民间手工艺表演，并围着熊熊篝火，载歌载舞地欢度仲夏之夜。

○ 海岛度假小镇

在清爽的夏日前往哥特兰岛是瑞典居民最喜欢的事。宫崎骏的《魔女宅急便》中 KIKI 选中的小镇，原型就是哥特兰岛上的维斯比。这里的历史可上溯到 8000 年前，早在石器时代这里就有渔民居住。岛上有 13 世纪的角塔、考古博物馆、植物园和古代商人住宅。维斯比是哥特兰岛上最大的城市，也是斯堪的纳维亚地区保存最完好的中世纪小镇，1995 年被联合国教科文组织评为世界文化遗产。在漫长的历史岁月中保留下来还有环绕整个城市的 3.6 公里的"环城城墙"（Ringmuren）和古老的教堂遗迹。

○ 科尔莫登野生动物园

这里有 750 处野外景观。你可以乘坐世界上独一无二的"非洲草原"空中缆车，腾空掠过麋鹿和狗熊；可以在老虎世界与世界上最大的猫科动物亲密接触。这里还有"巴姆斯的童话世界"，拥有瑞典最大滑道的"野外露营"探险，以及可以与动物嬉戏的"儿童农场"。身处广袤草原，你还可以选择在远征帐篷中度过难忘的夜晚呢。

网址：www.kolmarden.com
电话：+46 010 708 7000

芬兰，千湖之国的召唤

○ 国家公园

芬兰的空气洁净程度在全世界数一数二，景色之壮美不输任何国家。芬兰是千湖之国，也是森林之地，无论你走到哪里，湖泊与森林总不会离你太远。芬兰有 40 座国家公园，散布在全国各地的群岛、湖泊、森林、沼泽和丘陵，是本地区自然样貌的集中展示；激流、峡谷、蛇形丘等自然资源，适合各种徒步活动和水上皮划艇运动。

网址：www.nationalparks.fi

○ 野生美味

让人难以抗拒的芬兰美味食材，往往是完全免费的，它们生长在野外，供人随意采摘，这正是芬兰美食令人大感意外的地方。芬兰的浆果和各种水果味道甜美，富含维生素和类黄酮，芬兰人喜欢去林中搜寻这些珍馐。除了浆果之外，还有新鲜可口的蘑菇和野生草药供人采摘。没时间亲自采摘也没关系，许多餐厅都会供应大自然的时令美食，定能让你的味蕾大感过瘾。

○ 偶遇野生动物

质朴而壮美的野外是许多野生动物的家园，其中包括熊、鹿、猞猁、鹰、天鹅以及稀有的环斑海豹。在芬兰能观察到欧洲其他地方难以见到的鸟类，这吸引了大量观鸟爱好者的到来。在芬兰大部分地方的森林里，见到野熊的机会是非常少的，但是如果你渴望目击并拍摄野熊的话，就去芬兰东部边境地区的森林，那里是观熊的最佳地点，但一定要有向导带领。

是众多小村庄中的代表,那里群山环绕,果园和房舍交错分布,犹如世外桃源。

走走停停的公路旅行,线路设计可以参考挪威精选出的国家旅游路线,比如沿着峡湾展开的哈当厄尔之路简直是明信片取景地;盖朗厄尔到托罗尔斯第根的这段公路,精灵之路与老鹰之路镶嵌其中,翻山越岭只为那一眼绝佳的风景;再如吕菲尔克之路,景色变换指引着你逐步抵达布道岩;老斯特林山路总是奇景闪现;大西洋之路视野开阔也不乏曲折蜿蜒,桥梁与海洋、人类建筑与自然共同组成了沿途的震撼之美。

除了自然风景,沿路上的休息点与观景点更是风景之外的惊喜,设计师的智慧为自然增加了更多新鲜观感。

○ 将挪威峡湾、高山峡谷之美一网打尽的"挪威缩影"

"挪威缩影"是一条最经典,也最受游客欢迎的峡湾旅游线路。它共由五段行程组成:卑尔根至沃斯的火车,沃斯至古德温根的大巴,古德温根至弗洛姆的游船(其中会经过松恩峡湾的两条支流纳柔依峡湾和艾于兰峡湾),弗洛姆至米达尔的绿皮火车,和米达尔至奥斯陆或返回卑尔根的急行火车。

"挪威缩影"的每一段旅程都有看点,最为推荐的是弗洛姆铁路一段——山峦中倾泻直下的瀑布,层叠的山脉中若隐若现的高山农场,不间断的风景从列车两侧浮现。除此之外,你还可以参加各种峡湾的活动,如快艇峡湾巡游、乘车去 Stegastein 观景台眺望等。

峡湾游轮 芬达姐 / 摄

○ 在三大奇石上俯瞰吕瑟峡湾

挪威有三块石头人气满满,分别是布道岩、奇迹岩与"恶魔之舌"。布道岩,看上去神似传说中耶稣基督向众生布道之所,故得此名。这是三块石头中攀登难度指数最低的一个,垂直落差 604 米,方形的巨石凌驾在峡湾峭壁之上,站在上面可以将吕瑟峡湾尽收眼底,那样的风景,真的不仅仅是壮丽可以形容的。

奇迹岩,谢拉格山上这一块古怪神奇的石头处于两块巨大的岩石中间,直径大约两米,实在非同一般。它的顶端其实比较平坦,但距离谷底千米的高度还是会令人腿软,山上的风好像随时他把人刮掉。它的徒步难度系数高于布道岩,有的岩壁较为陡峭,

而且没有阶梯,希望挑战自我的游客酌情选择。

"恶魔之舌",位于奥达地区的 Ringedalsvatnet 湖面上方约 700 米,样子似山妖的舌头一般伸出山崖之外。海拔 1100 米,徒步难度系数高,不适合老人、小孩,年轻人需要花费 10-13 个小时往返,这种疯狂体验要慎重选择。

○ 皮划艇初学者也能乘风破浪

皮划艇是初学者也能轻松享受的愉快活动,可以在 7-8 月选择前往纳柔依峡湾,跟着北欧人尝试这项他们热爱的活动。在风平浪静的峡湾中,高山环绕,阳光温暖,划着皮划艇偶遇野生动物,村庄和瀑布也近在咫尺。

○ 探险运动体验速度与激情

沃斯是公认的探险运动之地,喜欢刺激活动的话可以来这座小城。沃斯距离卑尔根不到 2 个小时车程,颜值高,山水之间的自然风光美到没话说。夏天来此可以玩跳伞、滑翔伞、漂流、皮划艇,各种运动都会让你心跳加速。

○ 弗洛伊恩山缆车——俯瞰整个海湾小城

卑尔根十分讨人喜欢,来这座城市记得要到市中心坐弗罗伊恩缆车,它已经超过 100 岁了。上山下山有两辆车同时运行,除了在中间两车交会时分两条轨道行驶,其他时候共用一条轨道。几分钟上到山顶,云开雾散时可以俯瞰整个海湾小城——可爱的屋顶、依山而建的公路和远处驶来的渡轮在海面画出好看的弧线。山顶有小片儿童游乐场地,滑梯和秋千能抓住孩子们的心。

○ 去美如天堂的罗弗敦群岛吃鳕鱼干

位于挪威北极圈内的罗弗敦群岛人迹罕至,美如天堂。夏天最奇特的体验莫过于亲历午夜阳光,5 月末至 7 月初在这里做什么都好,登山或骑马,海钓或在峡湾中漂流,天气不好的时候你可以躲进维京博物馆,再去尝尝鳕鱼干。

丹麦,安徒生的故乡,孩子的童话天堂

○ 孩子们的星梦奇缘——丹麦游乐园

世界上最古老的游乐园 Bakken,诞生于 1583 年。大概是因为年纪太大,它的定位也并没有随着时间推移而新潮起来。这个古典的游乐园游乐设施十分传统,都是"疯狂老鼠"、"旋转咖啡杯"、木架型山车一类。它像建在森林中一样,园内树木葱郁,加上复古的装饰和彩灯,气氛很好。

最受欢迎的要数哥本哈根市中心的 Tivoli 游乐园。它建于 1843 年,也是上了年纪了。把它的名字倒过来念发音就是 I love it,十分有爱。多种项目惊险程度不一,适合各年龄层,最值得推荐的有冰山小火车、"晕头转向"过山车、"俯瞰市中心"飞椅等等。这里真的是童话世界,园区不大但气氛最棒,会让人充满幸福感。夏季的露天演出超赞,几乎是免费的,如果能看到周六的烟火表演就更好了。

珍贵的夏天

北欧夏季风光

马蜂窝攻略作者·独一之旅 屋姐

攻略原文及预订

如果说漫长的冬天定义了北欧深沉的性格，那夏天的北欧仿佛是一个从本性躯壳中脱逃而出的孩子。清澈的天空，蓝色的大海，不落的太阳，还有各种音乐节、艺术节贯穿整个北欧的夏日。游客与其在冬天靠运气邂逅极光，不如一头扎进北欧短暂而热烈的夏天。北欧大部分地区冬季漫长而寒冷，夏季短暂而凉爽，所以一定要抓住夏天的黄金时段！

夏天，还你一个色彩斑斓的北欧

5-9月的北欧昼长夜短，气候温和舒适，景色优美，迎来一年的旅游旺季。北欧人把他们大部分的精力都倾注在这温暖而短暂的夏天，各种音乐节、艺术节、体育节贯穿整个夏日，对于他们来说，夏天所代表的，与其说是温度计上的某个刻度，倒不如说是一种心态：在当下，享受美好的生活。

○ 夏日狂欢

6月中旬，北欧人会庆祝一年一度最重要的节日——仲夏节。这时候大自然开始显露旺盛生机，太阳不再落下，暑假开始，人们聚在一起以种种形式狂欢：离开城市，去往最纯粹原始、繁花遍野的乡野；去往海边，点起篝火，尽情歌舞，畅饮整个白夜。为了庆祝白天最长的一天到来，人们无论如何都会放下手里的工作，开始享受一年中最灿烂的时光。

○ 音乐节扎堆

整个夏天，北欧都沉浸在啤酒和音乐的海洋中，值得凑热闹的节日有罗斯基勒音乐节、哥本哈根最大的街头派对和俱乐部节日 Distortion、安徒生文化节、奥斯陆爵士音乐节、斯德哥尔摩街头文化节、斯德哥尔摩 Summerburst 音乐节等。

○ 北欧婚礼

在北欧明媚的阳光下，穿着白色的婚纱走在冰川之上，面朝蔚蓝的大海，与所爱之人携手漫步、许下誓言。如果能够在此举办一场世界尽头的婚礼，想必也可圆你一个童年的梦。在北欧举办婚礼总会有诸多条件限制，推荐寻找专业婚礼定制师为你出谋划策。

○ 自驾天堂

北欧适合自驾的目的地很多，挪威、瑞典、芬兰的各个城市之间都有适合自驾的公路，特别是挪威的国家景观公路，沿途自然风光美不胜收。

○ 亲子胜地

北欧清爽的夏季非常适合孩子，丹麦的几个游乐园实在令人喜欢，不仅充满童真，而且配套设施服务非常适合家庭出游。

不可错过的夏季体验

挪威，峡湾尽头的绝美小镇

○ 自驾探访"绿野仙踪"般的绝美峡湾

自驾是探访峡湾很棒的方式，不仅能自由掌握节奏，还能身处其中体会自然的壮美与旖旎。人们熟知的四大峡湾（松恩峡湾、盖朗厄尔峡湾、吕瑟峡湾、哈当厄尔峡湾）及其诸多支流，都分布在挪威西海岸。

从挪威第二大城市卑尔根启程，自驾最短只需2-3小时即可到达四大峡湾中最长最深的松恩峡湾，其分支纳柔依峡湾堪称挪威最生动美丽的峡湾，而另一分支艾于兰峡湾尽头的弗洛姆则

了很多度假村，不论是全家出游还是商旅客人都可以前往。值得一提的是那里的温泉酒店，每个到那儿的人都一定会喜欢。滑雪场共有雪道 45 条，缆车道 26 条，最长雪道 2500 米，沿途都能看到理想的类维美景。这里遍地都是设备租赁商店和餐馆，游客可以轻装上阵，免去自带设备的麻烦。

电话：+358 20 7960200
网址：www.levi.fi/en
地址：Hissitie 8, 99130 Sirkka（附近有 Kittilä 机场）

○ 卢卡滑雪场（Ruka Ski Resort）

卢卡滑雪场所在的库萨莫地区是芬兰冬天最受欢迎的旅游目的地，很多人追寻着北极光而来。可以想象，在北极光下尽情滑雪，是件多么美妙的事。卢卡雪场旁的度假村依山而建，是芬兰最受欢迎的滑雪度假胜地，也是一座具有阿尔卑斯风情的小镇。在冬季，这里银色素裹，景色别致，俨然一座由冰雪建成的世外桃源。

电话：+358 8 8600250
网址：www.ruka.fi
地址：Rukatunturintie 9, 93825 Ruka

瑞典

○ 奥勒滑雪场（SkiStar Åre）

奥勒是北欧最大的高山滑雪胜地，拥有先进且多样的设施，集滑雪和其他户外活动于一体，适合不同水平的滑雪者并能满足人们的各种需求。2007 年，奥勒承办了高山世界锦标赛，这是奥勒滑雪条件优良的一大实证。这里既有令人惊叹的黑道和高难度越野滑道，也有许多适合儿童和初学者的简单滑道。另外，奥勒和相邻的 Duved 还为滑板滑雪和双板滑雪提供了多条世界级的滑道，此外，还有直升机滑雪等极限运动。除了滑雪，这里还有许多休闲活动，如雪地摩托、狗拉雪橇、爬冰等。

电话：+46 771 840000
网址：www.skistar.com/en/Are
地址：Trondheimsleden 52, 830 13 Åre

○ 菲奈斯达伦滑雪场（Funäsfjällen）

这是瑞典第三大滑雪胜地，四周环绕着雄伟的高山，以适合越野滑雪和疏松的雪质享有盛名。这里雪道长且数量多，通常没有太多人排队，可以尽情释放你的欢笑。附近有两个萨米村庄 Mittådalen 和 Ruvhten Sijte，还有一些仍在使用中的山地草原，这些文化背景使得菲奈斯达伦更为独特。

电话：+46 684 15200
网址：www.funasfjallen.se/sommar
地址：Rörosvägen 30, 840 95 Funäsdalen

冰岛

冰岛的优质滑雪场大多集中在西北，那里森林不多，一马冰川，坡度恰好适合滑雪，安全系数超高，在部分滑雪场你甚至能一直滑到大西洋沿岸。在众多滑雪场中，有 5 家设备齐全的滑雪场，你可以凭一张 "5×5 滑雪通行证"（The 5×5 Ski Pass），从 11 月到次年 5 月在这 5 家滑雪场玩 5 天。

○ Sauðárkrókur 滑雪场

该滑雪场也叫 Tindastóll，在大西洋边上，距离最近的小城瑟伊藻克罗屈尔有 20 分钟车程。由于相关设备和服务齐全，Tindastóll 滑雪场特别适合一家人去。

电话：453 6707 / 878 3043
GPS 坐标：N65° 46' 42.319", W19° 45' 53.913"

○ Siglufjörður 滑雪场

滑雪场位于半岛中间，从最近的海滨小城锡格吕菲厄泽驱车前往需要 15 分钟。滑雪场有 3 部电梯可以将人送到雪坡上，附近还有设施完备的滑雪小屋，大家可以稍微玩得晚一点儿。

电话：467 1806/878 3399
GPS 坐标：N66° 7' 40.767", W18° 57' 43.592"

○ Ólafsfjörður 滑雪场

滑雪场距最近的港口城市欧拉夫斯菲厄泽（Ólafsfjörður）仅 1 公里。在雪坡上你可以看到滑雪缆车和障碍滑雪赛道，还有大片未经雕琢的原始雪区。

电话：466 2527/864 0870
GPS 坐标：N66° 4' 7.790", W18° 37' 33.998"

○ Dalvík 滑雪场

达尔维克滑雪场在达尔维克小城郊区，离市中心 1.3 公里。这是冰岛最优质的滑雪场之一，有各种适合一家人滑雪的雪道，其中一个拥有灯光照明，长达 1200 米。滑雪场还配备了全新的积雪生产系统，积雪特别多时，旁边就会出现一条越野滑雪道。

电话：466 1010/867 1606
GPS 坐标：N65° 58' 7.329", W18° 33' 20.761"

○ Akureyri 滑雪场

近 40 年来，在旅行者的心目中，冰岛北部的 Hlíðarfjall 山是最棒的滑雪区域之一。这里几乎半年都被白雪覆盖，积雪质量超高，越野滑雪道也比其他滑雪场更多、更复杂。在滑雪的过程中，还能看到 Eyjafjörður 的美景。该滑雪场还有专门为小孩子提供的滑雪培训课程。

电话：462 2280/878 1515
GPS 坐标：N65° 39' 46.021", W18° 12' 43.130"

北欧滑雪邂逅

攻略原文及预订

北欧四国可谓是相当闻名的滑雪胜地,当地的居民无论男女老少都可能是滑雪健将!除了日常的越野滑雪,北欧也有一流的滑雪场,并且有完善的住宿和餐饮配套设施。

挪威

全民滑雪的挪威每年都吸引着无数滑雪爱好者,人们可以在这里尽情享受大自然赋予的一切。清新的空气,暖人的阳光,洁白的雪原,让来到这里的每一位滑雪爱好者都有一次完美的体验。

○ 特吕西尔滑雪场(Trysil Ski Resort)

特吕西尔的每寸土地都堪称完美,有现代化水准的滑雪场和周围未受破坏的原生态自然风光。来到挪威你最先听说的就是努尔海姆(Sondre Nordheim)的传奇故事,他是世界上第一个相对稳定的滑雪板固定装置的发明者,也因此常常被称作现代滑雪的先驱。

适合家庭出游的特吕西尔一直受到当地人和世界各地滑雪爱好者的欢迎,滑雪场包括四个连续的滑雪区,还专门设有儿童滑雪区域。雪场周围80%的酒店需要滑雪出入,你的滑雪之旅从入住酒店的那一刻就开始了。除场内滑雪外,特吕西尔山及其周边有100多公里的越野滑道,游客可以尽享越野滑雪的乐趣。

电话:+47 815 56 300
网址:www.skistar.com/no/trysil
地址:Velkomstvegen 10, 2420 Trysil

○ 海姆瑟达尔滑雪场(Hemsedal Skisenter)

这是挪威第二大滑雪场,最先进的滑雪场之一,是家庭出行、滑雪度假的胜地。拥有20条索道、50条坡道,还安排了针对各年龄层的趣味活动。这里有着顶级的升降设备和滑道,可进行滑降、越野滑雪和自由式滑雪。如果想要越野滑雪,需要去滑雪场外约50千米处的海姆瑟达尔山。滑雪场基地设施齐全,有住宿床位和私人的度假小木屋、餐厅等。

电话:+46 771 84 0000
网址:www.skistar.com/no/Hemsedal
地址:Skiheisevegen 99, 3560 Hemsedal

○ 耶卢滑雪场(Geilo Fjellandsby)

耶卢是挪威历史最悠久的滑雪胜地之一,有约40条坡道和4座地形公园,是公认的世界级"风筝式滑雪"胜地。耶卢有专为儿童设计的坡道和各种活动,适合全家造访。

电话+47 32 096 000
网址:www.skigeilo.no

芬兰

芬兰大约有75处滑雪区域,其中大型滑雪场主要集中在拉普兰,四大滑雪胜地分别是类维、禺拉斯、比哈-洛斯托和卢卡。滑雪季一般从10月底就开始了,12月到次年5月初是滑雪旺季。

○ 类维滑雪场(Levi Ski Resort)

这是芬兰一个发展迅速,又甚得本地人欢迎的滑雪活动中心。这个滑雪乐园在设计上坚持两大原则:所有服务设施都在步行可达的距离之内;另外,访客住宿均尽量接近大自然环境。比如越野滑雪道邻近酒店或别墅群,参与者无须走很远便可开始活动。另有免费公共汽车往来于雪坡吊车和度假村间,省了游客的往返精力。滑雪爱好者在这里一方面可获得高山滑雪的乐趣,另外又可沿着越野滑道去往苍茫的拉普兰荒原。类维近年新建

影《冰雪奇缘》场景的灵感来源。茫茫白雪、老式木质房屋、飘香的咖啡馆……在圣诞节，这里的气氛更为浓厚。当地的手工艺品和美味食物自然是不可错过的，乐队和合唱团也是亮点。

时间：12月7日-12月10日

交通：从奥斯陆到勒罗斯有直飞的航班

勒罗斯圣诞集市 Thomas Rasmus Skaug / visitnorway.com

○ 挪威圣诞集市不完全统计表

挪威

莫迪姆、奥穆特	11.26-12.18	Blaafarveværket
奥斯陆	11.25-12.17	Bærums Verk
奥斯陆	11.20-12.21	Spikersuppa
奥斯陆	12.2-12.3；12.9-12.10	年度圣诞集市
奥斯陆	圣诞节期间	Sandvika 圣诞集市
奥斯陆	11.26-12.17	Blå 圣诞集市

冰岛，来自极地的问候

和前面四国不同，冰岛由于人口太少，并没有形成什么历史悠久的圣诞集市，而且圣诞文化也有所不同，例如"13个圣诞老人"的另类传说。不过随着观光旅游业的发展，以及受到整个北欧圣诞氛围的影响，冰岛的圣诞活动也越来越多。而且，由于气候的规律性，在冰岛几乎每年都是大雪覆盖下的"白色圣诞"，再加上极光频发，这种"双重诱惑"真的让人难以抵抗。

○ Kolaportið 跳蚤市场圣诞集市

Kolaportið 跳蚤市场是冰岛唯一真正意义上的集市。这个市场靠近首都中心海港，有近200个摊位，全年开放，在圣诞期间变身圣诞集市，是当地人和游客的淘货天堂。无论冰岛特产还是圣诞纪念品，都是不错的伴手礼选择。

时间：每周六日 11：00-17：00

交通：Lækjartorg 巴士站附近

○ Heiðmörk 森林圣诞集市

驱车来到雷克雅未克的郊区，进入 Heiðmörk 森林，这里有着和市区完全不同的集市体验，积着雪的森林，深邃的夜空，等待贩卖的圣诞树。在这里，每售出一棵圣诞树，就有50棵新树被种植，兼顾了传统和生态保护。不来买树，也有许多当地的手工艺品可供选择，不出意外还能遇到一场精彩的音乐演出和被称为"Yule Lads"（圣诞小伙）的冰岛圣诞老人。

时间：11月25日-12月17日的周六日 12：00-17：00

○ Hafnarfjörður 圣诞集市

这应该是传统圣诞气氛最浓厚的地方了，每到圣诞节，这里会化身超有气氛的圣诞村庄，你不仅可以选购冰岛手工艺品，还可以尝到当地的地道美食，看一场冰岛空灵音乐演出。这里被称为精灵之城，你还可以乘坐冰岛马车悠闲地游览。

时间：12月1日 开幕，12月2日-12月17日的周六日的 12:00-17:00，12月23日 12:00-22:00

交通：位于雷克雅未克附近城镇，自驾或者打车（价格昂贵）可达

○ Árbœr 露天博物馆圣诞集市

这个关于"冰岛人如何过圣诞"的历史博物馆，可以满足历史爱好者的诸多好奇心。这里全年开放，在圣诞节会安排特定的节目，其间会有冰岛手工品制作的活动，还有尝试冰岛传统食物（例如熏羊肉）的活动，一次满足你三个愿望。

时间：9月-5月 13:00-17:00，6月-8月 10:00-17:00，12月3日、10日、17日有圣诞活动

○ 冰岛圣诞集市不完全统计表

冰岛

哈夫纳夫约杜尔	12.1-12.17 周末；12.23	哈夫纳夫约杜尔圣诞集市
雷克雅未克，Ingólfstorg	12.11-12.14；12.18-12.23	Yule 镇圣市集集市
雷克雅未克，Ingólfstorg	12.1-12.23	圣诞滑冰场集市
雷克雅未克，Jólakrás	12.20-12.21	圣诞街头小食集市
雷克雅未克，Kolaportið	全年周末	Kolaportið 跳蚤市场
雷克雅未克，Hlemmur	12.2-12.23 周末	Mathöll Food Hall 美食节
Elliðaárvatn 湖	12月周末	Elliðaárvatn 圣诞集市
Heiðmörk 森林	11.25-12.17 周末	Heiðmörk 森林圣诞集市
Árbœr 博物馆	12.3、12.10、12.17	Árbœr 博物馆圣诞活动

时间：11月18日-12月31日，上午11:00开始
地址：中央火车站对面

趣伏里圣诞集市　Lasse Salling/Visit Copenhagen

○ 高桥广场圣诞集市

从圣诞装饰品、珠宝、羊毛毛衣、拖鞋，到皮草、保暖帽，你可以在摊位上买到任何商品，包括必不可少的圣诞热红酒和热巧克力。圣诞老人会在每周四至周日的13:00-17:00出现哦。

时间：11月17日-12月23日，上午11:00开始
地址：哥本哈根1200号高桥广场

高桥广场圣诞集市　Kim Wyon/Visit Copenhagen

○ 新港运河圣诞集市

这是哥本哈根最惬意的圣诞集市。港口沿岸设立了许多装饰精美的摊位，售卖传丹麦传统的圣诞节特产和圣诞节礼物。在集市里，随上随下的观光巴士和游船套票非常实惠。

时间：11月10日-12月23日，上午10:00开始
地址：哥本哈根1051号新港

○ 罗斯基勒圣诞集市

罗斯基勒中心地带 Stændertorvet 广场容纳了小城的所有集市。在圣诞期间，你可以在这里淘到圣诞饰品、陶器、手工艺品、各种美味小吃和点心等，享受美好的圣诞气氛。

时间：12月的周末
交通：从哥本哈根搭乘DSB铁路公司火车

○ 丹麦圣诞集市不完全统计表

丹麦

奥尔堡	11.17-12.23	奥尔堡圣诞集市
奥胡斯	11.18-12.30	奥胡斯圣诞集市
哥本哈根趣伏里乐园	11.18-12.31	趣伏里圣诞集市
哥本哈根	11.17-12.23	哥本哈根圣诞集市
奥登塞	12.1-12.3；12.8-12.10	H.C.安徒生圣诞集市
岑讷	12.11-12.23	岑讷圣诞集市

挪威，传统圣诞与国际化的结合

挪威有传统的圣诞集市，也有一些国际化的圣诞集市，比如11月份在奥斯陆有美国妇女俱乐部举办的年度圣诞市场，在 Margaretakyrkan 有瑞典市场。这次重点介绍的圣诞集市遍布挪威的南北城市，非常便于安排行程。

○ 挪威民俗博物馆圣诞集市

奥斯陆的挪威民俗博物馆可以让你体验到挪威各地的圣诞传统，有100多个自制手工艺品摊位和食品的老式木质摊位。你还能参观圣诞老人工作室，欣赏合唱和民间舞蹈等圣诞活动。

时间：12月2日-12月3日；12月9日-12月10日，11:00-18:00
交通：搭乘30路公交巴士到Folkemuseet站

挪威民俗博物馆圣诞集市　Theresa Søreide/Visitnorway.com

○ 特隆赫姆圣诞集市

特隆赫姆的圣诞活动是挪威最好的圣诞活动之一。摊贩们会在市中心广场出售独特的礼品，巨大的萨米帐篷里会供应各种热气腾腾的小吃。在这个为期两周的圣诞集市里，你还可以参加音乐会和其他文化活动。

时间：12月8日-12月20日
交通：从奥斯陆到特隆赫姆有直飞的航班

○ 勒罗斯圣诞集市

勒罗斯是地球上最适合过圣诞节的地方之一，它可是迪士尼电

○ 罗瓦涅米集市

在冬天，拉普兰地区有很多好玩的项目，像乘坐驯鹿雪橇、入住玻璃屋等等。罗瓦涅米的圣诞老人村也在那里，节日气氛更加浓厚。芬兰罗瓦涅米某些餐厅还会在圣诞特定时段安排游客与圣诞老人、圣诞精灵共进晚餐，很有圣诞氛围，不过要提前预订。

罗瓦涅米圣诞节 Rob Smith/Visit Finland

○ 芬兰圣诞集市不完全统计表

芬兰

Esplanade 公园	圣诞节期间	圣托马斯圣诞集市
赫尔辛基电缆厂	圣诞节期间	电缆厂圣诞集市
坦佩雷中央广场	12.2－12.22	坦佩雷圣诞集市
图尔库旧集市广场	圣诞节附近的周末	图尔库圣诞集市
赫尔辛基市中心	11.26－12.23	赫尔辛基圣诞集市
卡达亚诺伽街区	12.6－12.10	女子圣诞集市

瑞典，圣诞灯光的魔力

在瑞典过圣诞节，那必须得喝上一杯瑞典人过节必备的香料热葡萄酒 Glögg，然后暖暖地出门，逛一逛斯德哥尔摩和哥德堡这两个大城市的圣诞集市吧！

斯德哥尔摩老城圣诞集市 Ulf Lundin/imagebank.sweden.se

○ 斯德哥尔摩老城圣诞集市

老城广场上的圣诞集市起源于中世纪市场，是当地最古老的圣诞市场。这里有四十多个摊位贩卖工艺品、陶瓷、糖果等圣诞礼品。老城的圣诞集市还以独特的美食而闻名，在寒冬里吃熏驯鹿肉，买点儿特色奶酪，还有什么不满足的呢？

时间：12月2日－23日 11:00－18:00
交通：乘坐公交到 Old Town（旧城镇站）

○ 哥德堡里瑟本露天市场

在圣诞期间，里瑟本就像一份闪闪发光的圣诞礼物，包裹着无数惊喜。数百万圣诞灯饰装点着圣诞树和建筑，在彩灯下觅食、乘坐旋转木马、逛兔子乐园、在中世纪村庄里寻宝……总之，去了就可以玩个尽兴。

○ 瑞典圣诞集市不完全统计表

瑞典

哥德堡	11月－12月	里瑟本圣诞集市
哥德堡	11.17－11.26	Tjoloholm 城堡圣诞集市
赫尔	12.1－12.3	Skanska Juldagarna
卡尔斯塔德	12.9－12.10	圣诞集市
马尔默	12.7－12.10	Katrinetorp 圣诞集市
马尔默	11.26－12.23	马尔默圣诞集市
厄斯特松德	12.8－12.10	圣诞集市
锡格蒂纳	11.26－12.17	锡格蒂纳圣诞集市
斯德哥尔摩	圣诞节周末	Skansen 圣诞集市
斯德哥尔摩	11.18－12.23	Stortorgets 圣诞集市
斯德哥尔摩	11.26－11.27	Waldemarsudde
斯德哥尔摩，于特岛	圣诞节周末	于特岛圣诞集市
维斯比	12.8－12.10	中世纪圣诞集市

丹麦，童话圣诞的梦想

从11月起，丹麦各地的娱乐场所都会举办传统的圣诞集市，如游乐园、城堡庄园等，更加凸显了丹麦的童话气息。

○ 新安徒生圣诞集市

全新的圣诞集市，每个摊位都以安徒生的童话命名，出售手工艺品、装饰品、礼品、珠宝、加香料热红酒和热巧克力……集市还为孩子们准备了怀旧旋转木马。届时会有一个装扮酷似安徒生的人欢迎你的到来。

时间：11月17日－12月22日
地址：哥本哈根中央火车站附近的埃克瑟广场（Axel Torv）

○ 趣伏里游乐园圣诞集市

圣诞期间，趣伏里除了开放27个有趣的游乐设施之外，还会举办热闹的圣诞集市，你可以在那里找到圣诞礼物、装饰品、零食、饼干、糖果和热饮……游乐园上午11:00才开园，所以你可以先乘坐游船欣赏运河沿岸的歌剧院、阿美琳堡宫、克里斯钦自由城等著名景点。

开启北欧圣诞模式

逛逛圣诞集市

攻略原文及预订

每年11月末12月初，北欧就进入了"圣诞模式"。圣诞节历史悠久，许多节日传统都和基督教有关，但是如今的圣诞节已经超越了宗教活动，变成一个世俗化的欢庆日。可能是为了应对漫漫长夜，北欧人甚至比欧洲大陆人更热衷于圣诞庆祝活动，而且非常热闹，比如用圣诞灯饰装点大街、参加圣诞游行、一家人在灯火辉煌的客厅享用节日大餐……对游客而言，冬季的北欧白雪皑皑，有被官方认证的圣诞老人故乡，还有成群的驯鹿，简直完美地满足了人们对圣诞的美好想象。圣诞节期间，北欧各国的首都、"圣诞老人故乡"罗瓦涅米都有热闹的庆祝活动，如果你想体验当地的圣诞风情，逛逛圣诞集市是很好的选择。

Aleksanterinkatu 圣诞一条街 Rob Smith/Visit Finland

芬兰，圣诞老人的故乡

芬兰人喜欢节日，他们在12月初就开始举办Pikkujoulu Party（非正式的小型圣诞聚会），还会准备很多装饰品营造气氛。芬兰的圣诞集市，更倾向于售卖高质量的芬兰设计和手工艺品。

○ Aleksanterinkatu（亚历山大街）圣诞集市一条街
这里的特点是圣诞庆典多且丰富。开幕当天，圣诞老人会乘坐电车现身参议院广场，举行点燃Aleksanterinkatu街圣诞灯饰的仪式之后，圣诞老人还会引领圣诞游行。

1、Xmas Garage（圣诞节库藏）
享受圣诞美食，购买心仪的圣诞礼品。
时间：约11月11日-12月23日
地址：Aleksanterinkatu 11号

2、TRE Christmas Market（TRE圣诞集市）
旨在支持当地小生产者，售卖纸制品、化妆品、室内设计、珠宝等。
时间：约11月20日-12月23日
地址：WTC, Aleksanterinkatu 1/Senaatintori（议会广场站）

○ 赫尔辛基圣诞集市
集市设在参议院广场，内有一百多个商铺。作为赫尔辛基历史最久、人气最旺的集市之一，汇聚了各式精美的手工艺品、圣诞饰品、本地特色美食、新鲜鱼类肉类、熟食小吃等等。圣诞老人每天都会亲自来巡视一番。孩子们可以免费乘坐广场中间的老式旋转木马。
时间：12月2日-22日
交通：Hallituskatu 站下车

○ 女子圣诞集市
集市设在赫尔辛基的卡达亚诺伽（Katajanokka）街区，位于主港口边的半岛上，是传统手工艺品聚集地，集中展示芬兰女性制作的手工艺品，如手工刺绣的圣诞装饰品、陶器、珠宝、蜡烛、皮革、木制品等等。这里专门开辟了老年妇女手艺展示区，展示代代传承的芬兰传统手艺，如温暖的针织手套和袜子。
时间：约12月6日-10日
交通：Kauppiaankatu 站下车

北欧观测极光的最佳目的地

总体而言，芬兰最佳的极光观测地是萨利色尔卡，挪威是特罗姆瑟，瑞典是阿比斯库，至于冰岛，则全境都可以看极光。

芬兰萨利色尔卡

芬兰最佳的极光观测地是萨利色尔卡。在芬兰人眼中，极光就是狐狸奔跑时尾巴与积雪擦出的五彩火花。在芬兰，最具特色的就是躺在玻璃屋里看极光，在玻璃屋里，头枕大地，与星空共眠，还可以抱着心爱的人与极光一起入睡。

纬度：68° N

极光季节：春秋冬三季（8月下旬 - 次年4月初）

极光天数：200天 +

极光季体验：躺在玻璃屋里看极光，感受萨米文化，乘坐破冰船，品尝帝王蟹，乘坐驯鹿雪橇，前往圣诞老人的故乡罗瓦涅米。

挪威特罗姆瑟

挪威特罗姆瑟，一直是"极光大户"，妥妥的极光带中心。只要天气晴朗，看到极光基本上没问题。在很多人心目中，挪威特罗姆瑟是观测极光的殿堂级胜地。

特罗姆瑟位于北极圈以北350公里，是挪威北部最大的城市，也是北极圈内最大的城市，交通较为方便，有飞机直达。同时，特罗姆瑟受北大西洋的暖流影响，气温比其他几个北欧港口城市都高，号称"不冻港"。

如果到挪威看极光，还可以乘坐极光游轮到著名的帝王蟹捕捞基地希尔科内斯（Kirkenes）和北欧烟熏桑拿最正宗的比圭内斯（Bugøynes）。游轮缓缓驶过河面，在船上看极光，必将成为一生难忘的回忆。

纬度：69° N

极光季节：秋冬季（10月 - 次年3月）

极光天数：150天 - 200天

极光季体验：乘坐极光游轮出海追踪极光，住萨米帐篷，围着篝火等待极光来临。

瑞典阿比斯库

瑞典北部的阿比斯库国家公园，有北极光天空站（Aurora Sky Station），拥有众多山川、河流、湖泊、植物和野生动物，是全世界观测北极光的最佳地点之一。在冬天，你可以欣赏毫无污染的北极光；在春天，你可以白天滑雪、夜晚欣赏北极光。国家公园森林众多，雪地开阔，你还可以尝试雪地摩托，向着北极光的方向疾驰而去。

纬度：68° N

极光季节：秋冬季（10月 - 次年3月）

极光天数：150天 - 200天

极光季体验：在阿比斯库国家公园拍极光大片，体验雪地摩托的刺激与乐趣。

冰岛

冰岛极光季从8月中下旬开始到次年4月中下旬，长达8个月，天气晴朗的话，全境都可以观测到极光。4月，还能在黄昏至拂晓期间，碰上北极光与日出或日落同时发生的盛况，那一定会是你一生所见过的最壮丽的美景。雷克雅未克夜晚灯火通明，不利于拍摄极光，如果想拍极光大片，推荐到冰岛南岸的黑沙滩或冰岛东南部的杰古沙龙冰河湖。

纬度：64° N

极光季节：春秋冬三季（8月中下旬 - 次年4月中下旬）

极光天数：200天 +

极光季体验：泡冰岛蓝湖温泉，探索冰岛黄金圈三大景点，深入冰岛蓝冰洞，探索黑沙滩、米湖等等。

北欧极光季小贴士

北欧大都是海洋性气候，早晚比较冷。以下数据，是以上四个国家30年来的平均最低气温，再冷一般也不会低于这个温度，大家可以根据下表准备自己的行李。

月份/最低气温℃	冰岛	芬兰	挪威	瑞典
一月	-3	-15.1	-6.5	-19
二月	-2.1	-14.1	-6.5	-18
三月	-2	-9.4	-5.1	-14
四月	0.4	-4.5	-2.2	-8
五月	3.6	1.8	2	-1
六月	6.7	8.1	6.1	5
七月	8.3	11	8.7	7
八月	7.9	8.6	7.8	6
九月	5	3.8	4.4	1
十月	2.2	-2	0.7	-5
十一月	-1.3	-8.7	-3	12
十二月	-2.8	-13.3	-5.4	17

衣裤：洋葱式穿法，打底层 + 中层 + 外层，易脱易穿。

鞋子：防水防滑的雪地靴，如果冬季去要穿两双厚袜子，建议买大一号。

帽子：最好是能遮住耳朵的厚帽子。

手套：可以备上2 - 3副，最好是有触屏层的触屏手套，这样更方便拍照和使用手机。

雪镜：防止雪盲症。

冰爪：套在鞋子上的防滑装备，适合在雪地里使用。

暖宝宝：不用多说，先备上一打。

摄影装备：相机、相机防寒套、三脚架、备用电池、大容量记忆卡、镜头布等。

欧若拉的国度

北欧极光指南

马蜂窝攻略作者：Ann（抚摸流行）

攻略原文及预订

国内有很多人选择去北欧看极光——与美国阿拉斯加、加拿大黄刀寂静无声的景致不同，北欧有另一番冰雪王国的气氛，这里游玩项目多、设施完备、性价比高，适合第一次去看极光的人群。总结一下到北欧看极光的特点：
1. 冰岛、挪威、芬兰，在天气晴朗的情况下，看到极光的概率高；
2. 在北欧看极光的设施较为完备，如玻璃屋、极光酒店、树屋等；
3. 除了极光，北欧有丰富的冰雪元素：破冰船、萨米文化、驯鹿拉雪橇、圣诞老人故乡、极光游轮、雪地摩托等。

北欧的极光条件

季节与天气

每年8月中下旬至次年4月，以10月、2月、3月前后为最佳。推荐观测时间为18:00至次日凌晨1:00。天气以晴朗、万里无云为最佳。

推荐地点

根据地球磁极和极光活动范围，北欧极光的最佳观测地点是：冰岛全境，挪威北部的特罗姆瑟、斯瓦尔巴特群岛，瑞典北部的阿比斯库、基律纳地区，芬兰北部的拉普兰地区等。
这里可以推荐一个预测网站，可以看到极光出现地区的实时指数，不过在北欧，能否看到漂亮的极光更多仰仗于天气。
网址为 auroraforecast.gi.alaska.edu/?area=Europe

kp值

kp值是预测极光活动范围的重要指数，从0-9共分为十级，KP=9时极光覆盖的范围最大，KP=0时极光覆盖的范围最小。注意，kp值预测的是极光活动范围，而不是强弱。从下图中可以看出，kp值为3、4时，以上提到的几个地方均可看到极光，当kp值达到6、7时，甚至英格兰岛也能看到极光。

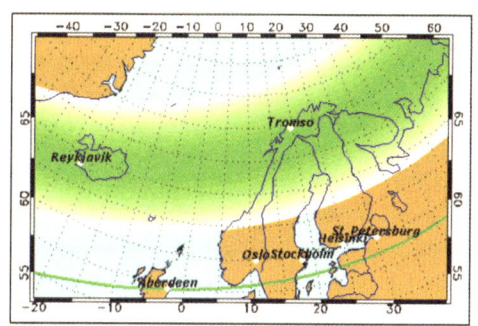

2018年6月1日夜间极光范围预测图（kp=4）

在北欧看极光的优劣势

在北欧看极光，天气尤为重要，因为这几个国家是海洋性气候，多云天气较多。如果说阿拉斯加和黄刀是追看极光专业户和摄影发烧友的天堂，那么相比之下，北欧就显得更适合普通游客。到了极光季，北欧俨然成了一个奇幻的冰雪王国，你可以躺在玻璃屋里看极光，体验驯鹿拉雪橇、漂浮北冰洋、乘坐破冰船、品尝帝王蟹、蒸烟熏桑拿、感受北欧原住民萨米人的原生态文化，还可以前往全球唯一认证的圣诞老人故乡，寄一张来自地球最北的明信片……无论哪一项，都足以让人兴奋不已。

钓活动之后，还可以品尝新鲜的海鲜。从奥勒松出发，可以很方便地前往盖朗厄尔峡湾、约伦峡湾、伦德岛、孙墨尔山脉等景点。如果不喜欢户外活动，奥勒松还是该区域的文化中心，一年有多场文化节可供参加。

○ 斯塔万格（Stavanger）

近50年来，斯塔万格都是挪威的石油中心，但这一点儿都没有破坏这座海边城市的魅力。这里拥有挪威最好的徒步地点，游客可以尽情探索吕瑟峡湾及布道岩等著名山原。当地既有米其林星级餐厅，也有更低调但口味同样美妙的小餐厅。

○ 弗洛姆（Flam）

坐落于挪威最深最长的松恩峡湾的支流艾于兰峡湾之中，弗洛姆四周被陡峭的山峰、惊险壮观的瀑布和青翠秀丽的原野包围。在这里，你可以参观当地博物馆、教堂、啤酒酿制厂，登上斯特伽斯特恩观景台，享受悠闲的小镇生活。而当地最闻名的，是被誉为"世界最美小火车"的弗洛姆高山小火车。列车外部是精致的绿皮设计，内部是怀旧风格的桌椅，游客可以乘坐列车从峡湾直达山顶，透过车窗，欣赏沿途美妙的峡湾风景。

弗洛姆往返高山小火车

预订网址：www.mafengwo.cn/sales/2429217.html

弗洛姆往返高山小火车 Tom Duan/ 摄

群岛小镇

○ 罗弗敦群岛（Lofoten）

就像切入陆地的峡湾，罗弗敦群岛形似环绕大海的臂膀。岛上的高山像教堂尖塔一般直指北极天空，高山之间有一些传统村庄，其中居住着渔民和艺术家。游客可以品尝由海鲜或羊肉烹制的当地美食，还能游览白色沙滩，参观罗弗敦维京博物馆。从罗弗敦群岛出发可以很方便地抵达挪威大陆，海尔格兰以及更南部的、被列入世界遗产名录的维加群岛。

○ 斯瓦尔巴群岛（The Svalbard archipelago）

这是地理位置最北的欧洲大型群岛，岛上的野生动植物与其他地方相比有很大不同。一年四季，游客都可以走进大自然参加各种独特的活动。当地的社会秩序也很好，大部分导游都是当地人，在他们的带领下，你可以像当地人一样感受斯瓦尔巴群岛的风情。岛上的主要城市朗伊尔城是一座迷你都市，那些通常在大城市中才会有精致餐厅这里也有。

冰岛

○ 雷克雅未克（Reykjavík）

雷克雅未克是冰岛首都，地理上非常接近北极圈，是全世界最北的首都。由于地热能是城市工业的主要能源，所以在这里看不到常见的锅炉和烟囱。雷克雅未克天空蔚蓝，市容整洁，几乎没有污染，故有"无烟城市"之称。每当朝阳初升或夕阳西下，周围的山峰便呈现出娇艳的紫色，海水变成深蓝，使人如置身画中。旧城区内的主要建筑物如议会大厦、市政厅、雷克雅未克大学、国家博物馆和大教堂等，都环绕在湖水的周围，景致动人。

○ 阿克雷里（Akureyri）

冰岛的第二大城市——"南方首都"阿克雷里其实相当袖珍，更像一座小镇。它坐落在峡湾，蜿蜒绵长，夜景很美，白天则显得俏皮可爱，主要景点有阿克雷里教堂、植物园、冰岛诗人旧舍等。阿克雷里的名字在冰岛语中意为"海岸线上的土地"，形象地描述出这个狭长海湾城的形状。不出两个小时就可围绕这个袖珍城市步行一圈，是个绝佳的放松之地。你可以在此随性游玩，也可将之作为游览周边其他景区的歇脚地。阿克雷里坐落在冰岛最大的峡湾 Eyjafjörður（岛屿峡湾）的西侧，沿着对岸的公路一路向北便可尽览北方的峡湾乡村风光，还可以参观传统的草顶小屋。

○ 凯夫拉维克（Keflavík）

凯夫拉维克位于冰岛西南方的雷克珍地区，居民约一万人，冰岛的主要航空港凯夫拉维克国际机场就位于此。凯夫拉维克始建于16世纪，主要发展渔业和鱼类加工业。

○ 维克（Vik）

维克位于冰岛的最南端，人口约600，是个安静祥和的小镇，被称作治疗失恋的胜地。小镇后面是一望无际的大海，最著名的景点是黑沙滩。从雷克雅未克市出发，车行4个小时左右即可到达。

○ 胡萨维克（Húsavík）

胡萨维克位于冰岛的斯乔尔万迪湾，是冰岛的一个美丽小镇，人口约2500，是冰岛最早的居民点之一。胡萨维克是一座渔港城镇，是周围小农场和养羊区的交易中心。到胡萨维克最重要的活动就是去北冰洋观赏鲸鱼和游览岛屿，这里的鲸鱼种类丰富，最常见的有座头鲸、小须鲸、白色突吻海豚、鼠海豚等。

欧洲古城的浪漫情调，又充满国际化大都市的韵味，同时，它又是一座将都市建筑与自然风光巧妙结合在一起的花园城。在夏季，赫尔辛基光照时长可达 20 个小时，因此又被称为"北方的白昼城"、"太阳不落的都城"。

○ 罗瓦涅米（Rovaniemi）

芬兰北部拉普兰省的首府，位于北极圈上。得益于未受污染的自然环境，拉普兰的旅游业很发达。罗瓦涅米被称为圣诞老人的故乡，闻名世界的圣诞老人村位于市郊北部的边缘。此外，这里冬季的北极光和夏季的午夜阳光也吸引着游客。

罗瓦涅米圣诞老人村 + 玻璃屋 + 哈士奇雪橇 + 驯鹿雪橇
预订网址：www.mafengwo.cn/sales/2193807.html

— 线路预订 —

○ 伊纳里（Inari）

位于芬兰北部伊纳里湖畔，属于拉普兰省，始建于 1876 年。伊纳里乍一看并不起眼，但它的不同凡响之处在于，它背倚风光旖旎的伊纳里湖，拥有一座拉普兰文化博物馆，周边还有萨利色尔卡滑雪场。

○ 萨利色尔卡（Saariselka）

萨利色尔卡位于芬兰北部，深入北极圈 500 公里，是地球上最北的旅游胜地。冬季会有许多游客慕名前来滑雪，或是体验当地人的狗拉雪橇等传统活动。由于极北的地理位置，这里也是观赏极光的不二选择。萨利色卡尔曾经是淘金天堂，现在还有一座黄金博物馆，对淘金感兴趣的游客可以去那里体会淘金的感觉。

○ 凯米（Kemi）

位于芬兰西北部的凯米河河口、波的尼亚湾顶，属于拉普兰省。凯米资源丰富，是芬兰纸浆和木材工业中心，欧洲唯一的铬矿就位于凯米。凯米是座典型的北极城市，距离北极圈仅一个多小时的车程，漫长的黑夜、刺骨的严寒、瑰丽无比的极光，构成了一幅荒蛮而美丽的极地景象。凯米有地球上唯一的破冰船探险旅游项目，每年 12 月到次年 4 月，游客可以参加破冰船之旅。

○ 库萨莫（Kuusamo）

位于芬兰奥卢省的东北部，已经发展成为芬兰全年度最受欢迎的旅游胜地之一。库萨莫市因其秀丽的风景著称于世——原野和森林一望无际，湖泊、河流点缀在其中。山上常年有一米厚的积雪，白茫茫的景象可从 10 月份持续到次年的 5 月。库萨莫市的越野滑雪道总长 250 公里，卢卡滑雪场（Oulanka National Park）设施完备，也是滑雪的好去处。

挪威

○ 奥斯陆（Oslo）

奥斯陆是一座被大自然环抱的城市，荣获"2019 欧洲绿色首都"称号。这里有世界上地理位置最北的米其林三星餐厅，还有一些在世界上屡屡获奖的咖啡师和咖啡烘焙厂。这里不仅适合孩子游玩，也为成人准备了现场音乐表演，游客还可以到歌剧院的屋顶上走一走。在这能看到自然风光、全新的建筑、艺术展览、自行车道和步行的人群。

○ 卑尔根（Bergen）

卑尔根是世界著名音乐家凯戈（Kygo）的故乡，在这里你能听到不一样的音乐，尝到不一样的美味，获得不一样的感受。新鲜的地方美食与博物馆、画廊营造出的热烈艺术氛围相得益彰。在"七大山"下，这座峡湾地区中心城市的街道上有许多童话般的木头房子，布吕根码头边的彩色木屋群不容错过。

○ 特罗姆瑟（Troms）

特罗姆瑟位于 Tromshalvøya 半岛上，被称为"北极之都"，可谓名副其实。城中有许多景点，如北极水族馆（Polaria Centre）、极地博物馆（Polar Museum）、成立于 1877 年的 Mack 酿酒厂等，还有观鲸、体验午夜阳光、欣赏北极光等活动。特罗姆瑟是挪威北部最大的城市，陡峭的群山和深深的峡湾都离市中心不远，游客可以站在特罗姆瑟的主要街道欣赏美景。建于中世纪汉萨同盟时期的布吕根码头与其周边的 60 座历史建筑被列入了世界文化遗产名录，其中几座房子的历史可以追溯到 12 世纪。

○ 特隆赫姆（Trondheim）

特隆赫姆的街道十分热闹，适合行人行走，街道两旁是五颜六色的房屋，许多道路通往尼达洛斯主教座堂和尼德河岸边的老库房。特隆赫姆还有许多很棒的咖啡厅，当地餐厅致力于改良并发扬特伦德拉格地区丰富多彩的特色美食。美食节让这里的美食市场发展得更好，音乐史博物馆令这座城市的音乐氛围浓厚。

峡湾小城

○ 奥勒松（lesund）

在这里，游客可以一边在新艺术风格的建筑中穿行，一边闻着大西洋的味道。在参加了一天的皮划艇、徒步、越野滑雪或垂

○ 艾勒斯克宾（Ærøskøbing）

位于美丽的丹麦艾勒岛，只有930个居民，是丹麦最小的镇。这里有古色古香的鹅卵石街道、风景如画的城市广场和浪漫的18世纪房屋，曾被誉为"丹麦童话之乡"。这里娱乐设施非常齐全，有许多咖啡馆和餐馆，还有码头、海滩、露营地，是理想的度假胜地。

瑞典

○ 斯德哥尔摩（Stockholm）

瑞典首都，被誉为"北方威尼斯"，它的老城区已有700多年的历史，保持着古香古色的风格，博物馆、音乐厅、教堂随处可见，人文气息浓厚。24000多个岛屿构成了美丽的自然风景线，使得很多艺术家慕名而来，这里被称作世界最美丽的首都之一。

○ 哥德堡（Goteborg）

瑞典的港口城市，位于西海岸的卡特加特海峡，是瑞典旅游胜地之一，建有大学、海洋学研究所及其他各种文化机构。17世纪建造的皇家住宅，1654年建造的旧市政府，18世纪中叶建造的瑞典东印度公司以及1815年建造的大教堂等名胜，每年都吸引着数十万国内外观光旅客。

○ 马尔默（Malmo）

瑞典第三大城市，城市建筑颇具特色，市政府是一幢荷兰文艺复兴式样的建筑，圣彼得大教堂是哥特式建筑，城中还有许多16世纪时建造的精美建筑。新建成的HSB旋转中心，共有54层，是座高190米的奇异建筑，外观就像一个立着的陀螺，优雅地向上盘旋。大广场是城里最古老的广场，马尔默城堡是斯堪的纳维亚最古老的城堡，城堡的一部分作为博物馆对公众开放。

○ 基律纳（Kiruna）

瑞典最北部的城市，是个看极光的好地方。一年有一半时间这里被积雪覆盖着，城中还有世界闻名的冰雪酒店（Ice Hotel），酒店全由冰雪建造而成，仿佛是件精致的艺术品。从这里还可以前往著名的阿比斯库国家公园。

特色城市

○ 乌普萨拉（Uppsala）

瑞典第四大城市，也是瑞典的宗教中心，建有瑞典规模最大、最壮观的天主教堂乌普萨拉大教堂，曾为瑞典旧王朝的故都，城市风格典雅，环境优美。乌普萨拉是北欧著名的大学城，北欧最古老的大学之一乌普萨拉大学坐落在此。

○ 隆德（Lunds）

位于瑞典南部的斯戈纳省，古城拥有千年历史，是瑞典最古老的城市之一。最初，这座城市因隆德大教堂闻名——自天主教传入至16世纪，几百年间，隆德一直是北欧基督教中心。17世纪后，这座城市因1666年创立的隆德大学而闻名。

○ 林雪平（Linköping）

位于瑞典南部，是著名的大学城之一，拥有丰富的文化和艺术资源，有许多有关戏剧、历史、音乐等令人兴奋的活动。在中心城区的所有地方，几乎都可以看到林雪平大教堂高耸的尖顶。

○ 延雪平（Jönköping）

延雪平位于瑞典南部腹地，城市的一部分处于山上，山坡上都是彩色的小房子。从山上望去，视野非常好，能够看到山下以及维特恩湖的全景。延雪平大学也是瑞典的著名学府。

○ 于默奥（Umeå）

瑞典北部西博滕省的一座城市，拥有两所大学和超过3万名学生，因博物馆和发达的文化产业为人们所熟知。诺尔兰爵士音乐节就在这里举办，是北欧现代爵士乐最具名气的举办之地。

古典小城

瑞典有很多富有中世纪和北欧童话色彩的小镇，如斯德哥尔摩近郊的西格图纳、瑞典中部的厄勒布鲁和哥特兰岛的韦斯比。

○ 吕勒奥（Luleå）

位于瑞典北部的北博滕地区，附近的加默尔斯塔德教堂村被联合国教科文组织列入世界文化遗产名录。格木雷斯塔德老街保留了中世纪街景，这些街道围绕着建于1649年的教堂。城中的诺尔博登博物馆记录了人们生活和历史，也值得一看。

○ 西格图纳（Sigtuna）

位于斯德哥尔摩近郊，小镇中的卵石街道、木建筑和石窟，是维京海盗建城时留下的遗产。这里到处都是瑞典儿童文学作品中所描述的田园风光，东南部还有一片鸟类保护湖。

○ 厄勒布鲁（Örebro）

是从斯德哥尔摩到马尔默和哥德堡的必经之地，也是著名的制鞋和饼干业中心。自然环境十分优美，很多历史建筑仍保存完好，比如建于15世纪的王宫。

○ 韦斯比（Visby）

位于哥特兰岛的历史名城，据说是宫崎骏动画片《魔女宅急便》中许多场景的重要灵感来源。韦斯比城完整地保留了中世纪的城市结构，有壮观的石砌防御塔和废墟，还有漫长的海岸线。这也是瑞典唯一一座只能由水空两种方式抵达的小镇。

芬兰

○ 赫尔辛基（Helsinki）

赫尔辛基是一座古典美与现代文明融为一体的都市，既体现出

值得体验的北欧41城

那些满是绿荫的步行道，错落有致的住宅建筑，布满河流水文的生活社区，近在咫尺的森林与海洋——北欧城市满足了人们对美好居住环境的一切想象。

丹麦

○ 哥本哈根（Copenhagen）

丹麦的首都、最大城市及最大港口，是丹麦政治、经济、文化中心，也是世界上最漂亮的首都之一，被称为最具童话色彩的城市。安徒生在哥本哈根度过了大半生，他的众多著作都是在这里创作的。哥本哈根既是现代化的都市，又有古色古香的古堡和王宫，充满浓郁的艺术气息。

○ 奥登塞（Odense）

位于哥本哈根和日德兰半岛之间，是丹麦最古老的城市之一，目前是丹麦第三大城市。这里还是丹麦著名童话作家安徒生的故乡，每年都会吸引大量安徒生的崇拜者前来。作为一座古城，城里到处可见成片的传统丹麦风格的低矮木质建筑，城内有美丽的花园和植物园，景色迷人。

○ 奥胡斯（Aarhus）

位于日德兰半岛沿岸，是丹麦第二大城市和主要的港口，它的海滨是著名的度假胜地。这里有著名的奥胡斯艺术博物馆，是重要的文化圣地，每年都会举行形式多样的文化艺术节。

○ 赫尔辛格（Helsinge）

赫尔辛格位于丹麦西兰岛的东北角，扼守厄勒海峡的北段，和瑞典的赫尔辛堡遥遥相望，被人们誉为哥本哈根的后花园。莎士比亚的著名悲剧《哈姆雷特》的故事就发生在这座城镇的克隆堡里。克隆堡是著名的景点，是北欧杰出的文艺复兴风格建筑。

休闲小镇

○ 斯卡恩（Skagen）

位于日德兰半岛北端的海岬上，可以观看波罗的海与北海交汇，拥有闪烁的沙丘和百里长的沙滩。这里独特的光线和迷人的氛围为画家的创作提供了灵感。9世纪，一批画家发现了斯卡恩五彩缤纷的荒原与沙丘风景。后来，这些画家组成的流派被称作"斯卡恩画派"。斯卡恩博物馆是丹麦最大的艺术博物馆，藏有19世纪末期的艺术珍品。

○ 埃贝尔托夫特（Ebeltoft）

埃贝尔托夫特是一座位于丹麦中部东海岸的小镇，人口只有七千多，是丹麦的旅游中心之一。这里有古老的历史，老城中心的鹅卵石街道和伫立百年的半木质结构房屋诉说着岁月的沧桑。这里还有迷人的自然风光，有许多美丽的海滩，野生动物园和水族馆。这里还有世界上第一个玻璃博物馆和世界上最长的木质战舰。

○ 里伯（Ribe）

位于日德兰半岛西南部靠近北海的地方，是丹麦最古老的城市，可以说，丹麦文化从这里发源。整个城市像座可爱的博物馆，保留下了这个国家最美丽的一面——长短有致的鹅卵石街道，古朴的房子，安静的港口。建于公元860年的里伯大教堂依旧矗立着，里伯维京中心经常举办各种维京文化活动。同时，这里还是里伯爵士音乐节和里伯葡萄酒节的举办地。

童心未泯

安徒生笔下的小美人鱼是很多人对丹麦的第一印象，甚至有人因此专门探寻安徒生的足迹——从奥登塞的安徒生博物馆，到哥本哈根新港的安徒生故居，还有埋葬安徒生的阿西斯滕斯公墓。想要带孩子体验童话世界，丹麦的众多公园游乐园是亲子游首选。趣伏里公园最具童话王国气质，这里几乎每晚都有各类表演活动：烟花表演、花车游行、舞台剧等；比隆的乐高乐园由有 4450 万块积木组成的迷你世界，是孩子们的天堂，家长和孩子一起动手拼搭积木，度过美好的亲子时光。

新北欧料理

新北欧料理自丹麦开始，逐渐在北欧甚至全球掀起风潮——坚持使用采自当地的应季食材，通过创新的方式烹饪，呈上回归自然、具有新鲜感、健康又美味的料理。那些透着自然味道、外表简约、品质上乘的菜肴，不仅给人味觉的享受，更是一种全方位的用餐体验。摆盘看似随意却讲究，花朵、石子、树枝、青苔的出现为美食增添了乐趣，突破你对美食的想象。

音乐节扎堆

整个夏天，北欧沉浸在啤酒和音乐的海洋中，值得凑热闹的节日有丹麦罗斯基勒音乐节、哥本哈根最大的街头派对和俱乐部节日 Distortion、安徒生文化节、奥斯陆爵士音乐节、斯德哥尔摩街头文化节、斯德哥尔摩 Summerburst（夏日爆裂）音乐节等。

行前须知

最佳旅行时间

北欧有温带海洋性气候、亚寒带大陆性气候、极地苔原气候等，夏季风光壮美，每年 5 月至 9 月昼长夜短，温和舒适，是一年的旅游旺季，你可以体验挪威的峡湾风光和瑞典的仲夏节。北欧的冬天漫长，以奇幻的极光和雪原风光而闻名，11 月至次年 2 月也是旅游旺季，很多人慕名前往北部地区观看极光。

穿衣指南

北欧不同地区不同季节的气温差异比较大，一般而言北欧的盛夏类似中国南方地区的春夏，越往北温度越低。北欧的冬季较长，10 月至次年 4 月气温都较低，但因为有海洋性气候，也并非随处寒风刺骨。如果选择在冬季前往北欧北部，旅行者一定要充分考虑自身状况选择保暖的衣物。

语言

北欧五国经济发达，城市服务和居民的英语水平都非常高，各种标识也对游客十分友好。丹麦官方语言为丹麦语，瑞典官方语言为瑞典语，挪威的官方语言为挪威语（丹麦语、瑞典语、挪威语非常接近），芬兰的官方语言为芬兰语和瑞典语，冰岛的官方语言是冰岛语，冰岛语源自维京人使用的古诺尔斯语。

旅游签证

北欧五国属于申根协议成员国，所以前往北欧旅游需要办理申根签证。目的地多于一国时，应向停留时间最久的目的地国使馆申请签证，如果在多个国家逗留时间相似，则应向首先入境的国家大使馆申请签证。

丹麦文化中心

丹麦文化中心馆位于北京 798 艺术区，旨在推动丹麦与中国之间的文化交流及跨文化理解，支持中国与丹麦之间建立长期合作关系的文化机构和创意产业的艺术家、专家项目。场馆基本用于电影放映，儿童活动，举办展览、研讨会及讲座，也用于演出。除了丹麦，北欧其他国家的活动也常常在这里举办，是大家了解北欧文化的窗口。

地址： 北京市朝阳区酒仙桥路 2 号 798 艺术区 706 北一街
电话： (010)57626100

交通方式

○ 飞机

前往北欧建议直飞哥本哈根、斯德哥尔摩或赫尔辛基。国航和北欧航空开通了北京、上海、香港出发的直飞航班，开口航班更利于行程灵活安排。虽然国内无法直达挪威，但从北欧各大城市都有直飞奥斯陆、卑尔根、斯塔万格等城市的航班。

○ 船

除了飞机之外，北欧各地也有观光游轮、日常渡轮、过夜邮轮可以选择。比如"挪威缩影"的游轮可从卑尔根到弗洛姆，也有从丹麦腓特烈港到瑞典哥德堡的日常航线；连接哥本哈根和奥斯陆的夕发朝至邮轮，航程仅一个晚上，还提供免税购物。

○ 自驾

想要深入体验挪威峡湾推荐自驾，可以根据自己的节奏玩耍，但挪威地形多山，天气多雨，需要经验丰富的老司机才能驾驭。丹麦地势平坦，自驾相较挪威容易一些，开车去哥本哈根周边来个一日游，或者是去菲英岛、日德兰半岛都十分方便。瑞典地貌多变，在斯科纳地区自驾去往乡间、海岸是不错的选择。在冰岛自驾需要更丰富的经验并关注天气变化。

○ 火车

北欧铁路交通很便捷，不自驾也能轻松玩转北欧。挪威有著名的"挪威缩影"火车路线，险峻的弗洛姆铁路沿途景色迷人。你可以购买欧洲铁路斯堪的纳维亚通票（The Eurail Scandinavia Pass）或欧洲铁路通票。

欧洲铁路通票购买网址： www.raileurope.cn
欧洲铁路通票攻略：
www.mafengwo.cn/gonglve/zt-585.html

北欧初体验

— 详细攻略请扫描 —

北欧，一般特指北欧理事会的五个主权国家：丹麦、瑞典、芬兰、挪威和冰岛。北欧的冬季漫长，夏季短暂而凉爽。北欧国家福利保障完善，人民生活富足，丹麦、瑞典等国的人均国民生产总值均居世界前列。北欧，是童话世界，有安徒生笔下孕育了小美人鱼的丹麦，北海小英雄的出发地挪威，圣诞老人的故乡芬兰；北欧，是理想世界，挪威与冰岛曾夺下"世界最幸福国家"的冠亚军，瑞典有"最适合人居"的城市；北欧，也是绿色世界，瑞典喊出了 2020 年成为世界第一个无油国的口号。

北欧必体验

雪原极光

北欧风光就像现实版童话：绝色峡湾依傍着磅礴冰川，雪国星空里极光凄迷。在北欧漫长的雪季，你可以体验驯鹿拉雪橇、乘坐破冰船、蒸烟熏桑拿，最重要的是，躺在拉普兰玻璃屋里看奇幻绚烂的北极光在雪山上空舞动变幻。

峡湾风光

斯堪的纳维亚半岛上有着纯澈而灵秀的山水、壮美的冰川峡谷、漫长曲折的海岸线，周边的岛屿也格外出众。挪威有着独一无二的峡湾风光，山水交错，是夏季前往北欧进行自驾与户外活动的首选之地。

神奇地貌

冰岛的自然风光原始、纯净，景致奇异丰富。小小的岛国上，散布着数不尽的舒适温泉，众多壮美的冰川和瀑布，还有喷薄的间歇泉、活跃的火山、广阔的草原，无疑是摄影师和户外探险者的天堂。乘坐观鲸艇在海上追逐午夜太阳，观看鲸鱼跃出水面，更是一生难忘的体验。

宜居城市

初见北欧城市，那些满是绿荫的步行道，错落有致的住宅建筑，以及布满河流水文的生活社区，满足了人们对美好居住环境的一切想象。城市与建筑，是展现社会内部生活的窗口。从宜居的角度考虑，"亲近自然"和"以人为本"是北欧城市设计的共识，斯德哥尔摩和哥本哈根也因此名列世界一流宜居城市。

艺术设计

想近距离体验"北欧风格"，可以前往众多北欧公共艺术与设计街区。瑞典斯德哥尔摩地铁站堪称世界上最长的艺术博物馆，100 多个地铁站点中布满 150 多名艺术家的作品；丹麦奥胡斯艺术博物馆有著名的"彩虹圈"；芬兰赫尔辛基设计街区则集合了众多经典与新兴设计品牌。北欧各城市中都有生活方式集合店，主打家居杂货，每一季推出不同的主题，从厨房到书桌，这里可以满足你对北欧风格的全部幻想。

北欧。
凛冽的世界尽头

攻略目录

北欧初体验	06
值得体验的北欧 41 城	08
欧若拉的国度	12
开启北欧圣诞模式	14
北欧滑雪邂逅	18
珍贵的夏天	20
北欧料理巡礼	24
住进这些酒店才算到过北欧	28
丹麦，北欧门户	32
哥本哈根	36
瑞典，未来之国	40
斯德哥尔摩	44
芬兰，必须桑拿	48
赫尔辛基	52
挪威，山海交接处	56
挪威峡湾与景观公路	60
奥斯陆	62
冰岛，异星飞地	66
雷克雅未克	70

旅行美学
马蜂窝

出品方
北京蚂蜂窝网络科技有限公司

出品人
陈罡　吕刚

主编 / 王家敏
编辑 / 李晨　左左
攻略编辑 / 王硕嬺　叶彦君
设计 / 庄岩
插画 / 赵航　桃姐
封面装帧 / 陈忱
封面摄影 / 飘飘
攻略封面摄影 / 芬达姐
图编 / 王璐　张文翔

营销 / 田璐熙

策划编辑 / 杨爽　刘晴
责任编辑 / 杨心怡　刘晴
营销编辑 / 毛海燕　刘晴

请关注旅行美学公众号

品牌变更声明

自 2018 年 2 月起，北京蚂蜂窝网络科技有限公司旗下"蚂蜂窝"品牌相关产品，品牌名称变更为"马蜂窝"，特此声明。